Veit Rosenberger

Religion in der Antike

Geschichte kompakt

Herausgegeben von
Kai Brodersen, Martin Kintzinger,
Uwe Puschner, Volker Reinhardt

Herausgeber für den Bereich *Antike*:
Kai Brodersen

Beratung für den Bereich *Antike*:
Ernst Baltrusch, Peter Funke,
Charlotte Schubert, Aloys Winterling

Veit Rosenberger

Religion in der Antike

Die Deutsche Nationalbibliothek verzeichnet diese Publikation
in der Deutschen Nationalbibliografie;
detaillierte bibliografische Daten sind im Internet über
http://dnb.d-nb.de abrufbar.

© 2012 by WBG (Wissenschaftliche Buchgesellschaft), Darmstadt
Die Herausgabe des Werkes wurde durch
die Vereinsmitglieder der WBG ermöglicht.
Gedruckt auf säurefreiem und alterungsbeständigem Papier
Redaktion: Christiane Otto
Satz: Lichtsatz Michael Glaese GmbH, Hemsbach
Printed in Germany

Besuchen Sie uns im Internet: www.wbg-wissenverbindet.de

ISBN 978-3-534-23826-2

Elektronisch sind folgende Ausgaben erhältlich:
eBook (PDF): 978-3-534-73347-7
eBook (epub): 978-3-534-73348-4

Inhaltsverzeichnis

Geschichte kompakt

In der Geschichte, wie auch sonst,
dürfen Ursachen nicht postuliert werden,
man muss sie suchen. (Marc Bloch)

Das Interesse an Geschichte wächst in der Gesellschaft unserer Zeit. Historische Themen in Literatur, Ausstellungen und Filmen finden breiten Zuspruch. Immer mehr junge Menschen entschließen sich zu einem Studium der Geschichte, und auch für Erfahrene bietet die Begegnung mit der Geschichte stets vielfältige, neue Anreize. Die Fülle dessen, was wir über die Vergangenheit wissen, wächst allerdings ebenfalls: Neue Entdeckungen kommen hinzu, veränderte Fragestellungen führen zu neuen Interpretationen bereits bekannter Sachverhalte. Geschichte wird heute nicht mehr nur als Ereignisfolge verstanden, Herrschaft und Politik stehen nicht mehr allein im Mittelpunkt, und die Konzentration auf eine Nationalgeschichte ist zugunsten offenerer, vergleichender Perspektiven überwunden.

Interessierte, Lehrende und Lernende fragen deshalb nach verlässlicher Information, die komplexe und komplizierte Inhalte konzentriert, übersichtlich konzipiert und gut lesbar darstellt. Die Bände der Reihe „Geschichte kompakt" bieten solche Information. Sie stellen Ereignisse und Zusammenhänge der historischen Epochen der Antike, des Mittelalters, der Neuzeit und der Globalgeschichte verständlich und auf dem Kenntnisstand der heutigen Forschung vor. Hauptthemen des universitären Studiums wie der schulischen Oberstufen und zentrale Themenfelder der Wissenschaft zur deutschen, europäischen und globalen Geschichte werden in Einzelbänden erschlossen. Beigefügte Erläuterungen, Register sowie Literatur- und Quellenangaben zum Weiterlesen ergänzen den Text. Die Lektüre eines Bandes erlaubt, sich mit dem behandelten Gegenstand umfassend vertraut zu machen. „Geschichte kompakt" ist daher ebenso für eine erste Begegnung mit dem Thema wie für eine Prüfungsvorbereitung geeignet, als Arbeitsgrundlage für Lehrende und Studierende ebenso wie als anregende Lektüre für historisch Interessierte.

Die Autorinnen und Autoren sind in Forschung und Lehre erfahrene Wissenschaftlerinnen und Wissenschaftler. Jeder Band ist, trotz der allen gemeinsamen Absicht, ein abgeschlossenes, eigenständiges Werk. Die Reihe „Geschichte kompakt" soll durch ihre Einzelbände insgesamt den heutigen Wissensstand zur deutschen und europäischen Geschichte repräsentieren. Sie ist in der thematischen Akzentuierung wie in der Anzahl der Bände nicht festgelegt und wird künftig um weitere Themen der aktuellen historischen Arbeit erweitert werden.

Kai Brodersen
Martin Kintzinger
Uwe Puschner
Volker Reinhardt

Einleitung

> Zwischen den Büchern und der Wirklichkeit ist
> eine alte Feindschaft gesetzt.
> Hans Blumenberg, Die Lesbarkeit der Welt, 17

Auf den ersten Blick ist eine Einführung in die Religion der Antike eine einfache Angelegenheit – wer hat nicht schon von den Göttern, Mythen und Tempeln gehört? Doch je schärfer wir das, was wir unter „Religion" verstehen, unter die Lupe nehmen, desto stärker treten Unklarheiten, Widersprüche und Lücken hervor, bedingt durch die höchst uneinheitliche Quellenlage und die damit einhergehenden unterschiedlichen Interpretationen des Befundes: Kaum ein Begriff kann ohne Modifizierung bleiben, immer wieder wird von lokalen oder regionalen Varianten die Rede sein müssen, von Veränderungen im Laufe der Zeit; oft wird eine Sensibilisierung für die Problematik genügen müssen. Aus Platzgründen können die religiösen Traditionen der Ägypter, Etrusker, Kelten und Germanen allenfalls am Rande Berücksichtigung finden, dies gilt auch für das Judentum und das Christentum. Daher kann dieses Büchlein kein vollständiges Bild, sondern lediglich grobe Skizzen liefern. Antike Religion muss noch viel bunter und vielfältiger gewesen sein als das, was die Quellen verraten.

Eine Kapitelfolge, die glasklar aufeinander aufbaut, ist bei einer Einführung in die Religion der Antike nicht möglich. Zu stark sind die verschiedenen Bereiche miteinander verwoben, etwa Mythen, Götter, Heiligtümer, Rituale: Es ist kein Zufall, dass jedes Handbuch zur Religion in der Antike einem anderen Gliederungsschema folgt. Im ersten Kapitel werden antike Konzepte und moderne Forschungsansätze zur Religion in der griechisch-römischen Welt beleuchtet. Das zweite Kapitel widmet sich den Göttern der Griechen und Römer, den religiösen Spezialisten und den Mysterienreligionen. Im dritten Kapitel werden Rituale, Gebete, Verfluchungen und Weissagungspraktiken behandelt. Das vierte Kapitel gilt den religiösen Räumen und der Einteilung von Zeit.

Im Idealfall sollen unterhalb dieser Gliederungspunkte drei weitere Schneisen durch das Dickicht der Informationen angelegt werden. Erstens die Einteilung nach griechischen und römischen Traditionen, zweitens die Unterscheidung nach Gemeinwesen und Individuen, drittens ist zumindest ansatzweise die chronologische Dimension zu berücksichtigen. Eine Zeittafel am Ende, aufgeteilt in die Ereignisgeschichte und in wichtige Daten zur Religion, soll einen schnellen Überblick ermöglichen: Antike Religion ist ohne die Geschichte der antiken Welt nicht zu verstehen. Zugleich erlaubt die disparate Quellenlage nicht immer, dass sich diese Schneisen treffen und eine Lichtung entsteht, die einen Überblick gewährt: Wir wissen beispielsweise viel mehr über griechische Polisheiligtümer im 5. Jahrhundert v. Chr. als über römische Privatkulte zu dieser Zeit.

Für Korrekturen und Anregungen danke ich Daniel Albrecht, Elisabeth Begemann, Asaph Ben-Tov, Andreas Bendlin, Jan Bremmer, Kai Brodersen, Dominik Fugger, Fabian Germerodt, Christian Karst, Karoline Koch, Silvia Orlandi, Jörg Rüpke, Leif Scheuermann, Wolfgang Spickermann, Katharina Waldner und Gregor Weber. Insgesamt hat das religionswissenschaftlich durchtränkte akademische *milieu*, um nicht zu sagen *terroir*, an der Universität Erfurt dazu beigetragen, dass viele Ideen aufgekommen, gereift, hinterfragt und auch verworfen wurden; zugleich bewirkt dieser Überfluss, dass ich nicht immer weiß, wem ich für welche Idee zu Dank verpflichtet bin. Römer hätten vorsichtshalber *dis deabusque* gedankt; als Bewohner des frühen 21. Jahrhunderts danke ich mit einem der politisch unschlagbar korrekten Begriffe, wie sie nur das Lateinische bereitstellt: *collegis*.

Erfurt, im Frühling 2012   Veit Rosenberger

I. Zugänge zur Religion in der Antike

1. Was ist Religion?

An der Wende vom 1. zum 2. Jahrhundert n. Chr. trieben den Popularphilosophen und Biographen Plutarch zahlreiche Fragen um. Eine davon war: Warum verehren die Latiner den Specht und essen sein Fleisch nicht? Plutarch bot gleich drei Antworten an: Erstens, weil die mythologische Gestalt Picus von seiner Frau in einen Specht (lat. *picus*) verwandelt worden war, der Orakel erteilte. Zweitens, weil Romulus und Remus nicht nur von der Wölfin, sondern auch von einem Specht ernährt worden waren. Drittens, weil der Vogel zu Mars gehört (Moralia 268). Der Autor äußerte keine eigene Meinung, sondern überließ den Lesern die Entscheidung. Schon in der Antike spekulierte man über viele Bereiche des religiösen Feldes – oder sollte man sagen: der Religion?

Kaum ein Begriff entzieht sich so sehr einer trennscharfen Definition wie „Religion". Wer es sich einfach machen möchte, verweist auf die Liste von mehr als 50 Definitionen von Religion in dem 1912 erschienenen Werk „A Psychological Study of Religion" von James H. Leuba. Die Schwierigkeiten bei einer genauen Begriffsklärung von Religion liegen zum einen darin begründet, dass sich das Transzendente nie leicht greifen lässt. Zum anderen spiegeln sich in den unterschiedliche Definitionen die sich wandelnden Forschungsinteressen. Zwei Beispiele mögen genügen: Im ersten Band von „Der Glaube der Hellenen" ist für Ulrich von Wilamowitz-Moellendorff Religion „der ganz persönliche Glaube an das, was auf metaphysischem und moralischem Gebiete dem einzelnen als heilige Wahrheit gilt" (1930, S. 12). Jörg Rüpke skizziert in „Die Religion der Römer" Religion „als ein System von Zeichen oder Symbolen, die Wirklichkeit deuten, ja konstruieren helfen und Orientierung in dieser Wirklichkeit vermitteln" (2001, S. 19). Während Wilamowitz-Moellendorff noch von Schleiermachers Auffassung von Religion als „Gefühl schlechthinniger Abhängigkeit von Gott" geprägt ist, hat sich in den letzten Jahren bei der Untersuchung von Religion ein Kommunikationsparadigma durchgesetzt. Daher sitzen wir in der Falle der Relationalität: Als Beobachter arbeiten wir an der Konstruktion des zu Beobachtenden mit. Wer über die religiösen Traditionen der Antike schreibt, befindet sich in einem weiten Diskursfeld, muss aus den Angeboten an Quellen und an modernen Deutungen auswählen und stellt selbst wieder einen Baustein zur Verfügung.

Auch die gerne bemühte Etymologie hilft beim Verständnis von Religion nicht weiter. Obgleich sich das deutsche Wort „Religion" vom lateinischen *religio* ableitet, sind diese beiden Begriffe keineswegs deckungsgleich. Hier ist zwischen der Objektsprache und der Metasprache zu unterscheiden: Objektsprache meint in diesem Fall die antike Terminologie, Metasprache unsere Begriffe. Das lateinische *religio* bezeichnet die „fromme Verehrung der Götter" – *cultus pius deorum* (Cicero, De natura deorum 1,117), aber nicht ein theologisch untermauertes System von gemeinsamen Normen, Praktiken und Glaubensvorstellungen. Römische Autoren bieten zwei etymologische

Definition: Religion

Etymologie

Herleitungen des Begriffes *religio*. Zum einen von *religare*, „binden" (Lactanz, Divinae institutiones 4,28,3), zum anderen von *relegere*, „wiederlesen" (Cicero, De natura deorum 2,72). Während die erste Version die Bindung zwischen Menschen und Göttern betont, wird im zweiten Erklärungsversuch der ritualistische Aspekt durch das ständige Wieder-Lesen – gemeint sind wohl die Ritualtexte – unterstrichen.

Antike Terminologie Antike Religion war kein geschlossenes System wie etwa die „katholische Religion" oder die „evangelische Religion" – deren Kohärenz bei näherer Betrachtung durch nationale, regionale oder individuelle Spielräume gebrochen wird und überdies einer eigenen historischen Dynamik unterliegt –, sondern ein moderner Sammelbegriff für all das, was zur Religion der Griechen oder der Römer gehörte. Eine „römische Religion" existierte ebenso wenig wie eine „griechische Religion". Auch das Griechische kennt keinen Begriff für „Religion", stattdessen *eusebeia*, die „Frömmigkeit"; die *theon timai* sind die „Ehren für die Götter"; die Termini *hieros* und *hagios* stehen für „heilig", *hosios* für „fromm". Im Lateinischen sind zu nennen: *sacer* „den Göttern geweiht" und *sanctus* für „geschützt". Zugleich stellt es kein unüberwindliches Problem dar, wenn in der Antike kein Begriff für das Phänomen existierte, was wir untersuchen wollen. Ähnliches gilt für viele weitere Bereiche. So werden etwa die antike Gesellschaft und Wirtschaft, antike Mentalitäten oder Diskurse analysiert, ohne dass es im Altertum Begriffe dafür gegeben hätte. Auch außerhalb der antiken Welt liegen ähnliche Befunde vor. In den Kulturen Indiens, Chinas und Japans gab es kein Wort für „Religion", sehr wohl aber einflussreiche Religionen; erst durch den Kontakt mit den Europäern etablierten sich in den jeweiligen Sprachen Begriffe für „Religion"; Gleiches gilt für das Judentum. Die Bedeutung der psychischen Dimension von Religion, in zeitgenössischen Studien gut greifbar, können wir aufgrund der großen zeitlichen Distanz bestenfalls erahnen; daher ist auf diesem Gebiet Zurückhaltung angebracht.

Wer sich mit Religion in der Antike beschäftigt, ist daher gut beraten, auf eine allzu enge Definition zu verzichten. Vielleicht wäre es besser, das Wort „Religion" zu vermeiden und stattdessen stets von einer „religiösen Tradition" oder vom „religiösen Feld" zu sprechen; aus pragmatischen Gründen wird sich jedoch immer wieder der verkürzende Terminus „Religion" einschleichen. Was zunächst wie ein methodologischer Fehler erscheint, wird sich als Vorteil erweisen: Durch das Zulassen unscharfer Ränder eröffnet sich eine breitere Perspektive.

Religion und Gesellschaft Antike Religion war „eingebettet". Fast alle Aspekte des Lebens waren mit Ritualen und Göttern verbunden: Der Beginn einer Volksversammlung, einer Ratssitzung, eines Feldzugs oder einer Schlacht wurde durch Opfer und Gebet religiös markiert. Ähnliches trifft auch *mutatis mutandis* für die Individuen zu, vor allem vor dem Pflügen und bei der Ernte. Ein Blick auf die fragmentarisch erhaltenen Kalender lehrt, dass an zahlreichen Tagen im Jahr Rituale für die Götter stattfanden. Weissagung gab es in vielfacher Ausprägung; die Eingeweide des Opfertieres verrieten, ob man eine Schlacht beginnen sollte; Individuen fragten ein Orakel, ob sie eine Reise antreten sollten. Diese grobe Skizze soll zunächst genügen, um die ständige Präsenz von Religion zu verdeutlichen. Antike Religion war in solchem Maß eingebettet, dass sich bei einer Darstellung der Religion die Grenzen zur Geschichtsschreibung verwischen. Zugleich ist festzuhalten: Religion war nicht so stark, dass darüber dauerhaft Politik betrieben werden konnte. Wenn die Bürger einer Stadt gemeinsam ein Ritual vollführten, so mochte dies den Zusammenhalt stärken – insofern war Religion auch politisch. Aber es gab nicht die aufgeklärte Elite, die eine tumbe Masse durch Religion oder gar durch Furcht vor den Göttern manipulierte. Religion war in der Antike kein „Opium" für das Volk. Die Idee, dass fremde Völker zu missionieren seien, lag außerhalb des Vorstellungshorizontes der Anhänger des polytheistischen Systems. Kulte wurden nur selten restriktiv behandelt, Kriege nicht im Namen eines Kultes geführt. Erst mit dem Aufkommen des Christentums entstand eine Radikalisierung von Religion, da die Christen nur ihren Gott akzeptierten. Weder in Griechenland noch in der römischen Welt gab es Theologen, dafür Dichter, Philosophen und eine ganze Menge anderer, die gleichberechtigt über die Götter, Mythen und Kulte nachdenken durften. Ferner war Religion in der Antike, wie Paul Veyne gezeigt hat, eine mehrheitliche Angelegenheit. Es war nie nötig, dass alle in gleichem Maße die Rituale vollzogen, Heiligtümer besuchten und die Mythen erzählten. Die Ränder des religiösen Feldes blieben stets unscharf.

Deshalb war die Religion der Griechen und Römer keineswegs so starr, wie viele Handbücher nahelegen. Religion ist ein Teil von Kultur und daher stets dynamisch. Selbst die so unbeweglich scheinende katholische Kirche erweist sich bei näherer Betrachtung ihrer Geschichte als höchst wandelbar. Für die Antike bedeutet dies: Mythen wurden unterschiedlich erzählt, Rituale liefen nicht immer streng nach demselben Schema ab, Priesterämter wandelten sich, neue Götter hatten Konjunktur, während andere vergessen wurden, um vielleicht nach langer Zeit wieder verehrt zu werden.

Religion in der Antike unterscheidet sich von den modernen Religionen auf mehreren Ebenen: Offenbarungen und heilige Bücher, die durch geheimnisvolle Wege zu den Menschen kamen, spielten kaum eine Rolle, ebenso Initiationen, religiöse Unterweisung oder Vorstellungen über ein Leben nach dem Tod. Antike Religion kannte kein Dogma, keine Orthodoxie und keinen speziellen Moralcode. Es gab keine charismatischen Religionsgründer, die für einen Bruch und Neuanfang stehen, wie Moses, Buddha, Jesus, Zoroaster oder Mohammed. Zugleich fordern diese Aussagen aufgrund der Komplexität der Materie Widerspruch heraus: Wir kennen Offenbarungen durch Träume oder Orakel; als Religionsgründer der Römer mag der zweite König Roms gelten, der mythenumrankte Numa Pompilius; Sokrates wurde trotz des Fehlens von Dogma und Orthodoxie wegen Asebie und der Einführung neuer Götter zum Tode verurteilt. Auch wenn es Heilige Schriften mit der Bedeutung der Bibel oder des Koran in der paganen Antike nicht gab, existierten Bücher, in denen vor allem Ritualanweisungen festgehalten waren. Hierzu gehören bei den Griechen die im Lauf der Jahrhunderte ausführlicher werdenden Orakelsammlungen. Um die Herkunft von Schriften mit kultischem Inhalt rankten sich oftmals Mythen. Die Sibyllinischen Bücher wurden einem der römischen Könige von einer alten Frau zum Kauf angeboten. Als dem König der Preis zu hoch war, schleuderte sie ein Drittel der Schriften ins Feuer; als der König immer noch nicht bezahlen wollte, verbrannte sie ein weiteres Drittel. Nun kaufte der König das verbleibende Drittel für den vollen Preis. Die etruskischen Haruspices führten ihre Schriften

Unterschiede zur Moderne

zur Eingeweideschau und zur Blitzdeutung auf einen Mann namens Tages zurück, der das Aussehen eines Knaben und die Weisheit eines Greises besaß und von einem Bauern aus der Erde gepflügt worden war. Besonders das Beispiel der Sibyllinischen Bücher zeigt die Tendenz, die sich bei solchen Sammlungen erkennen lässt: Einerseits ist immer wieder von Exklusivität die Rede, andererseits bleibt der Umfang der Texte nicht konstant. So soll einer der ersten Hüter der Sibyllinischen Bücher insgeheim einige Verse kopiert haben. Zur Strafe wurde er in einen Sack genäht und ins Meer geworfen. Als beim Brand des Kapitols 83 v. Chr. die Sibyllinischen Bücher verbrannten, markierte dies nicht das Ende einer Wissenstradition. Religiöse Texte, wohl zumeist Ritualanweisungen, wurden so emsig zusammengetragen, dass die neue Sammlung der Sibyllinischen Bücher stark anschwoll. Augustus machte sich 12 v. Chr. daran, diese Kollektion zu durchforsten und zu bestimmen, was als zugehörig galt und was nicht. Ein ähnlicher Kanonisierungsprozess ist auch von der Bibel bekannt. In der Kaiserzeit kursierten Orakelsammlungen unter dem Namen *libri Sibyllini*, welche die wichtigsten Ereignisse der römischen Geschichte in Form von Prophezeiungen *ex eventu* wiedergeben. Hieraus wird ersichtlich, dass der Inhalt von solchen mehr oder weniger geheimen Büchern sich wandeln kann.

Antike Texte *zur Religion* Dass zumindest die Römer nicht immer glücklich waren, wenn neue Texte auftauchten, illustriert die folgende Begebenheit. Im Jahr 181 v. Chr. kamen in Rom zwei steinerne Sarkophage ans Tageslicht, die in lateinischer und in griechischer Sprache beschriftet waren. Im einen soll sich laut Aufschrift der Leichnam des Numa Pompilius, in der anderen sollen sich seine Schriften befunden haben. Leider ist die Quellenlage sehr widersprüchlich; bei einigen Autoren fehlt der Leichnam, bei anderen ist er vorhanden; ebenso besteht über Zahl und Inhalt der Bücher keine Übereinstimmung. Livius, der diese Episode am ausführlichsten schildert, lässt den Leichnam fehlen; im anderen Sarkophag befinden sich sieben Bücher in lateinischer Sprache zum Pontifikalrecht und sieben Bücher auf Griechisch zur Philosophie. Die Bücher wurden von einem Praetor, also nicht von einem Priester, mit der Zustimmung des Senats verbrannt (Livius 40,29,3–14). Es ist bemerkenswert, dass die Römer einen Fund verbrannten, der mit dem König in Verbindung gebracht wurde, der nach römischem Selbstverständnis zahlreiche religiöse Rituale gestiftet hatte. In der Folgezeit ging die Spur der Leiche Numas verloren, ebenso die Erinnerung an den Sarkophag. Hier bieten sich zwei Deutungsmöglichkeiten an. Zum einen kann es sein, dass die Römer in dieser Zeit nichts mehr mit dem König zu tun haben wollten; zu den Gründungsmythen der römischen Republik gehörte der Hass auf die Alleinherrscher. Zum anderen ist nicht auszuschließen, dass es sich bei dem Fund um eine Fälschung handelte oder dass zumindest dieser Verdacht aufkam; der Senat entledigte sich aller potentiellen Einflussnahme durch andere.

theologia tripertita Eine Theologie im Sinne eines religiös-systematischen Überbaues gab es nicht. Gleichwohl findet sich der Begriff *theologia* (wörtlich: Götterlehre) in der Antike. Nach Varro, einem römischen Antiquar aus dem 1. Jahrhundert v. Chr., der in dieser Passage nur bei dem Kirchenvater Augustinus überliefert ist, gab es drei Arten der *theologia*, die der Dichter (*genus mythicon*), die der Philosophen (*genus physicon*) und die des Gemeinwesens (*genus civile*; De civitate Dei 6,5). Zwei dieser Begriffe, *mythicon* und *physicon*, sind direkte

Übernahmen aus dem Griechischen. Daher liegt es nahe, dass dieses Konzept auf griechische Denker zurückgeht; eine genaue Datierung ist indes nicht möglich. Was können wir mit dieser Information anfangen? Erste Möglichkeit: Da der Text bei einem christlichen Autor überliefert ist, der die „heidnische" Religion widerlegen möchte, können wir das Konzept vernachlässigen, zumal frühere pagane Verfasser es nicht erwähnen; Cicero etwa, der ausführlich zu Fragen der Religion publiziert hat, nennt die *theologia tripertita* nicht. Zweite Möglichkeit: Die *theologia tripertita* ist ein Interpretationsinstrument, mit dem sich vor allem der literarische Umgang der Römer und auch der Griechen mit Religion – *theologia* ist ein griechisches Lehnwort – besser verstehen lässt. Damit standen bei der literarischen Verarbeitung von Religion drei Optionen zur Verfügung. Das *genus mythicon* erlaubte es, zu schreiben wie die Dichter; schon bei Homer tauchen Götter auf und greifen in das Leben der Menschen ein. Wer das *genus physicon* verwendete, also wie ein Philosoph schrieb, konnte eine wesentlich kritischere Haltung einnehmen, obwohl nicht alle Philosophenschulen so radikal waren wie die Epikureer, nach deren Ansicht die Götter sich nicht um die Menschen scherten. Im *genus civile* schließlich bestand die Möglichkeit, die Rede über die Götter dem anzupassen, wie die Gemeinwesen mit Religion umgingen. Auch wenn Cicero das Konzept der *theologia tripertita* nicht erwähnte, lässt es sich bei ihm erkennen. Während er in seinem fragmentarisch erhaltenen Epos über sein Konsulat eindrucksvolle Vorzeichen erscheinen ließ, nahm er in seinem philosophischen Werk „Über die Wahrsagekunst" eine kritische Haltung gegenüber Vorzeichen ein. In der Rede über sein Haus, in der er darum kämpfte, sein Haus wieder aufbauen zu dürfen, das während seiner Verbannung niedergerissen und dessen Grundstück in ein Heiligtum verwandelt worden war, argumentierte Cicero innerhalb der priesterlichen Diskurse. Dass Aussagen über Religion situativ unterschiedlich ausfallen mochten, verwundert nicht. Die *theologia tripertita* war ein Versuch, diese Spielräume in einem Konzept zu fassen; es war offensichtlich entscheidend, welches literarische Genre ein Autor bediente. Ferner kann es gut sein, dass dieser dreifachen Theologie auch im Alltagsleben eine gewisse Bedeutung zukam: Nicht in jeder Lebenslage musste man den gleichen Grad an Götterfurcht zeigen.

Über welche Zeiten wissen wir Bescheid? Historisch greifbaren Boden gewinnen wir mit den ersten Texten, also mit den homerischen Epen Ilias und Odyssee, die ins späte 8. Jahrhundert v. Chr. zu datieren sind. Besser wird die Quellenlage erst für das 5. Jahrhundert v. Chr. In der römischen Geschichte gehen lange Zeit die Uhren langsamer. Historisch gesichert ist frühestens das 4. Jahrhundert v. Chr. Auch wenn die Archäologie Einblicke in frühere Zeiten erlaubt, bleibt der Wissenszugewinn auf Bauzeiten von Tempeln oder Funde aus den Heiligtümern begrenzt; wie sich Einstellungen in Dingen der Religion änderten, zeigen solche Funde kaum an. Oft genug ist unsere Quellenlage dünn und widersprüchlich. Wenn man vor einem Regal mit den antiken Quellen steht, ist man versucht, jedes einzelne Werk zum nicht repräsentativen Einzelfall zu erklären: Homer ist zeitlich nicht klar einzuordnen und steht in einer langen Tradition, die Tragödien bieten nur die athenische Perspektive, Herodot fabuliert gerne, Thukydides schert sich kaum um Religion, Cicero übersetzt heute verlorene griechische Texte und

Chronologie

führt dabei einen Elitendiskurs, Livius schreibt aus der stadtrömischen Perspektive, Vergil imitiert Homer, Petronius übertreibt in seiner Satire, Lukian ist mindestens doppelbödig, Pausanias berichtet nur, was in sein Raster passt, Iulian versucht das Rad zurückzudrehen, die Kirchenväter verzerren alles, wenn sie sich über die pagane Religion äußern. Mit den so genannten „Hilfswissenschaften" der Althistorie sieht es nicht besser aus: Inschriften spiegeln Einzelfälle, Münzen bieten stark verknappte Aussagen, Papyri zeigen allenfalls die Lebenswelten in Ägypten. Und um die Ergebnisse der archäologischen Ausgrabungen zu verstehen, brauchen wir die Texte. Kein Bereich der Antike ist so schwierig und zugleich so reizvoll wie die Religion. Dies spiegelt sich auch in den immer wieder neuen wissenschaftlichen Zugängen zum Thema.

2. Ein kurzer Forschungsüberblick

theoria und Theorie   Die Behandlung antiker Religion muss schon aus Gründen der Wortgeschichte theorielastig sein: *theoria* war im Griechischen das Wort für eine Gesandtschaft zu einem Fest, zu einem Heiligtum oder zu einer Orakelstätte. Auch wenn die exakte Etymologie des Wortes unklar bleiben muss, steht außer Frage, dass es um das Anschauen einer Gottheit oder eines Rituals ging. Platon verwendete *theoria* als ein „In-Augenschein-Nehmen" und entwickelte daraus die uns geläufige Bedeutung von „Theorie". Im Rahmen dieses Buches kann die Forschungsgeschichte, die eine eigene Monographie wert wäre, nur grob skizziert werden. Viele wichtige Bücher, Ansätze und Autoren müssen ungenannt bleiben.

Frühe Neuzeit   Mit der Renaissance, der Rückwendung zur antiken Kultur, begann auch die systematische Untersuchung der Religion der Griechen und Römer. Wer sich in der Frühen Neuzeit etwa mit Cicero oder Ovid beschäftigte, las Texte, in denen durch die breite Präsenz der Mythen überall heidnisches Teufelswerk lauerte. Als guter Christenmensch rettete man sich mit zwei Argumenten, deren sich schon die Christen im Römischen Reich bedient hatten: Erstens verwies man darauf, dass die Mythen allegorisch zu deuten seien. Zweitens fand man die Kenntnis der heidnischen Religion nötig, um die begehrten Texte verstehen zu können. Mit der Aufklärung verschwand der Teufel aus dem Diskurs über die antike Religion. Die Rolle der Schurken übernahmen nun die Priester, die man als Betrüger abstempelte. Dieser aufklärerische Impetus hatte Nachwirkungen in vielen Publikationen des 19. und 20. Jahrhunderts.

Mythologie   Lange Zeit lag der Schwerpunkt der Forschung auf der Mythologie, die als Königsweg zum Verständnis der antiken Religion galt; daher konzentrierte sich das Interesse auf die Religion der Griechen. Johann Gottfried Herder forderte in seinem Reisetagebuch von 1769, die griechische Religion von der See zu lesen und zu verstehen, da die Griechen Seefahrer gewesen seien. Karl Philipp Moritz deutete in seiner 1795 erschienenen „Götterlehre" die Mythologie als eine Sprache der Phantasie. Im frühen 19. Jahrhundert bildeten sich die Altertumswissenschaften als Fächer an den Universitäten heraus; damit wurde auch die Religion zu einem Gegenstand verstärkter Forschungstätigkeit. Georg Friedrich Creuzer, Professor für Philologie und Alte Geschichte in Heidelberg, ging in seinem Hauptwerk „Symbolik und Mythologie der alten Völker" (Leipzig 1810–1812) von einer Urreligion aus, deren Spuren in den Mythen bewahrt seien. Der Göttinger Kollege Karl Otfried Müller argumentierte 1825 in den „Prolegomena zu einer wissenschaftlichen Mythologie" gegen Creuzer und gegen die allegorische Deutung der Mythen; als guter Altertumswissenschaftler forderte er, auch die Inschriften und die archäologischen Quellen in die Recherchen einzubeziehen.

Seit dem späten 19. Jahrhundert trat ein Paradigmenwechsel ein; statt der Mythen wurden zunehmend die Rituale als Schlüssel zum Verständnis von Religion verstanden. Die Reihe der Autoren reicht von Hermann Usener („Götternamen", 1896) über die Cambridge Ritualists – zu nennen ist vor allem Jane Harrison – bis hin zu Martin P. Nilssons monumentaler „Geschichte der griechischen Religion", 1941/1950 in der renommierten Reihe „Handbuch der Altertumswissenschaften" in München publiziert; Nilsson sah die Mythen nur als Ergebnis der Rituale.

Paradigmenwechsel im 19. Jh.

Am Ende des 19. Jahrhunderts gewann auch das so genannte „Fruchtbarkeitsparadima" an Bedeutung. Religion wurde vor allem unter dem Aspekt der Fruchtbarkeit gedeutet, angesichts der ständig drohenden Nahrungsmittelengpässe in der antiken Welt ein wichtiger Aspekt; allerdings ist es wenig überzeugend, jedes Ritual als Fruchtbarkeitsritual zu verstehen. Als Beispiele mögen genügen: Wilhelm Mannhardts „Wald- und Feldkulte" (1875/77) sowie John Frazers vielbändiges Werk „The Golden Bough" (1890ff.), in dem er immer wieder Parallelen bei anderen Völkern aufzeigte. In Frankreich hob Numa Fustel de Coulanges 1864 mit seinem Hauptwerk über die antike Stadt (La cité antique) den engen Bezug zwischen Staat und Religion hervor. Émile Durkheim, der den soziologischen Zugang zur Religionsforschung etablierte, war von Fustel de Coulanges stark beeinflusst. Durkheim fragte nach der Funktion von Religion und verwies darauf, dass sie Zusammenhalt stifte.

Georg Wissowa veröffentlichte 1912 im „Handbuch der Altertumswissenschaften" in der zweiten Auflage „Religion und Kultus der Römer", immer noch das ausführlichste Nachschlagewerk zur römischen Religion; unter dem Einfluss von Theodor Mommsen historisierte er die römische Religion und erfasste sie unter den Aspekten von Recht und Systematik. Ulrich von Wilamowitz-Moellendorf nannte sein zweibändiges und von großer Gelehrsamkeit zeugendes Werk „Der Glaube der Hellenen" (1931/32); für ihn gab es einen lebendigen Glauben bei den Griechen, der seit dem Hellenismus von einer immer leerer werdenden Religion abgelöst wurde.

Frühes 20. Jahrhundert

Für eine idealistische Verklärung, besonders der griechischen Religion, stehen Walter F. Otto und Karl Kerényi, welche die – in den Quellen nur schwer nachvollziehbare – Festlichkeit der Rituale hervorhoben. 1960 erschien, abermals im „Handbuch der Altertumswissenschaften", die „Römische Religionsgeschichte" von Kurt Latte; der Titel legt schon den Unterschied zu Wissowa nahe; Latte ging es um eine stärkere Historisierung des Materials. In den 1960er Jahren entstand die Pariser Schule von Jean-Pierre Vernant, der historische Anthropologie und Strukturalismus vereinte. Georges Dumézil erkannte, vom Strukturalismus geprägt, in allen Gesellschaften

Jahrhundertmitte

eine dreifache Struktur von Priester, Krieger und Bauer und übertrug dieses System auf die Religion der griechisch-römischen Welt. Walter Burkert betonte die Rolle der Gewalt in der griechischen Religion; das Opferritual sah er als Sublimierung der Tötung des Tieres bei der Jagd.

Jahrhundertwende Christiane Sourvinou-Inwood führte um 1990 das Konzept der *Polisreligion* ein; sie ging davon aus, dass die Kulte von der Polis durchgeführt wurden. Da die Rituale die Gesellschaft abbildeten und ihren Zusammenhalt stärkten, seien Religion und Polis nicht zu trennen. Vergleichbar für die römische Welt ist die von John Scheid vorgeschlagene *Bürgerreligion* oder *Civitasreligion*. Gegen die „Polisreligion" wurden Einwände laut: „Polisreligion" klammert ganze Bereiche antiker Religion aus; die Mysterienkulte und die gesamte Bandbreite der im Haus oder auf dem Land vollzogenen Rituale haben oft wenig Bezug zur Stadt; Philosophen konnten eine kritische Haltung zu den Göttern entwickeln. Auch ist innerhalb der Polis zu differenzieren. Nicht alle Bürger hatten den gleichen Anteil an den Ritualen, dazu kamen die ortsansässigen Fremden, die in der entsprechenden Stadt kein Bürgerrecht besaßen. Auch ist nicht zu vergessen, dass in der griechischen Welt zwar die Polis als Organisationsform vorherrschte, dass aber auch weite Teile im Norden und Westen Griechenlands als Stammstaaten organisiert waren.

E

Polis
Der griechische Begriff „Polis" bezeichnet die Bürgergemeinde und nicht, wie oft in der älteren Literatur zu finden, den „Stadtstaat": Nur die Bürger beteiligten sich am Gemeinwesen, während die überwiegende Zahl der Bewohner einer Polis, die ortsansässigen Fremden, Frauen und Sklaven, kaum politische Mitsprache besaßen. Die Zahl der Poleis schwankte über die Jahrhunderte durch Neugründungen und durch Zusammenlegung (Synoikismos) von Poleis, aber es werden stets ungefähr 1.000 gewesen sein. Im Schnitt hatte eine Polis zwischen 400 und 900 Bürger. Athen mit seinen rund 40.000 Bürgern und insgesamt mehreren Hunderttausend Einwohnern stellte eine Ausnahme dar.

Mary Beard, John North und Simon Price verwendeten in ihren „Religions of Rome" (1998) für die römische Republik das Modell der Civitasreligion, für die Kaiserzeit das Konzept des *Marktplatzes* (*market-place of religions*): In den größeren Städten gab es ein großes Angebot an religiösen Optionen, von denen man sich die passenden Kulte heraussuchen konnte; der Grad der Konkurrenz zwischen den Kulten mochte variieren. Jörg Rüpke hat in den letzten Jahren in zahlreichen Beiträgen das Verhältnis von Religion und Kommunikation vorgeführt. Wenn im vorigen Kapitel Religion als „eingebettet" beschrieben wurde, so ist dies ebenfalls nur ein Forschungsansatz, dem, wie sollte es anders sein, Widerspruch entgegenweht: Wer Religion als radikal „eingebettet" versteht, läuft Gefahr, die Orientierung zu verlieren und nicht mehr genau zu wissen, was zur Religion gehört und was nicht. Damit droht die Auflösung der Religion in der Kultur.

Methodologie Kaum ein Feld in den Altertumswissenschaften wurde in den letzten drei Jahrzehnten intensiver gepflügt als die Religion. Unter anderem wurde die Dynamik der religiösen Entwicklung betont, anthropologische, ethologische, kommunikationstheoretische, geschlechtergeschichtliche und netzwerktheoretische Ansätze gewannen an Bedeutung, diverse kulturwissenschaftliche *turns* kamen fruchtbringend zum Einsatz. Eine erste Orientierung kann die kommentierte Bibliographie am Ende dieses Buches bieten. Welcher der vielen hermeneutischen Schlüssel nun am besten passt, ist kaum zu entscheiden. Aufgrund der Komplexität von antiker Religion und antiker Gesellschaft mag es durchaus sein, dass wir stets einen schweren und klirrenden hermeneutischen Schlüsselbund mit uns schleppen müssen.

Wer Griechenland und Rom vergleichend nebeneinander stellt, muss sich stets bewusst sein, dass diese beiden Kulturen viele Gemeinsamkeiten und Unterschiede aufweisen. In der archaischen und klassischen Zeit war die griechische Welt von der Polis, der Bürgergemeinschaft, bestimmt. Diese Städte erfreuten sich politischer Souveränität; ihre Einwohner entschieden selbst darüber, welche Götter sie verehren wollten. Erst mit Alexander dem Großen etablierten sich Flächenstaaten, in denen die einzelnen Städte aber immer noch eine herausragende Rolle spielten, nicht zuletzt auch in der Religion. Das frühe Rom lässt sich als dynamisch wachsende Polis beschreiben; mit der Ausdehnung des römischen Machtbereiches über Süditalien um 300 v. Chr. wurden griechische Städte wie Poseidonia/Paestum oder Neapolis römisch; mit der Eroberung des griechischen Mutterlandes 146 v. Chr. geriet ganz Griechenland unter römische Herrschaft, seit 30 v. Chr. kontrollierten die Römer alle Gebiete am östlichen Mittelmeer, die durch die Eroberungen Alexanders des Großen hellenisiert worden waren.

Res publica und Staat

Der metasprachliche Begriff „Republik" bezeichnet die Staatsform, während die objektsprachliche *res publica* weit über darüber hinausgeht und unter anderem auch die Heiligtümer, Kulte, Besitzungen und Rechte der Römer umfasst. Vielleicht die beste Übersetzung für *res publica* ist „Gemeinwesen", ein Begriff, der für alle staatlichen Organisationsformen der Antike gelten kann. Doch auch der Terminus „Staat" sollte für die Antike nur vorsichtig verwendet werden, da es sich oft genug um Gemeinwesen handelte, deren Organisationsgrad zu gering war, um als Staat bezeichnet zu werden. Wenn im Folgenden ab und zu aus pragmatischen Gründen dennoch von „Staat" die Rede sein wird, sollten diese Einschränkungen immer mitgedacht werden.

Wir wissen verhältnismäßig viel über die Religion der Stadt Rom, aber teilweise entsetzlich wenig über die Religion der Städte in Italien. „Römische" Religion reduziert sich genau genommen auf die Religion einer einzigen Stadt, die sich ein Weltreich eroberte, ihre Kulte nur bedingt exportierte und mit zunehmender Ausdehnung des Imperium immer mehr neue Götter und Rituale importierte; wer über „römische" Religion nachdenkt, muss immer auch die Provinzen des Reiches mit ihren zahlreichen religiösen Traditionen, oft auch römisch überformt, im Auge haben. In der Osthälfte des Römischen Reiches der Kaiserzeit dominierte immer das griechische Erbe mit wenigen lateinischen Einsprengseln – weit über den Untergang des weströmisch-lateinischen Reiches 476 n. Chr. hinaus. Ein Kult, der im Athen des Jahres 130 v. Chr. durchgeführt wurde, lässt sich daher auch als ein Teil der römischen Religion verstehen. Doch hätten wir die Möglichkeit, zu einem beliebigen Zeitpunkt der römischen Kaiserzeit einen Apollonpriester in Delphi nach seinen Ritualen und nach seinem Selbstverständnis als Grieche oder als Römer zu befragen, so würden wir wohl als Antwort erhalten: „Ich

11

bin Hellene und der Kult, in dem ich diene, ist hellenisch". Zuschreibungen wie „griechisch" und „römisch" waren nicht nur politisch, sondern auch kulturell geprägt.

3. Spielräume der religiösen Devianz

a) Aufklärung, Atheismus und Religionskritik in der Antike?

Verfallsdiagnosen Die „echte" oder „reine" griechische und römische Religion wurde zumeist in einer historisch nicht fassbaren Frühzeit vermutet. Dies gilt für die Griechen, deren Religion je nach Autor schon bei Homer – also den ersten schriftlichen Zeugnissen! – als verfälscht und verdorben gelten konnten. Ähnlich befand sich für Forscher wie Theodor Mommsen oder Georg Wissowa die römische Religion spätestens seit dem 4. Jahrhundert v. Chr. in einem Verfallsprozess, der durch das Einsickern unrömischer Kulte bedingt war. Solche Bewertungen entstanden mit dem Wissen über den Sieg des Christentums über die „heidnischen" polytheistischen Kulte. Eine Schwäche dieser Verfallsdiagnosen besteht darin, dass die paganen Religionen trotz ihres angeblichen Niedergangs über viele Jahrhunderte praktiziert wurden. Seit wenigen Jahrzehnten wurde dieses Dekadenzparadigma abgelöst durch die Erkenntnis, dass Religion, wie Kultur überhaupt, vielfältigen Veränderungsprozessen unterliegt.

Aufklärung? Ebenso sollte man sich von der Vorstellung verabschieden, dass die Griechen in der Zeit vor dem 5. Jahrhundert v. Chr. in dumpfer Götterfurcht lebten, die seit der Entstehung und Entwicklung der Philosophie durch eine aufgeklärte Haltung abgelöst wurde. Ein ähnliches Modell für Rom, das erst durch die nähere Vertrautheit mit der griechischen Philosophie im 2. Jahrhundert v. Chr. von einer bedrückenden Religion befreit wurde, kann heute auch nicht mehr Geltung beanspruchen. Im Lauf dieses Buches wird sich zeigen, dass die Kulte der Griechen und Römer zumeist von einem starken Pragmatismus geprägt waren. Die Philosophie war weitgehend ein Elitenphänomen mit nur begrenzter Wirkung auf breitere Schichten. Zugleich bedeutet das nicht, dass einer abergläubischen Unterschicht die aufgeklärte Oberschicht gegenüberstand und Religion als Mittel der Herrschaftssicherung einsetzte. In der Antike verlief die Grenzlinie nicht zwischen Religion und Atheismus, sondern zwischen Religion und Aberglaube.

Religionskritik Kritik an den Göttern, an den Mythen und an prophetischen Aussagen war in der Antike immer möglich. Bei Homer – die Entstehungszeit von Ilias und Odyssee ist höchst umstritten; vielleicht liegen wir nicht falsch, wenn wir sie ins späte 8. Jahrhundert v. Chr. datieren – werden die Götter sehr menschlich geschildert, sie sind getrieben von Rache und Eifersucht, ja sie bieten sogar Anlass für Gelächter. Während Zeus, Athena oder Apollon makellos sind, hinkt Hephaistos, ist Ares ein töricht-rasender Kämpfer und Dionysos ein Trunkenbold. Doch bevor das Feld der antiken Religionskritik ausgemessen werden kann, sind zwei Anmerkungen nötig: Erstens bedeutet Kritik an den Kulten nicht, dass sie vernachlässigt wurden. Andernfalls hätten spätestens im 5. Jahrhundert v. Chr. die Kulte einfach einschlafen müssen. Kritik an einem religiösen System ist ein Teil des Systems, zumal bei polytheistischen Religionen. Zweitens ist es gut möglich, dass Religionskritik nur im literarischen Diskurs verhandelt wurde und wenig Einfluss auf die Kulte entwickelte.

Xenophanes von Kolophon richtete sich irgendwann zwischen 570 und 467 v. Chr. – den frühen Philosophen wurde gerne ein hohes Alter zugeschrieben – gegen die anthropomorphen Göttervorstellungen. Er mokierte sich darüber, dass die Menschen ihre Götter so darstellten, wie sie selbst waren: Die dunkelhäutigen Äthiopier hatten dunkelhäutige Gottheiten, die Thraker, durchweg rothaarig und blauäugig, dachten sich ihre Götter mit roten Haaren und blauen Augen. Zugespitzt wird dieser Gedankengang in einer gewagten These: Wenn Pferde Bilder malen könnten, so würden sie ihre Götter als Pferde darstellen. Bei Xenophanes sind die Götter den Menschen weder an Körper noch an Geist ähnlich; um Atheismus handelt es sich hier nicht. Ein Buch des Philosophen Protagoras, der ins 5. Jahrhundert v. Chr. zu datieren ist, soll mit dem folgenden Satz begonnen haben: „Was die Götter angeht, so weiß ich weder, dass sie sind noch, dass sie nicht sind; denn viele Gründe hindern uns in dieser Erkenntnis, sowohl die Ungewissheit der Sache wie die Kürze des menschlichen Lebens" (Diogenes Laertios 9,51). Nach Diogenes Laertios wurde Protagoras wegen dieses Textes, über den sonst keine Informationen vorliegen, aus Athen verbannt.

Wohl im 4. Jahrhundert v. Chr. verfasste Palaiphatos eine Schrift, in der er einige Mythen rational erklärte. Unter anderem widmete er sich dem Mythos um den Jäger Aktaion, den Artemis in einen Hirsch verwandelte und der von seinen eigenen Hunden zerfleischt wurde. In der antiken Überlieferung finden sich unterschiedliche Gründe für den Zorn der Göttin: Zum einen heißt es, Aktaion habe Artemis heiraten wollen, zum zweiten ist von einem Vergewaltigungsversuch die Rede, drittens schließlich soll er die Göttin nackt beim Bad erblickt haben. Palaiphatos äußerte sich folgendermaßen:

Xenophanes von Kolophon

Der Aktaion-Mythos
(Palaiphatos, Unglaubliche Geschichten 6)

Man sagt, Aktaion sei von den eigenen Hunden verschlungen worden. Das aber ist lügnerisch. Ein Hund liebt nämlich seinen Herrn und Ernährer am meisten, und insbesondere Jagdhunde umschwänzeln alle Menschen. Einige aber sagen, dass Artemis ihn in einen Hirsch verwandelt habe, den Hirsch aber die Hunde getötet hätten. Mir scheint freilich, dass Artemis tun kann, was sie will – doch ist es nicht wahr, dass ein Hirsch aus einem Mann oder aus einem Hirsch ein Mann wird; die Dichter haben all diese Mythen verfertigt, damit diejenigen, die sie hören, sich nicht gegen das Göttliche vergehen. Was wahr ist, verhält sich vielmehr wie folgt: Aktaion war ein Mann, der aus Arkadien stammte und ein Jagdliebhaber war. Er zog immer viele Hunde auf und jagte in den Bergen, wobei er seine eigenen Angelegenheiten vernachlässigte.

Durch seine Jagdleidenschaft, so Palaiphatos weiter, verbrauchte Aktaion sein ganzes Vermögen. Daher konnte man auch in einer allegorischen Deutung behaupten, Aktaion sei von den eigenen Jagdhunden aufgefressen worden. Für Palaiphatos waren Mythen oft lügnerisch und ein Erzeugnis der Dichter. Ziel der Erfinder dieser Mythen war es, den Menschen Furcht vor den Göttern einzuflößen.

Epikur   Epikur verneinte in der Zeit um 300 v. Chr. nicht die Existenz der Götter, sondern vertrat nur die Ansicht, dass sie sich nicht um die Menschen kümmerten; Opfer und Gebete werden, so der Philosoph, von den Göttern nicht erhört – viel weiter ging der angebliche Atheismus der Antike nicht. Dennoch empfahl Epikur, die Götter als Vorbilder für die rechte Lebensführung verehren. Dies bestätigt sich auch bei einer genauen Lektüre des Lukrez, der im 1. Jahrhundert v. Chr. in *De rerum natura* Teile der Philosophie Epikurs als Lehrgedicht in lateinischer Sprache vorlegte. Eine Dekonstruktion der Götter findet sich bei Euhemeros, einem nur indirekt überlieferten Autor aus dem frühen 3. Jahrhundert v. Chr. Für ihn waren die Götter lediglich Menschen, die man aufgrund ihrer besonderen Leistungen kultisch verehrte.

Stoiker   Nicht alle Philosophenschulen hielten kritischen Abstand zu den Göttern und ihren Kulten. In den Konzepten Platons spielte Religion eine wichtige Rolle. Für die Vertreter der Stoa, der wohl einflussreichsten philosophischen Richtung der Antike, waren die Götter wirkmächtig; daher sahen es die Stoiker für sinnvoll an, den Göttern zu opfern. Insgesamt entsteht der Eindruck, dass die antike Religionskritik in der Neuzeit eine stärkere Wirkung entfaltete als in der Antike. Erst als Kritik an der unangreifbaren Stellung der Kirchen laut wurde, gewannen die wenigen antiken Zeugnisse für Religionskritik und Atheismus an Bedeutung. Sie waren antike Autoritäten, auf die man sich berufen konnte.

b) Aberglaube und staatliche Intervention

Die Begriffe für Aberglauben, *deisidaimonia* im Griechischen, *superstitio* im Lateinischen, sind nicht deckungsgleich. Theophrast, der Verfasser einer Sammlung von Charakteren, lieferte im 4. Jahrhundert v. Chr. eine berühmte Darstellung des von *deisidaimonia* erfüllten Menschen, der die Ausführung von Ritualen öfter und ausführlicher als nötig betreibt:

Deisidaimonia
(Theophrast, Charaktere 16)

Wenn eine Maus einen Lederbeutel voll Gerste anknabbert, geht er zu einem Zeichendeuter und fragt ihn, was er tun solle; und wenn jener antwortet, er solle ihn dem Gerber zum Flicken geben, so hört er nicht darauf, sondern bringt ein schadenabwendendes Opfer dar.

In diesem sicherlich überzeichneten Charakterbild sieht der Abergläubische in jedem Ereignis ein Vorzeichen. Angesichts der gefräßigen Maus denkt er nicht an eine Katze, eine Falle oder an eine sichere Lagerung des Getreides, sondern geht zum Zeichendeuter. Als selbst dieser das hungrige Haustier nicht zum Zeichen erklärt und einen pragmatischen Ratschlag gibt, wendet sich der Abergläubische dennoch den Göttern zu.

Aberglaube und Andersartigkeit   Kulte der fremden Völker konnten – bei aller prinzipiellen Offenheit der Römer – als *superstitio* gelten, ebenso die Magie. Nach römischer Vorstellung bedienten sich die Feinde der Römer der *superstitio*, gleich ob es sich um barbarische Germanen, überkultivierte Ägypter oder unrömisch gewordene Bürgerkriegsgegner handelte. Auch die Christen waren der *superstitio* verfallen, wie aus dem Briefwechsel zwischen Plinius und Kaiser Traian hervorgeht. Umgekehrt bezichtigten die Christen die Paganen der *superstitio*. In den Gesetzen des späten 4. Jahrhunderts n. Chr. gebrauchten die nunmehr christlichen Kaiser den Begriff *superstitio*, um damit die letzten unbelehrbaren Heiden zu brandmarken.

Eine Ausgrenzung von anderen Religionen und Kulten ist nur selten belegt. Gegen Sokrates wurden zwei Anschuldigungen vorgebracht: Er verderbe die Jugend und er führe neue Götter ein. Welche Götter der Philosoph eingeführt habe, wurde nie gesagt, weder von den Anklägern noch von seinen Verteidigern. Letztlich war dieser Vorwurf vielleicht nur ein Symbol dafür, dass er die Polis beschädigte. Der Prozess lehrt, dass sich die Polis bei Bedarf um Fragen der Religion einmischte und Präsenz zeigte. Sokrates stellte lange Zeit kein Problem dar und wurde nicht behelligt. Nur selten beschäftigten sich die Gemeinwesen mit der religiösen Devianz einzelner Bürger. In Krisenzeiten hingegen war es möglich, dass die Instrumente der Polis mobilisiert wurden. [Sokrates]

Eingriffe von Seiten des Staates sind auch in der römischen Geschichte selten. Das markanteste Beispiel in der Zeit vor den Christenverfolgungen ist die strenge Reglementierung der Bacchanalien 186 v. Chr. Diese Bacchusmysterien, über deren Rituale nur Gerüchte kursierten, hatten sich aus dem griechischen Siedlungsgebiet bis nach Rom verbreitet und waren dort wohl schon länger beheimatet. Im Unterschied zu dem Fall des Sokrates griffen die römischen Behörden 186 v. Chr. ein, weil sie die Zeit dazu hatten. In diesem Jahr gab es weniger außenpolitische Probleme als in früheren Jahren; überdies wurden in dieser Zeit auch andere Regelungen getroffen, so war zwei Jahre zuvor die Ämterlaufbahn genau festgelegt worden, 181 v. Chr. wurden die angeblichen Numabücher verbrannt. Man warf den Anhängern des Bacchuskultes vor, dass sie ihre Rituale in der Abgeschiedenheit und in der Nacht feierten. Da alle von Wein berauscht waren, soll es zu unbeschreiblichen Szenen gekommen sein: Das Panorama reicht von sexuellen Ausschweifungen über kleinere Verbrechen wie das Erstellen von falschen Testamenten bis hin zum Mord. Und da die Zahl der Eingeweihten groß war, wurde der Kult, den man für eine Verschwörung hielt, zur Gefahr für den Staat (Livius 39,8–19). Der Senat reagierte mit einem Beschluss, der auch in einer Inschrift überliefert ist: Bacchanalien durften nur abgehalten werden, wenn man sie zuerst in Rom beim Praetor urbanus beantragt hatte; jener für Rechtsfragen zuständige hohe Amtsträger musste die Angelegenheit dem Senat vorlegen, wobei ein Quorum von 100 Senatoren zur Erteilung der Erlaubnis nötig war. An einem Bacchanal durften höchstens fünf Personen teilnehmen; nicht mehr als zwei davon durften Männer sein. Wer sich nicht an die Auflagen hielt, musste mit der Todesstrafe rechnen (Corpus Inscriptionum Latinarum X 104). Entsprechend den paganen Auffassungen von Religion wurde der Kult nicht gänzlich verboten, sondern nur stark eingeschränkt; besonders der Verfahrensweg über Rom mochte für viele, die weit außerhalb der Stadt wohnten, ein schwer unüberwindliches Hindernis darstellen. Das Sagen in Angelegenheiten der Religion hatte der Senat, die Versammlung der einflussreichsten Männer des Staates. [Kontrolle von Kulten]

15

Plinius der Jüngere   Auch in der Kaiserzeit konnte man einen Gegner als *superstitiosus* skizzieren. Bei der Lektüre der Briefe des jüngeren Plinius wird schnell klar, wer sein Intimfeind ist: Marcus Aquilius Regulus, wie Plinius als Anwalt tätig. Laut Plinius befragte Regulus während eines Prozesses ständig die Eingeweideschauer. Regulus selbst, der durch Schurkereien reich geworden war, erzählte Plinius, er habe einmal beim Opfer gefragt, wie schnell er zu einem Vermögen von 60 Millionen Sesterzen kommen könne. Da das Opfertier doppelte Eingeweide hatte, hoffte Regulus sogar auf ein Vermögen von 120 Millionen Sesterzen (2,20,13f.). Als sein Sohn starb, kannte Regulus keine Grenzen; er ließ am Scheiterhaufen des Kindes alle seine Tiere abschlachten, Ponys, Hunde, Nachtigallen, Papageien und Amseln (4,2,3). Abergläubisches Handeln wird auch an anderer Stelle gegeißelt. Als bei der Stadt Hippo in Nordafrika ein Delphin an den Strand geschwommen war, freundeten sich Knaben mit dem Tier an und badeten im Meer mit ihm. Octavius Avitus hingegen, ein Helfer des Statthalters, verehrte den Fisch und übergoss ihn mit Salben. Der Delphin floh vor dem ungewohnten Geruch ins Meer und kam erst Tage später wieder zurück. Octavius Avitus, namentlich genannt, wird der Lächerlichkeit preisgegeben, hatte er doch das Tier wie ein Götterbild behandelt (9,33,9). Zugleich illustriert diese Episode die möglichen Optionen: Man konnte wie die Kinder mit dem Delphin spielen, man konnte wie Plinius sich an der Geschichte ergötzen – und man konnte den Delphin als Gottheit oder zumindest als Abgesandten einer Gottheit verehren. Für die letzte Möglichkeit standen mythologische Anknüpfungspunkte zur Verfügung, es sei nur an die Rettung Arions durch einen Delphin oder die vielen anderen Mythen, in denen Delphine als Begleiter Apollons auftreten, erinnert.

4. Individuelle Religiosität: Der Fall des Aelius Aristides

Zweite Sophistik   Die Ausübung von Religion in der Antike geschah oft im Kollektiv, im Rahmen städtischer Kulte oder eines Kultvereines. Doch einige Quellen künden auch von individueller Religiosität. Gegen Ende des 2. Jahrhunderts n. Chr. verfasste der berühmte Rhetor Aelius Aristides einen Text, der zumeist unter dem Titel „Hieroi Logoi" (Heilige Berichte) bekannt ist. Buchtitel in unserem Sinne gab es in der Antike nicht. In den „Heiligen Berichten" schilderte Aelius Aristides nahezu tagebuchartig seine schwere Magenkrankheit und die Art, wie er damit umging; er erzählte über seinen Appetit, tägliches Baden sowie über seine Träume und Visionen, in denen vor allem der Heilgott Asklepios erschien. Da die Schrift in unserer Überlieferung nach knapp hundert Seiten abbricht, bleiben über den weiteren Verlauf der Krankheit nur Spekulationen. Aelius Aristides lebte in einer Zeit, in der die griechischen und römischen Traditionen schon längst mehr oder weniger amalgamiert waren, und er schrieb, wie es sich für einen Bewohner des Ostteils des Reiches gehörte, stolz in griechischer Sprache. Viele griechische Autoren der römischen Kaiserzeit, besonders der Zeit zwischen der Mitte, des ersten und der Mitte des 3. Jahrhunderts n. Chr., werden heute unter dem Etikett der „Zweiten Sophistik" zusammengefasst. Kennzeichnend für diese literarische Strömung war die

Betonung von Rhetorik und Bildung, wobei man sich vor allem für die glänzende Vergangenheit des 5. und 4. Jahrhunderts v. Chr. interessierte; dass die eigenen Heimatstädte seit mehreren Jahrhunderten Bestandteil des Römischen Reiches waren, ignorierte man bei Bedarf. Aelius Aristides widmete sich auch Rom; in seiner bekanntesten Schrift, der „Romrede", pries er die Bedeutung der Stadt, die Größe des Reiches und die *pax Romana*. Im Winter 143/144 erkrankte er bei einer Reise vom östlichen Kleinasien nach Rom. Aufgrund heftiger Magenleiden hielt er sich 144 in einem Asklepiosheiligtum bei Smyrna auf, 145 in einem Heiligtum desselben Gottes in Pergamon. Die „Heiligen Berichte" sind von beträchtlicher Länge und erlauben einen Einblick in den individuellen Umgang mit Religion. Auch wenn der gewiefte Redner Aelius Aristides sich literarisch inszenierte, ist es zumindest von Bedeutung, was er über seine Beziehung zu Asklepios schrieb: Aelius Aristides bewegte sich also innerhalb dessen, was man über Religion sagen konnte.

Gleich zu Beginn seines Buches erklärt Aelius Aristides, er habe sich Asklepios wie einem Arzt überlassen. Auch wenn die Ärzte anderes anordnen, hält sich Aelius Aristides stets an die Botschaften, die er im Traum von Asklepios empfängt. Mehrfach wird ihm aufgetragen, im Winter bei eisigem Wind im Freien zu baden. Und jedes Mal hat diese Therapie, welche den Zeitgenossen Schauder über den Rücken jagt, Erfolg: Statt einer tödlichen Lungenentzündung zu erliegen, fühlt sich Aelius Aristides erquickt. In seinen Träumen lässt sich eine starke Selbstdarstellung erkennen, wobei hier nicht der Ort für eine psychologische Deutung sein soll:

Asklepios

Ein Traum des Aelius Aristides
(Aelius Aristides 3,4)

Q

Ich träumte aber auch, ich gehe durch Alexandria und sehe dabei eine Knabenschule. Die Schüler lasen laut vor und sangen folgende Verse, wobei sie aufs lieblichste einander antworteten:
Viele errettete Er vor dem Tode, der schon sie ins Auge
Fasste, hart an der Schwelle des Hades stehend, die keinem
Jemals zur Rückkehr sich öffnet.
Es sind Zeilen eines Liedes von mir, das ich fast als erstes für den Gott gedichtet habe.

Im Traum freut sich Aelius Aristides darüber, dass sein Werk, das er zu Ehren des Asklepios gedichtet hatte, auch in Ägypten verbreitet war. So wie viele andere von tödlicher Krankheit geheilt worden waren, erhofft sich auch der Dichter Rettung. In einem anderen Traum erhält Aelius Aristides einen Orakelspruch für seinen Freund Zosimos:

Orakelspruch für Zosimos
(Aelius Aristides 3,37)

Q

Vom Rindfleisch aber wurde ich auf folgende Weise abgebracht. Es kam mir vor, als sei an Zosimos ein Orakelspruch ergangen, er werde so lange leben, wie „die draußen auf dem Feld weidende Kuh lebt". Da hätte ich denn zu ihm gesagt: „Verstehst du auch den Sinn des Orakelspruches? Er befiehlt dir, dich des Rindfleischs zu enthalten.

Kommunikation mit dem Gott

Der Traum stellt sich als wahr heraus, da die tödlich verlaufene Krankheit des Zosimos durch den Verzehr vom Opferfleisch eines Rindes entstanden war. Warum dies so gewesen sein soll, verrät der Autor nicht. In einer späteren Passage offenbart sich die religiöse Inbrunst des Aelius Aristides. Er träumt, bei einer Feier zu Ehren des Asklepios in der ersten Reihe zu stehen; alle singen einen Hymnus auf den Gott. Als Asklepios alle durch ein Kopfnicken zum Weggehen auffordert, bittet er Aelius Aristides zu bleiben. Entzückt von der Ehre ruft der Autor aus: „Der Eine" und meint damit den Gott. Asklepios aber antwortet „Bist du". Aelius Aristides kommentiert diese Szene voller Begeisterung: „Dieses Wort, o Herr Asklepios, ist mir wertvoller als das ganze menschliche Leben. Neben diesem verschwindet jede Krankheit, neben diesem verschwindet jede sonstige Gunst. Dieses hat mir Kraft und Willen zum Leben gegeben" (4,51). Aelius Aristides hat ein enges Verhältnis zu Asklepios. Er ist seine wichtigste Gottheit, und die Ehre, die der Gott seinem Klienten erweist, ist bemerkenswert – auch wenn das Ganze in einem Traum spielt. Von Asklepios ist es nicht mehr weit zum Gott der Christen. Sätze wie „So war mein ganzes Ich bei dem Gott" (2,23) zeugen von einem innigen Verhältnis zu Asklepios, von tiefem Glauben. Bisweilen changiert der Gott in seiner äußeren Erscheinung und ähnelt dann eher Apollon, seinem Vater. In den Träumen nimmt Aelius Aristides die Götter mit allen Sinnen wahr. Er sieht und hört sie nicht nur, sondern riecht auch ihren Duft. Athena erscheint wie die Statue des Phidias in Athen; von der Ägis der Athena, dem Ziegenfell, mit dem sie feindliche Heere in die Flucht schlagen kann, geht der „lieblichste Duft" aus (2,41).

Formelhaftigkeit von Religion?

Wenn in der Forschung der letzten Jahre immer wieder darauf verwiesen wurde, dass antike Religion formelhaft sei und dass das Tun wichtiger als der Glaube sei, so muss dies aufgrund der Berichte des Aelius Aristides revidiert werden. Sicherlich ist auch bei Aelius Aristides das kultische Handeln von Bedeutung; immerhin hielt er sich zwei Jahre in einem Asklepiosheiligtum auf. Doch zugleich schimmert in den „Heiligen Berichten" oft genug etwas durch, das sich nicht vom Glauben der Christen unterscheidet. Religion in der Antike hatte viele Facetten.

In seinen Selbstbetrachtungen reflektiert der römische Kaiser Mark Aurel (161–180) über philosophische Fragen. Über die Götter schreibt er:

Mark Aurel über die Götter
(Mark Aurel, Selbstbetrachtungen 12, 28)

Wenn man dich fragt: „Wie hast du denn die Götter gesehen, oder woraus hast erkannt, dass sie existieren, damit du sie so verehrst?", antworte: Erstens sind sie mit dem bloßen Auge sichtbar. Zweitens habe ich meine eigene Seele auch noch nicht gesehen und halte sie doch in Ehren. Genauso halte ich es mit den Göttern: Indem ich ihre Macht jederzeit erfahre, erkenne ich, dass sie existieren – und verehre sie.

Mark Aurel vertritt eine Mischung aus epikureischer und stoischer Lehre. Wenn er sagt, dass man die Götter sehen könne, so bezieht er sich auf die zahlreichen Götterbilder, auf Träume und Visionen.

Nun stellt sich die Frage, ob mit Aelius Aristides und Mark Aurel ein neues Kapitel antiker Religion beginnt, eine „neue Innerlichkeit" anhebt. Die zahlreichen Inschriften der von Asklepios Geheilten aus Epidauros, die ein halbes Jahrtausend älter sind, lassen zumindest auf vergleichbare Fälle schließen. Nur sind diese Texte deutlich kürzer als die Heiligen Berichte. In der Dichtung findet sich schon früh ein enges Verhältnis zu den Göttern. Wenn wir die Lyrik hinzunehmen, so ist ein enges Nahverhältnis zu einer Gottheit bereits bei Sappho um 600 v. Chr. zu greifen. In ihrem Aphrodite-hymnus bittet Sappho die Göttin um Hilfe und verweist darauf, dass sie schon früher von Aphrodite in Liebesdingen Unterstützung erhalten hatte. Die Reihe der Lyriker, deren Gedichte als Gebete zu verstehen sind, lässt sich durch die gesamte Antike fortsetzen; genannt seien nur Kallimachos, Ti-bull, Ovid, Horaz und Lukrez.

5. Mythen

a) Oidipus

Auch wenn die Mythologie heute nicht mehr als der Universalschlüssel zum Verständnis der antiken Religion gesehen wird, bieten Mythen oft genug einen Zugang zur Religion. Der Begriff „Mythos" meint nicht nur Erzählungen über Götter oder Halbgötter, sondern seit dem so genannten *cultural turn* in den Geisteswissenschaften hat sich eine weitere Definition von Mythos durchgesetzt. Als Mythos gilt, etwa in der Formulierung des Heidelberger Ägyptologen Jan Assmann, jede semantisch aufgeladene Erzählung über die Vergangenheit. Es reicht also, wenn die Erzählung für die Herausbildung oder Stärkung einer Gruppenidentität konstruiert worden ist. Götter sind nicht zwangsläufig nötig. In der „Medea" des Euripides etwa wird geschildert, wie Medea, mit ihrem Gatten Iason und zwei gemeinsamen Söhnen nach Korinth geflohen, ein Blutbad anrichtet, weil Iason sich mit der Tochter des korinthi-schen Königs vermählen möchte; Medea tötet die Nebenbuhlerin, den König und ihre eigenen Söhne, um Iason zu verletzen. Mitten im Stück tritt der athe-nische König Aigeus auf und bietet Medea Asyl in seiner Stadt an. Schon Aris-toteles wunderte sich über das unmotivierte Erscheinen des Aigeus (Poetik 25). Doch da das Stück in Athen aufgeführt wurde, hatte Aigeus seine Funk-tion: Während in Korinth Chaos herrschte, war Aigeus mit seinem Verspre-chen der ruhende Pol. Aus anderen Texten ist bekannt, dass Medea von Athen nach Asien gegangen sei. Dort habe sie das Volk der Meder begründet – hier musste die Namensähnlichkeit der Meder zu Medea herhalten. Meder wiede-rum war eine andere Bezeichnung für die Perser. Als das Stück 431 v. Chr. auf-geführt wurde, konnten die athenischen Zuschauer noch weiterdenken: Ein halbes Jahrhundert zuvor hatten ausgerechnet die Perser Athen zerstört, wo ihre Urahnin einst Asyl erhalten hatte. Ein klarer Fall von Undankbarkeit, die zu Recht durch den Sieg der Athener bestraft wurde.

Besonders in der zersplitterten griechischen Welt war es möglich, dass über dieselbe mythologische Gestalt unterschiedliche Geschichten kursier-ten. Pausanias, ein Reiseschriftsteller aus dem 2. Jahrhundert n. Chr., berich-tet über das Grab der Amazone Antiope, das man erblickt, wenn man Athen betritt; er referiert drei Varianten:

Definition von „Mythos"

Das Grab der Amazone Antiope
(Pausanias 1,2,1)

Von dieser Antiope sagt Pindar, sie sei von Peirithoos und Theseus geraubt worden, der Troizenier Hegias hat aber folgendes auf sie gedichtet. Herakles habe Themiskyra am Thermodon belagert und nicht nehmen können, und Antiope habe sich in Theseus verliebt [...]; die Athener aber sagen, als die Amazonen gekommen seien, sei Antiope von Molpadia erschossen, Molpadia aber von Theseus getötet worden.

Varianten des Mythos · Für die Athener war Theseus die wichtigste mythologische Identifikationsfigur. Auch wenn eine Datierung dieser drei Varianten nicht immer möglich ist – Pindar lebte im 5. Jahrhundert v. Chr., über Hegias ist nichts bekannt, über das Alter der Variante der Athener können wir nur spekulieren – lohnt sich ein Blick auf die Unterschiede. Pindar, ein Dichter aus Theben, dessen Bewohner sich nur selten gut mit den Athenern verstanden, macht Theseus zu einem Frauenräuber. Hegias aus Troizen, einer Stadt auf der anderen Seite des saronischen Golfes, die nicht nur traditionell mit Athen verbündet war, sondern auch als Geburtsort des Theseus eine enge mythologische Verbindung zu Athen besaß, bietet eine wesentlich günstigere Variante, in der Antiope sich in Theseus verliebt. Schließlich erzählen die Athener davon, dass Theseus den Tod der Antiope rächt, die als Amazone auf der Seite der Athener gegen die Amazonen gekämpft hatte. Je nach Ort, je nach historischer Erfahrung, die man mit der Heimat einer mythologischen Gestalt gemacht hatte, konnten Mythen differieren.

Oidipus · Dies lässt sich zum Teil auch bei den Mythen um Oidipus aufzeigen. Oidipus war der Sohn des Königs Laios und der Iokaste. Das Orakel von Delphi warnte Laios, den König von Theben, dass ein Sohn ihn töten werde. Darauf ließ Laios ihn aussetzen. Oidipus, dem man noch die Füße durchbohrt hatte – die Übersetzung des Namens ist „Schwellfuß" – wurde von Hirten gefunden und in Korinth als Sohn des Königs Polybos und der Merope aufgezogen. Später tötete er Laios, ohne zu wissen, wer er war; er löste das Rätsel der Sphinx und gewann als Lohn den thebanischen Königsthron. Darauf heiratete er seine Mutter Iokaste und zeugte mit ihr vier Kinder: Polyneikes, Eteokles, Antigone und Ismene. Als er seine Verfehlungen erkannte, stach er sich die Augen aus und Iokaste erhängte sich.

Deutungsversuche des Oidipusmythos · Dieser Mythos erlaubt eine ganze Reihe von Deutungsoptionen, von denen vier genannt werden sollen. Erstens kann der Zusammenbruch der Familienstrukturen für den Zusammenbruch der Polis stehen; immerhin lautet der Titel des Stückes auch „Oidipus tyrannos" – der Tyrann steht gegen die Polis. Freuds „Ödipuskomplex" erweist sich bei einer genauen Lektüre des Textes als geniale Schöpfung, die mit der Tragödie nur wenig gemeinsam hat; Oidipus will, ganz im Gegensatz zu Freuds Konzept, den Vater eben nicht bewusst töten, sondern unterliegt einem tragischen Irrtum. Am Ende gibt Oidipus die Herrschaft aus eigenem Entschluss auf und wird damit fast zum idealen König. Zweitens handelt das Stück von der Prophezeiung, dass der Sohn den Vater töten werde. Auch wenn sie auf alle mögliche Weise umgangen wird, erweist sich letztlich das Orakel von Delphi, das die Prophezeiung erteilt hatte, als zuverlässig; angesichts der in der Mitte des Stückes heftig geäußerten Zweifel an Delphi könnte man den „Oidipus tyrannos" als Plädoyer für die Verlässlichkeit Apollons und seines delphischen Orakels lesen. Drittens zeigt sich in vielen Theaterstücken immer wieder Theben als Projektionsfläche; die Texte kommen von athenischen Tragikern, die in der nächsten größeren Stadt, und eben nicht in Athen, furchtbare Szenarien durchspielen. Viertens verweisen Fragmente der „Oidipodeia", eines kaum erhaltenen Epos aus dem 6. Jahrhundert v. Chr., auf die Existenz von wesentlich positiveren Darstellungen des Oidipus; in dieser Fassung fehlt der Inzest, die Kinder des Oidipus sind von einer anderen Frau.

Theater

Theateraufführungen fanden in Athen im Rahmen von Festen für Dionysos statt, vor allem bei den großen Dionysien im Frühjahr mit ihrem dreitägigen Dramenwettbewerb. Göttlicher Schirmherr der Aufführungen war Dionysos, das Theater gehörte zu seinem Heiligtum, er selbst war als Statue präsent. Bei der Auswahl der Dichter, Schauspieler, Schiedsrichter und der für die Finanzierung zuständigen Choregen war die Polis tätig. Spätestens seit dem Ende des 6. Jahrhunderts v. Chr. kamen jedes Jahr drei Tragödiendichter zum Zuge; jeder führte an einem Tag drei Tragödien und ein Satyrspiel auf. Über die „Geburt der Tragödie" wurde schon viel spekuliert; es mag reichen, dass der Begriff „Tragödie" von *tragos* = Bock abgeleitet ist und in ihren Anfängen mit Bocksgesang oder dem Opfer eines Bockes in Verbindung stand. Aus den erhaltenen Tragödien lassen sich keine Rückschlüsse zu dieser Frage ziehen. Zu Beginn der Aufführungen wurde vor Tagesanbruch ein Schwein geopfert und die Reihenfolge der Wettbewerber gelost. Die Zuschauer trugen einen Kranz auf dem Kopf und sahen sich den ganzen Tag Aufführungen an. Hatten die antiken Athener eine deutlich längere Aufmerksamkeitsspanne als wir oder war es, wie Ausschnitte aus dem Komödiendichter Aristophanes nahe legen (Vögel 785–789), ein ständiges Kommen und Gehen?

b) Theseus in Athen

Seit dem 6. Jahrhundert v. Chr. gewann die Gestalt des Theseus an Bedeutung. Wohl im letzten Viertel des Jahrhunderts entstand die „Theseis", ein Epos, in dem Theseus zum Heros Athens wurde. Bereits bei der Frage nach den Eltern des Theseus herrscht keine Einigkeit. Als Vater werden Poseidon und der attische König Aigeus genannt. Unumstritten hingegen bleibt die Mutter, Aithra, die Tochter des Königs von Troizen. Bevor Aigeus Troizen verließ, deponierte er ein Schwert sowie ein Paar Sandalen unter einem schweren Stein und schärfte Aithra ein: Sollte das gemeinsame Kind ein Sohn sein, so solle sie ihn nach Attika schicken, sobald er in der Lage sei, den Stein beiseite zu schieben. Als Theseus herangewachsen war, hob der mühelos den Stein, den sonst niemand zu bewegen vermochte und machte sich auf den Weg nach Athen. Unterwegs überwand er mehrere Unholde, unter anderen den Fichtenbieger Sinis, der seine Opfer zerriss, indem er sie an heruntergebogene Fichten band und dann die Bäume wieder hochschnellen ließ. Auch in diesem Fall sind konkurrierende Erzählungen überliefert: Sinis ist ebenso wie Theseus ein Sohn des Poseidon, was die beiden zu Halbbrüdern macht. Überdies soll Theseus Perigune, die Tochter des Sinis, in ihrem Versteck aufgespürt und geschwängert haben; aus der Verbindung entspross ein Sohn. Sinis galt nicht überall als Unhold. Skiron lauerte den Wanderern auf und zwang sie, ihm die Füße zu waschen. Sobald sich die Opfer bückten, stürzte er sie mit einem Fußtritt ins Meer; unten wartete eine Schildkröte, welche die Unglücklichen auffraß. Für die Megarer galt

Theseus als Helfer der Athener

Skiron keineswegs als grausamer Unhold, sondern als ein gerechter Mensch, der gegen Räuber ins Feld gezogen war. Schlaglichtartig wird deutlich, in welchem Maße Mythen von den Interessen der jeweiligen Stadt beeinflusst waren. Der Unhold mit dem größten Bekanntheitsgrad ist Prokrustes (= der Ausrenker), der seine Opfer seinem Bett anpasste: Wer zu klein war, dem renkte er die Gelenke aus; wer zu groß war, dem hieb er die Gliedmaßen ab. In allen Fällen tötete Theseus die Unholde auf die Art, in der sie zuvor ihre Opfer umgebracht hatten – und führte somit eine mythologische Flurbereinigung durch. In Athen erkannte ihn sein Vater und schickte ihn zusammen mit den athenischen Jugendlichen, die dem Minotauros geopfert werden mussten, nach Kreta. Theseus erschlug jenes Mischwesen aus Mensch und Stier und rettete damit die mythische Existenz der Polis; in der attischen Vasenmalerei war es nach dem Löwenkampf des Herakles das beliebteste Bildthema. Bei der Rückkehr von Kreta setzte Theseus aus Versehen ein schwarzes Segel, Zeichen dafür, dass die Mission gescheitert war. Aus Gram um die vermeintlich toten Athener stürzte König Aigeus sich ins Meer, das seither das „Ägäische" heißt. Allein diese Notiz zeigt, in welchem Maße die Athener das Meer als ihre Domäne betrachteten; der Mythos führte den Namen auf einen ihrer Könige zurück. Während Herakles, der ebenso zahlreiche Unholde tötete, als panhellenischer Heros zu verstehen ist, vollbrachte Theseus seine Taten nur für eine Stadt, für Athen.

Tod des Theseus

Nach dem Herrschaftsantritt in Athen unternahm Theseus noch mehrere Abenteuer. Bei der letzten Fahrt des Königs nutzte Menestheus die Gelegenheit, um die Herrschaft in Athen an sich zu reißen. Er nahm das Volk für sich ein, wurde damit zum Urbild aller Demagogen und vertrieb Theseus bei seiner Rückkehr. Der König floh zuerst nach Kreta, dann auf die rund 100 Kilometer nordwestlich von Athen gelegene Insel Skyros und wurde dort ermordet.

Veränderungen des Mythos

Nach Plutarch griff der Tyrann Peisistratos (~565–528/27) in den Wortlaut der Odyssee ein, um den folgenden Vers einschmuggeln: „Theseus und Peirithoos, herrliche Göttersöhne" (Plutarch, Theseus 20). Ziel des Peisistratos war es nicht nur, seinen athenischen Mitbürgern zu schmeicheln, sondern auch einen athenischen Helden in *den* griechischen Text schlechthin zu integrieren und damit Athen im kulturellen Gedächtnis der Griechen fest zu verankern – Athen gewann seine überragende kulturelle Bedeutung erst in der Zeit nach Peisistratos. Für Peisistratos lag die Bezugnahme auf Theseus ohnehin nahe, da beide Alleinherrscher waren. So begründete Peisistratos eine Neuordnung Attikas sowie die Einführung der Münzprägung damit, dass er nur Einrichtungen des Theseus wiederaufleben lasse. Umgekehrt argumentierte auch die Konkurrenz des Peisistratos mit Theseus: Das Schatzhaus der Athener in Delphi, das mit Bildern des Heros geschmückt war, entstand wohl unter der Leitung der vor Peisistratos aus Athen geflohenen Familie der Alkmeoniden. Für Abbildungen von Theseus auf Vasen, Gemälden und Skulpturen waren die Jahre zwischen 510 und 410 die produktivsten. In der Schlacht bei Marathon (490 v. Chr.) soll Theseus den Athenern Mut gemacht und in vorderster Reihe mitgekämpft haben. Wenige Jahre später (476/75 v. Chr.) ließ der Politiker Kimon die Gebeine des Theseus von der Insel Skyros nach Athen überführen. Anlass war ein Orakelspruch aus Delphi, der den Athenern die Herrschaft über Skyros verhieß, wenn sie die Gebeine des Theseus in Athen bestatteten. Der Bericht über die Suche nach dem Grab des Theseus ist mit einer Erzählung von göttlichem Beistand verbunden: Man beobachtete einen Adler, der sich auf einem Hügel niederließ und mit seinen Klauen die Erde aufscharrte – als die Athener an dieser Stelle gruben, fanden sie den Sarg eines Mannes von außerordentlicher Körpergröße, in dem ein bronzener Speer und ein Schwert lagen. Auf dem Schiff Kimons gelangten die Überreste des Theseus nach Athen und wurden dort mit Prozessionen und Opfern empfangen. Im Herzen der Stadt, östlich der Agora, der genaue Ort ist bis heute nicht lokalisiert, wurde das Grab errichtet. Wie ist diese Aktion zu deuten? Erstens erhielt durch den Orakelspruch und die Auffindung der Gebeine die militärische Aktion gegen Skyros göttliche Legitimation. Wenige Jahre zuvor hatten die Spartaner nach einem vergleichbaren Muster die Gebeine des Orestes aus Tegea geholt und die Stadt danach eingenommen. Zweitens verfügten nun die Athener wie zahlreiche andere griechische Städte über das Grab des Gründers. Damit gab es in Athen vier Heiligtümer für Theseus.

Um 460 v. Chr. wurde auf der Akropolis eine Statue des Theseus aufgestellt, wie er den Felsblock hochhebt, um das Schwert und die Sandalen seines Vaters hervorzuholen. Wenige Jahre später wurde die Stoa Poikile (Bunte Halle) durch einen Verwandten Kimons, Peisianax, errichtet. In zwei Gemälden erscheint hier Theseus, bei der Abwehr der Amazonen und der Schlacht bei Marathon. In beiden Schlachten wurden fremde Eindringlinge abgewehrt. Der Sieg über die Amazonen besitzt starke Symbolkraft; seine Darstellung dient der Festigung der athenischen politischen Ordnung: Lebten doch die Amazonen in einer Gesellschaft, die in markantem Gegensatz zu Athen stand; es regierten die Frauen, die in Athen nicht über das geringste politische Mitspracherecht verfügten. Auch in der Zeit danach verlor Theseus keineswegs an Bedeutung. Er galt als Begründer der Demokratie, erstmals belegt in den „Bittflehenden" des Euripides in den 420er Jahren. In den heftigen politischen Richtungskämpfen dieser Zeit, die durch die sich verschärfende Situation des Peloponnesischen Krieges noch zugespitzt war, legitimierte man sich unter Berufung auf Theseus. Während die Demokraten an Theseus als Begründer der Demokratie erinnerten, verwiesen die Aristokraten darauf, dass er den Adel unterstützt habe.

In archaischer Zeit war Theseus nur ein Held von vielen. Im 5. Jahrhundert v. Chr. wurde er zum athenischen Helden, zu der Figur, um die sich athenische Identitäten manifestierten – gewachsen durch die Abwehr der Perser und die Erringung einer hegemonialen Stellung in der griechischen Welt. Zuständig für die Finanzierung einer Parade der jungen Männer waren auch in späterer Zeit noch die Nachfahren der von Theseus aus Kreta Geretteten; ein Beispiel dafür, wie lebendig ein Mythos sein konnte, wie Familiengeschichten erfunden wurden. Im 4. Jahrhundert v. Chr. waren die Familien verschwunden und die Theseia wurden durch eine besondere Abgabe finanziert. Außer dem großen jährlichen Fest erhielt Theseus am achten Tag eines jeden Monats Opfer.

Obgleich Theseus vor allem ein athenischer Heros war, genoss er auch außerhalb der Grenzen Attikas Berühmtheit. In Delphi gab es den so genannten Theseusplatz. Plutarch erklärt, warum der Platz seinen Namen erhalten hatte: Zur Zeit des Theseus sei es üblich gewesen, dass die jungen Männer

Instrumentalisierung des Mythos

Theseusfrisur

23

nach Delphi gingen, um sich ihr Haar zu scheren. Theseus schnitt sich die Haare nur vorne und führte damit eine Frisur ein, die nach ihm als „Theseis" bezeichnet wurde. Die modische Neuerung des Theseus erhielt eine rational-militärisch begründete Erklärung: Beim Zweikampf hatte der Gegner nicht mehr die Möglichkeit, einen Kämpfer mit Theseusfrisur an den Haaren zu packen und niederzumachen. Zugleich mochte der Theseusplatz in Delphi zusammen mit seinem aitiologischen – also den Ursprung eines Sachverhaltes erklärenden – Mythos zur Begründung der militärischen Tüchtigkeit der Athener dienen.

E | Rom, eine mythenlose Gesellschaft?

Wer nur nach Mythen sucht, in denen Götter vorkommen, wird in der römischen Tradition kaum fündig. Dennoch ist es falsch, von einer mythenlosen Gesellschaft zu sprechen: Bei der erweiterten Definition von Mythos, wobei alle für eine Gruppe bedeutsamen Erzählungen als Mythos gelten, waren die Römer alles andere als mythenlos. Römische Mythen kommen mit weniger Göttern aus und handeln von vorbildhaften Männern und Frauen aus der eigenen Frühzeit.

Darstellung von Mythen

Themen der Mythologie waren in der griechischen Vasenmalerei sehr beliebt; die Zahl der Vasen geht in die Zehntausende. Viele Darstellungen entsprechen nicht der literarischen Überlieferung und transportieren damit eigenständige Varianten. Ob man sich doch an heute verlorenen Texten orientierte, oder ob es sich um individuelle Entscheidungen der Vasenmaler, der Besitzer der Vasenmanufaktur, der Händler oder der Kunden handelte, ist nicht mehr zu klären. Dennoch bleibt es nicht ohne Reiz, dass Tausende Vasen vor allem athenischer Herkunft aus dem 6. und 5. Jahrhundert v. Chr. in etruskischen Gräbern gefunden wurden. Was die Etrusker beim Anblick dieser Vasen empfunden haben, muss aufgrund des Fehlens literarischer Quellen offenbleiben: Interessierten sich die Etrusker für die Mythologie oder fanden sie die griechischen Gefäße einfach nur schön? In der römischen Kaiserzeit wurden zahlreiche Sarkophage mit Darstellungen aus der Mythologie produziert. Es ist spannend, dass in diesen Sarkophagen nicht nur Pagane bestattet wurden, sondern zumindest im 4. Jahrhundert n. Chr. auch Christen: Spätestens in dieser Zeit waren Mythen eine Sache der Bildung, nicht des Glaubens. Die griechischen Mythen waren längst schon auch römisch geworden, nicht zuletzt durch die Vermittlung von Dichtern wie Vergil und Ovid.

II. Götter und Menschen

1. Die Götter der Griechen

Ungefähr in der Mitte des 1. Jahrhunderts n. Chr. wurde in dem Städtchen Lystra in der heutigen Türkei ein Fremder gesteinigt. Als er unter den Steinwürfen ohnmächtig geworden war, hielten ihn seine Peiniger für tot und gingen auseinander. Der Mann überlebte mit knapper Not. Es war der Apostel Paulus, der kurz zuvor noch in Lystra durch eine Predigt bewirkt hatte, dass ein Lahmer wieder gehen konnte. Aus Dankbarkeit riefen die Umstehenden: „Die Götter sind in Menschengestalt zu uns herabgestiegen!" Sie bezeichneten Paulus als Hermes, weil er so kundig wie der Götterbote gesprochen hatte. Ein Zeuspriester ließ Stiere herbeischaffen und wollte ein Opfer ausrichten. Paulus wehrte sich derart vehement gegen das Opfer, dass die Stimmung umschlug und der Mob ihn steinigte (Apostelgeschichte 14). Aus der christlichen Perspektive unterstreicht diese Episode die Verblendung der Heiden; aus dem Blickwinkel der Altertumswissenschaften – der Text dürfte gegen Ende des 1. Jahrhunderts n. Chr. entstanden sein – veranschaulicht diese Anekdote die in der paganen Welt stets durchlässigen Grenzen zwischen Göttern und Menschen: Wer Wunder vollbrachte, musste ein Gott sein.

Die Begriffe der Griechen und Römer für Gott und Göttin, *theos/thea* und *deus/dea*, unterscheiden sich stark vom Gottesbegriff der Christen. Anders als die Götter in den großen monotheistischen Religionen waren beispielsweise die homerischen Götter nicht allmächtig, sondern dem Schicksal unterworfen. Allerdings sollten wir nicht die Vorstellungen der homerischen Epen auf die gesamte griechische Geschichte übertragen. Griechische Götter waren so komplex wie die griechische Welt. Als Faustregel mag gelten: Jedes Wesen, das kultische Verehrung erhielt, war eine Gottheit. Damit zählten nicht nur Zeus und Apollon zu den Göttern, sondern auch hellenistische Könige und römische Kaiser, die sich eines Herrscherkults erfreuten; sogar einfache Menschen, die verstorben waren, konnten Empfänger von Ritualen sein und damit Götter. Gleichwohl war die Göttlichkeit der divinisierten Menschen nur begrenzt: Denn nicht alle Götter waren unsterblich, allwissend oder ubiquitär; nicht alle konnten fliegen oder sich und andere verwandeln. Viele Götter waren nur an dem Ort wirkmächtig, an dem sie wohnten – etwa ein Baum, ein Berg, ein Fels, eine Höhle oder ein Gewässer. Mythen, Rituale, Namen, Beinamen, Heiligtümer und Kultbilder einer einzigen Gottheit konnten sich im Lauf der Zeit ändern und von Ort zu Ort variieren, bisweilen sogar innerhalb einer Polis.

Götter waren selten leuchtende Beispiele für ethisches Verhalten, sondern hatten einen Sonderstatus. Bei Homer verhielten sich die Götter zu den Menschen wie die Aristokraten zu den Mitgliedern der Unterschicht. Die homerischen Götter waren so vermenschlicht, dass sie in der Nacht schliefen; nur Zeus „hat nicht den süßen Schlummer", weil er darüber grübelte, wie die Ehre des Achilles zu retten sei (Ilias 2,1–3). Aristoteles stolperte auch über diese Passage; in der „Poetik" verwies er darauf, dass dieses Schlafen

Gottesvorstellungen

25

metaphorisch zu verstehen sei (25) – ein früher Beleg für die allegorische Deutung von Mythen, die später von den Christen aufgegriffen wurde.

Epiphanie   In den Quellen finden sich über viele Jahrhunderte hinweg immer wieder Berichte über die Epiphanie von Gottheiten – sie zeichneten sich durch hohen Wuchs, ein vom Gesicht ausgehendes Strahlen und angenehmen Duft aus. Auch wenn nach der Ansicht vieler Philosophen die Götter sich nicht um die Menschen kümmerten, flehten die Menschen in der gesamten Antike göttliche Wesen um Hilfe an und bedankten sich, wenn sie deren Unterstützung erhalten hatten. Zahlreiche Inschriften in griechischer und lateinischer Sprache künden davon, dass Menschen etwas aufgrund einer Ermahnung durch eine Gottheit – im Traum oder in welcher Form auch immer – getan haben.

Oft genug werden die Bereiche der Götter einfach erklärt: Zeus ist das Oberhaupt und Himmelsgott, Hera seine Gattin und die Gottheit der Hochzeit, Poseidon ist für das Meer und Erdbeben zuständig, Athena für die Weisheit und zahlreiche Erfindungen, Apollon für Ordnung, Musik, Literatur und Orakel, Artemis für die Jagd, Hermes ist der Götterbote, Demeter steht für Getreide und Fruchtbarkeit allgemein, Dionysos für Wein und Wahnsinn, Aphrodite für den Liebreiz, Hephaistos ist der Schmied, Ares der blutrünstige, tobende und plumpe Kriegsgott. Diese Zuschreibungen helfen zwar bei einer ersten Orientierung, erweisen sich aber bei näherer Betrachtung als eindimensional. „Jeder Gott ist der ganze; die Individualisierung schränkt ihn ein" so charakterisierte Ulrich von Wilamowitz-Moellendorff, einer der einflussreichsten Klassischen Philologen, die griechischen Götter (Der Glaube der Hellenen, Bd. 2, Berlin 1932, 522): Jede Gottheit konnte potentiell in allen möglichen Situationen Hilfe leisten.

E   **Monotheismus vs. Polytheismus?**
Die drei abrahamitischen Religionen, Judentum, Christentum und Islam, vertreten jeweils einen Monotheismus. Allerdings sind sie Ausnahmen. Eine Übersicht über die zahllosen Religionen der Welt ergibt, dass Polytheismus der Regelfall ist: Religionen sind zumeist offene Systeme. Insgesamt ist die Einteilung in christlichen Monotheismus und paganen Polytheismus zu hinterfragen. Immer wieder finden sich Ansätze von Monotheismus in der paganen Antike, umgekehrt deuten die zahlreichen Konflikte um die Dreifaltigkeit darauf hin, dass das Christentum vielleicht doch nicht immer streng monotheistisch war.

Problematik der Quellenlage   Heraklit, der bereits in der Antike für seine dunklen Aussprüche berühmt-berüchtigt war, artikulierte um 500 v. Chr. ein Gottesbild, das monotheistischen Vorstellungen nahe kam: „Der Gott ist Tag und Nacht, Winter und Sommer, Krieg und Frieden, Sattheit und Hunger" (Fragment B 67). Dieser nahezu pantheistische Gott nimmt verschiedene Formen an. Wie auch immer im Detail dieses Fragment des Heraklit zu interpretieren ist, es zeigt zumindest die Bandbreite des Gottesverständisses und der Gottesbilder auf. Unser Verständnis hängt immer auch von der Quellenlage ab. Ohne Homer würden wir kaum von den vermenschlichten Göttern sprechen, ohne die Philosophen würden wir nichts über abstrakte Gottesbilder wissen. Diese Varianten spiegeln nicht unterschiedliche Entwicklungsstufen, sondern standen in der Antike nebeneinander. Von einigen Göttern kennen wir durch eine Inschrift nur den Namen. Die Gegenwart der Götter ging so weit, dass

Kriegsschiffe den Namen einer Gottheit trugen, etwa Athena, Demeter oder Aphrodite.

> **Darstellungen der Götter**
> In einer antiken Stadt traf man zahlreiche Götterbilder unterschiedlicher Beschaffenheit an. Die Größe reichte von winzigen Statuetten bis zum Helios von Rhodos, dem so genannten Koloss, einem der sieben Weltwunder; die Bandbreite der Materialien erstreckte sich vom überall verfügbaren Lehm bis hin zu Gold und Elfenbein. Über die Eigenschaften dieser Götterbilder gab es weder bei den Griechen noch bei den Römern eine einheitliche Auffassung: Waren sie nur ein lebloses Abbild, waren sie göttlich beseelt oder gar die Gottheit selbst? Man konnte Statuen im Ritual bewirten, waschen oder in einer Prozession durch die Stadt führen; wenn eine Statue nickte, weinte oder sich drehte, kommunizierte die Gottheit mit den Menschen. Wer an einer Götterstatue vorbeiging, warf ihr eine Kusshand zu; Christen hingegen pflegten zu zischen.

Es ist charakteristisch für den Polytheismus, dass niemand die Namen aller Götter nennen kann; stets ist noch eine weitere Gottheit möglich, weil neue Götter eingeführt werden, weil andere Völker, die man noch kaum kennt, Gottheiten haben, die potentiell ebenfalls Verehrung fordern könnten; schließlich kann es vorkommen, dass eine bisher unbekannte Gottheit auftritt und Opfer einfordert. *(Anzahl der Götter ist unbegrenzt)*

Weder bei den Griechen noch bei den Römern gab es Theologen, die das Wesen der Götter mit einem Anspruch auf Gültigkeit beschrieben. Dichter und Philosophen nahmen diese Stelle ein; sie kamen zu sehr unterschiedlichen Aussagen, für die nie „Wahrheit" beansprucht wurde. Jedes Gemeinwesen, jede Kultgemeinschaft und jedes Individuum verfügte über große Spielräume im Ritual und in dem, was über die Götter erzählt wurde. Die Gottheiten in Athen waren nicht wie die Götter bei Homer. Wir erfahren nichts von den Emotionen dieser Götter; sie halten einfach zu ihrer Polis. Auch die Vasenmalerei kann in eine Falle führen. Denn hier gibt es zum einen immer wieder Varianten, die nicht aus der Literatur bekannt sind, zum anderen wurde ein Großteil der bemalten griechischen Vasen in Athen produziert und reflektiert damit nur die athenischen Sicht. Ohnehin wissen wir über Athen mehr als über jede andere Polis: In der Quellenlage spiegelt sich die Bedeutung Athens als kultureller Mittelpunkt der griechischen Welt.

a) Systematisierungen

Hesiod beschreibt in seiner „Theogonie" um 700 v. Chr. die Entstehung der Götter. Am Anfang waren vier Grundelemente, die nicht alle als Götter anzusehen sind: Chaos (Raum), Gaia (Erde), Eros (Liebe, Zeugungskraft) und Tartaros (Unterwelt). Von diesen vier erwies sich vor allem Gaia, deren Namen auch in der Form Ge vorkommt, als besonders fruchtbar. Zusammen mit ihrem Sohn Uranos, den sie aus sich heraus geboren hatte, bildete sie die erste Göttergeneration. Aus der Verbindung mit Uranos gingen unter anderen Okeanos (das Weltmeer), die Titanen, Rheia und als jüngster Sohn Kronos hervor. Auf Betreiben der Gaia stürzte Kronos seinen Vater, entmannte ihn mit einer Sichel und nahm seine Schwester Rheia zur Gattin. Da Kronos seine Herrschaft mit Gewalt errungen hatte, drohte ihm auch der gewaltsame Verlust der Macht: Er verschlang all seine Kinder bis auf *(Theogonie)* den kleinen Zeus, den er nicht finden konnte. Rheia hatte ihn auf den Rat von Uranos und Gaia nach Lyktos auf Kreta gebracht (Hesiod, Theogonie 481–483):

> Also trug ihn die Göttin durch die schwarze, eilige Nacht hin,
> Kam nach Lyktos zuerst und barg, mit den Händen ihn fassend,
> Ihn in geräumiger Höhl; im Schoß der heiligen Erde (= Gaia)

Mit einer List gelang es Gaia und Zeus – wiederum war der jüngste Sohn Nachfolger des Vaters – dass Kronos seine Kinder wieder ausspie; Zeus errang die Herrschaft und verbannte den Vater. Zu den Geschwistern des Zeus zählten Hera, die Göttin des Herdes Hestia, Demeter, Poseidon und Hades, der in der Unterwelt herrschte. Zeus verspeiste seine erste Gattin, Metis (Klugheit); Athena war das Kind der beiden, das Zeus in seinem Kopf austrug. Von den zahlreichen Kindern, die Zeus mit vielen unterschiedlichen Frauen zeugte, seien einige genannt: Hermes war der Sohn von Maia, die für die Jugend stehende Hebe die Tochter von Hera, Dionysos der Sohn von der Sterblichen Semele, Apollon und Artemis die Kinder von Leto, Athene die Tochter von Metis. Die Generation des Zeus musste sich erst in einem langen Kampf mit den Titanen – Riesen mit hundert Armen und fünfzig Köpfen, die also nicht anthropomorph waren wie die anderen Götter – die Herrschaft sichern; der Pergamonaltar in Berlin zeigt eine künstlerische Umsetzung dieser Kämpfe. Am Ende wurden die besiegten Titanen in den Tartaros verbannt. Ein anderer Schöpfungsmythos kursierte in der orphischen Tradition: Im Derveni-Papyrus (um 325 v. Chr.) ist die erste Gottheit die Nacht; Dionysos gilt als Sohn von Zeus und Demeter.

Grenzen der Etymologie

In vielen Publikationen wird auf die etymologische Verwandtschaft der griechischen und römischen Götternamen mit den Gottheiten aus anderen Kulturkreisen verwiesen. Besonders beliebt sind die Belege für indogermanische Gemeinsamkeiten oder für Anleihen aus dem Alten Orient, bei den römischen Gottheiten der Verweis auf etruskischen Einfluss. Bei allem Reiz, den solche Querverweise ausüben, ist ihr heuristischer Wert eher gering. Vor allem sollte man sich vor Aussagen hüten wie „die Gottheit X ist bei den Babyloniern bereits belegt, und ist daher eine Anleihe aus diesem Kulturkreis". Ähnlichkeiten im Namen oder in der Funktion deuten nicht zwangsläufig auf eine direkte Übernahme hin; selbst wenn dies der Fall wäre, muss die Gottheit nicht notwendig in allen Facetten transferiert worden sein. Nur weil die ersten schriftlichen Zeugnisse aus Mesopotamien oder Anatolien stammen, ist damit nicht der Transfer einer Gottheit von dort zu den Griechen belegt. Ein schlagendes Beispiel für die Grenzen der Etymologie ist Apollon. Sein Name wird überzeugend von *apella* abgeleitet, dem Wort für die Volksversammlung. Allerdings lässt sich dieser Gott dadurch nicht verstehen; er hat in den Quellen kaum etwas mit der Volksversammlung zu tun. Die Etymologie erlaubt zwar Hypothesen über ein früheres Stadium, hilft aber nicht beim Verständnis der Rolle eines Gottes in der historisch fassbaren Zeit. Spannend wird es, wenn die Etymologie Verbindungen aufzeigt, etwa bei Zeus und seinem römischen Pendant Iuppiter: Diespiter, eine andere Form von Iuppiter, enthält die Wurzel *dieu* „Himmel", die wiederum mit „Zeus" verwandt ist. Dieser Himmelsvater scheint auch in anderen Göttervorstellungen vorzukommen, wie die vedische Form *dyáus pita* nahelegt.

Gleichwohl helfen Spekulationen über ein gemeinsames indoeuropäisches Pantheon, über eine hypothetische gemeinsame Wurzel oder über Einflusslinien nicht weiter: Diese frühe Zeit hat keine Texte hinterlassen; gleichnamige Gottheiten werden nicht zwangsläufig mit denselben Ritualen verehrt, auch müssen die Mythen nicht übereinstimmen.

E

„ursprünglich"

Bei diesem harmlos daherkommenden Wort, das in der religionsgeschichtlichen Forschung immer wieder auftaucht, ist Vorsicht angebracht: Das damit verbundene Konzept, das mindestens bis in die Goethezeit zurückgeht – Goethe suchte unter anderem nach der Urpflanze – suggeriert einen nicht hintergehbaren Naturzustand, der an einem wie auch immer zu definierenden Anfang stand. So finden sich oftmals Aussagen wie „Demeter, ursprünglich Damater" oder „Poseidon, ursprünglich Poteidaon". Dieses „ursprünglich" wird für die älteste uns bekannte Wortform verwendet; zumeist handelt es sich um Texte der Linear-B-Schrift aus dem Zeitraum um 1400 v. Chr. Wie die entsprechenden Gottheiten zuvor genannt wurden, wie alt sie sind und wie viel Poteidaon mit Poseidon gemeinsam hatte, entzieht sich unserer Kenntnis; die wirklich „ursprüngliche" Form eines Namens wird sich nie auffinden lassen.

Angesichts der unerschöpflichen Zahl von Göttern gab es schon in der Antike Versuche einer Klassifizierung und Hierarchisierung. Als die zwölf olympischen Götter galten Zeus, Hera, Poseidon, Athena, Apollon, Artemis, Hermes, Demeter, Dionysos, Aphrodite, Hephaistos, Ares. Dies zumindest bei Homer und bei Hesiod. Ähnlich wie bei den Sieben Weisen oder bei den Sieben Weltwundern existierten variierende Listen; so konnte auch Herakles zu den zwölf Olympiern zählen. In Olympia – dieser Ort, an dem die wichtigsten Spiele der griechischen Welt abgehalten wurden, ist nicht mit dem Berg Olympos zu verwechseln, dem Sitz der Götter im Norden Griechenlands – gab es sechs Altäre für je zwei Gottheiten: Zeus Olympios und Poseidon, Hera und Athena, Hermes und Apollon, die Chariten und Dionysos, Artemis und Alpheios, Kronos und Rhea. Diese Liste, die bei Herodoros von Herakleia überliefert ist (Fragmente der Griechischen Historiker 31 F 34a), konterkariert die üblichen Paare und zeigt, wie Götter immer wieder neu kombiniert werden konnten: Apollon ist nicht mit seinem Bruder Dionysos zusammen, Artemis wird mit dem lokalen Flussgott Alpheios verbunden, Kronos und Rhea gehören zu einer früheren Generation von Göttern. Zu den Göttern im Olymp zählten auch die Musen und die Chariten (Grazien).

Zwölfgötter

Antike Götter hatten oft noch Beinamen, so genannte Epiklesen. Während die Namen der olympischen Götter sich nicht selbst erklären, ist dies bei den meisten Epiklesen anders. Hermes Agoraios etwa war der Hermes des Marktplatzes (Agora). Eine kleine Auswahl der Epiklesen des Zeus, die in die Hunderte gehen und vor allem durch Inschriften bekannt sind, mag genügen: Zeus Hypatos und Zeus Hypsistos waren der „höchste Zeus", Zeus Semios der „Zeus der Wetterzeichen", Zeus Hyetios der „Zeus des Regens", Zeus Ombrios der „Regenmacher", Zeus Keraunios der „blitzende Zeus", Zeus Xenios „Zeus des Gastrechts". Zeus Boulaios „Zeus der Ratsversammlung", Zeus Agoraios „Zeus des Versammlungsplatzes" und Zeus Polieus „Zeus der Polis" belegen die politische Rolle des Zeus. Zeus Soter „Retter", Zeus Alexikakos „Übelabwehrer" und Zeus Apotropaios „Abwender" illustrieren die helfende Seite des Gottes. Andere Beinamen sind toponym und

Epiklesen

bezeichnen den Zeus des jeweiligen Ortes: Zeus Olympios und Zeus Peiraieus (Athens Hafen Peiraieus). Aspekte des Kultes spiegeln Epiklesen wie Zeus Aigophagos „Ziegenesser", Zeus Meilichios „rituell besänftigter Zeus", Zeus Eumenes „Wohlgesinnter"; Zeus Epekoos, „ganz Ohr", ist derjenige, der die Gebete erhört. Eine solche Fülle an Beinamen legt nahe, dass es sich um Varianten des Zeus handelt, die situativ wichtig waren. Ähnliche Listen lassen sich auch für andere Gottheiten erstellen, wobei für Zeus als wichtigsten Gott auch die meisten Epitheta überliefert sind. Zugleich unterminiert die Fülle dieser Beinamen die Einteilung in Himmelsgötter und chthonische Götter (Unterweltsgötter): Denn auch ein Zeus Chthonios ist nachweisbar.

Problematik der Stadtgottheiten Götter hatten nicht an jedem Ort dieselbe Stellung. Jede Polis konnte sich von der Nachbarstadt unterscheiden. In wenigen Poleis gab es eine Hauptgottheit, die sich im Stadtnamen widerspiegelte: Athena in Athen; Aphrodite in Aphrodisias, Poseidon in Poseidonia/Paestum. Bei anderen Städten lässt sich ebenfalls eine Gottheit von überragender Bedeutung ausmachen, in Argos und auf Samos war dies Hera, in mehreren Orten im Süden Arkadiens Zeus, in Ephesos war es Artemis – wobei diese Göttin wenig mit der jungfräulichen Jägerin Artemios aus der griechischen Mythologie gemein hatte. Zugleich ist bei einer solchen Liste Vorsicht geboten, da aufgrund der unklaren Quellenlage nur bei wenigen Orten klare Aussagen über den Status einer Gottheit gemacht werden können; möglicherweise hatte nicht jede Polis eine Gottheit, die aufwendiger verehrt wurde als jede andere. Wenn eine Stadt nur archäologisch erschlossen ist, so war nicht zwangsläufig die Gottheit mit dem größten Heiligtum oder den häufigsten Abbildern auch das wichtigste transzendente Wesen im lokalen Pantheon. Abgesehen davon, dass oft auch die Zuweisung eines Tempels zu einer Gottheit nicht gesichert sein mag – Paradebeispiel sind die großartigen Tempel von Poseidonia – ist von wechselnden Konjunkturen der Gottheiten auszugehen. Innerhalb eines Jahrhunderts konnte sich die Bedeutung einer Gottheit in einer Stadt wandeln; es reichte die Einführung eines neuen Festes oder der Neubau eines Tempels.

Daher ist es nicht möglich, das komplette Pantheon einer Polis zu bestimmen, etwa auf einer interaktiven Karte, die auch eine chronologische Gliederung erlaubt. Solch ein Projekt müsste zwangsläufig Stückwerk bleiben. Hinzu kommt, dass in einem Heiligtum auch Altäre für andere Götter stehen konnten; im Apollonheiligtum von Delphi etwa wurden auch Dionysos und Herakles verehrt. Abgesehen von diesen Unwägbarkeiten gehörte die Offenheit zur Natur der polytheistischen Systeme: Für die Bewohner einer Stadt war die Zahl der Götter, die Verehrung erheischten, nicht begrenzt.

„der Gott" Als Gegensatz zu diesen zahllosen Variationen begegnet ab und zu in der griechischen Literatur die nicht-spezifische Formulierung *ho theos*, „der Gott" (*ho* ist der Artikel „der", *theos* der Begriff für den männlichen Gott). Im Zusammenhang mit Orakelsprüchen ist mit „dem Gott" Apollon gemeint, in anderen Kontexten dürfte es sich zumeist um Zeus handeln. Der Verzicht auf die Nennung des Namens der Gottheit ist kein Zeugnis dafür, dass die gebildeten „Heiden" den Gott der Christen erahnten. Daher führt die oft gebrauchte Übersetzung als „Gott" zu Fehlinterpretationen; die offenere und näher am Original bleibende Übertragung „der Gott" ist vorzuziehen. Vielleicht sollten wir die oft gebrauchte Wendung *ho theos* mit Paul Veyne als

Beleg für einen latenten Monotheismus verstehen, der die gesamte Antike durchzieht.

Oft wird die Bedeutung der Naturgottheiten unterschätzt. Sie spielen bei Homer kaum eine Rolle, auch in den anderen Quellen kommen sie nicht häufig vor. Dennoch liegt es nahe, dass diese Gottheiten im Alltagsleben wichtig waren, da man sich ständig in ihrer Nähe bewegte. Nymphen hausten in der Nähe von Quellen, Dryaden im Wald, Nereiden im Meer. Jede Quelle und jeder Fluss, jeder Berg und jeder See konnte von einer eigenen Gottheit bewohnt werden. Solche Gottheiten hatten einen lokal oder regional begrenzten Wirkungskreis; Mythen über sie sind kaum überliefert. Pan, einer der wenigen mischgestaltigen Götter, ist halb Mensch, halb Ziegenbock und schützte daher die Herde vor Räubern, besonders vor Wölfen. Als seine Heimat galt Arkadien, das gebirgige Hochland im Herzen der Peloponnes. Die Überlieferung zu Pan ist disparat. Bei Homer kommt er nicht vor, in der späteren Literatur werden nicht weniger als vier Väter genannt, Zeus, Hermes, Apollon und Kronos. Pan erzeugte den „panischen Schrecken", das plötzliche Aufstieben der Herde. Eine hilfreiche Kategorie zum Verständnis von Göttern kann die Unterscheidung zwischen den Sphären von Stadt und Wildnis, „drinnen" und „draußen" sein. Pan gehörte in den Bereich des „draußen" ebenso wie die jungfräuliche Jägerin Artemis, die in der Wildnis wohnte und sich der Heirat verwehrte.

Der Begriff *daimon* kommt schon in der frühen griechischen Literatur vor: Zum einen als Synonym für eine Gottheit, zum anderen als potentiell gefährliches Wesen, das nicht genau identifiziert werden kann. *Daimon* bezeichnete auch die Seele der Verstorbenen. Platon definierte *daimon* als ein Wesen zwischen den Göttern und den Menschen; Sokrates berief sich in vielen Fällen auf seine innere Stimme, sein *daimonion*. Prinzipiell konnte ein *daimon* durchaus ein hilfreiches Wesen sein. Jeder Mensch konnte seinen eigenen persönlichen *daimon* haben. Dem *agathos daimon* (der gute *daimon*) wurde zumeist der erste Schluck Wein geopfert; dieses Zwischenwesen wurde als Schlange dargestellt und galt damit als Erdgottheit. Erst die frühen Christen machten aus dem *daimon* den durchweg gefürchteten Dämon.

daimon

In den Briefen des jüngeren Plinius (7,27) findet sich eine Gespenstergeschichte, deren Ursprung man eher im England des 19. Jahrhunderts als in der Antike vermuten würde: Einst gab es in Athen ein Haus, in dem es spukte. Des Nachts hörte man Eisen klirren und Ketten rasseln, danach erschien das Gespenst: Ein alter Mann mit struppigem Bart, der an den Händen und Füßen angekettet war. Wer in dem Haus wohnte, fand aus Angst keinen Schlaf, wurde krank und starb. Kein Mensch mehr wollte in diesem Anwesen wohnen, bis sich der Philosoph Athenodoros einmietete. In der ersten Nacht blieb er, mit Schreibtafel, Griffel und Lampe bewaffnet, im verrufenen Teil des Hauses und konzentrierte sich auf die geistige Arbeit. Als die bekannten Geräusche einsetzten, ignorierte Athenodoros sie. Das Gespenst erschien und winkte ihm, der Philosoph jedoch wollte zuerst einen Gedanken zu Ende führen. Erst als das Gespenst mit den Ketten rasselte, unterbrach der Gelehrte seine Arbeit, nahm die Lampe und folgte ihm. Er wurde zu einer Stelle im Innenhof geführt, wo die Erscheinung verschwand. Athenodoros markierte die Stelle, ließ am nächsten Tag dort graben und stieß auf Knochen, die in Ketten gelegt waren. Sobald diese Gebeine beige-

Eine antike Gespenstergeschichte

setzt waren, hörte der Spuk auf. Das Motiv dieser Gespenstergeschichte – ein unbestatteter Leichnam spukt dort, wo seine Gebeine liegen; der Spuk endet erst, wenn ein furchtloser Mensch den Grund entdeckt und für die Bestattung sorgt – ist wohl deutlich vor der Lebenszeit des Plinius entstanden.

b) Beispiele für Gottheiten

Zeus Auch wenn eine systematische Hierarchisierung der griechischen Götter nicht möglich ist, lassen sich zumindest grobe Strukturen erkennen. Der einzige Gott, vor dem sich die Menschen wirklich fürchteten, war Zeus. Die menschliche Mutter des Dionysos, Semele, starb beim Anblick des Zeus. In der Regel waren antike Götter nicht wild, strafend, oder furchterregend. Auch wenn die Lektüre Homers oder der griechischen Tragödien ein anderes Bild hervorrufen mag: In den Ritualen begegneten die Menschen den Göttern zwar mit Achtung, aber nicht mit Furcht. Zeus galt als der Vater der Menschen und Götter, es war für die anderen Götter nicht möglich, ihn zu stürzen oder gegen ihn zu agieren. So drohte Zeus sogar seiner Gattin Hera in der Ilias (1,656–567):

> Sitze doch ruhig und schweig, beherzige meine Gebote!
> Kaum wohl schützte dich sonst der Unsterblichen Schar im Olympos,
> Trät' ich herzu und legte an dich die unnahbaren Hände!

Es wäre zu knapp gegriffen, wollte man hier nur antike Familienstrukturen erkennen. Denn Zeus hatte zwar die volle Gewalt über seine Gattin, ebenso wie der griechische Hausvorstand über seine Familie und das Gesinde gebot; Odysseus etwa konnte ungestraft die untreuen Mägde aufknüpfen. Doch die Macht des Zeus übertraf alle. Eine Statistik der Nennung von Göttern bei Homer untermauert dieses Bild. Während Zeus mehr als 700-mal genannt wird, kommt Athena in rund 300 Fällen vor; Ares, Apollon und Hera rangieren zwischen 100 und 200, die anderen Götter werden deutlich seltener erwähnt. Auch wenn eine solche Statistik immer vom Gang der Erzählung abhängt, in der von Kampfbeschreibungen strotzenden Ilias kommt Ares deutlich öfter vor als in der Odyssee, liefern die umfangreichen homerischen Texte eine aussagekräftige Basis.

Bei Homer geht die Macht der menschlichen Könige von Zeus aus; sie sind „zeusgenährt". Auch hier gilt wieder, dass man sich bei der Analyse der griechischen Religion nicht nur von Homer leiten lassen darf. Denn wer im Athen des 5. Jahrhunderts v. Chr. ein politisches Amt innehatte, war nicht durch Zeus legitimiert, sondern durch Wahl – und allenfalls durch Athena. Auch durch Statistiken lässt sich die Bedeutung des Zeus ermessen: Keine andere Gottheit hatte mehr Epiklesen, mehr Kinder oder mehr Affären; insgesamt wurden 115 Liebschaften gezählt. Und im Unterschied zu seinen Vorgängern Uranos und Kronos brauchte sich Zeus keine Sorgen zu machen, die Herrschaft je zu verlieren.

Apollon Zeus hatte sich die Welt mit zwei Brüdern geteilt; Hades hatte die Unterwelt, Poseidon das Meer erhalten. Damit waren die beiden auch wichtige Götter. Dennoch dürfte Apollon, ein Sohn des Zeus, sie an Bedeutung übertreffen: Die Popularität von Göttern korrespondierte nicht mit der Hierarchie im Olymp. Aus unseren Quellen heraus lässt sich keine noch so fiktive Biographie des Apollon schreiben, da die Nachrichten, wie so oft, viel zu disparat und widersprüchlich sind. Dargestellt wird Apollon mit dem Bogen oder mit der Lyra; mit dem Bogen konnte er töten, die Lyra repräsentierte seine kultivierte Seite, zu der auch die neun Musen als seine Begleiterinnen beitrugen. Apollon brachte Seuchen, personifizierte aber auch die Reinheit, mit der die Krankheit geheilt werden konnte. Oft geschah dies erst durch einen Orakelspruch Apollons in einem seiner vielen Orakelheiligtümer. Während Zeus in den meisten Abbildungen bärtig ist, bleibt Apollon fast immer unbärtig und damit für griechische Sehgewohnheiten jugendlich.

Apollon war der Sohn des Zeus und der Leto; seine Schwester war Artemis. Als Poseidon ihn in den Kämpfen vor Troia zum Zweikampf herausforderte, lehnte Apollon souverän ab (Homer, Ilias 21,462–466):

> Erderschütterer, du möchtest mich nicht vernünftig mehr nennen,
> Wollt ich mit dir um der Sterblichen willen im Kampfe mich messen,
> Die so jämmerlich nur, dem Laub der Bäume vergleichbar,
> Bald in blühender Kraft die Früchte der Erde genießen,
> Bald aber entseelt wieder verschwinden.

Apollon ließ sich nicht auf einen Zweikampf mit Poseidon ein, weil die kurzlebigen Menschen es nicht wert waren. Artemis, die ihn daraufhin der Feigheit bezichtigte, ignorierte er einfach. Noch deutlicher wird die Stellung des Gottes im Homerischen Hymnus an Apollon, einem Werk, das in der Antike fälschlicherweise Homer zugeschrieben wurde; der Hymnus beginnt mit den folgenden Versen (1–4):

> Denken will ich und nimmer vergessen Apollons, des Schützen.
> Götter zittern vor ihm im Palaste des Zeus, wenn er schreitet
> Alle springen empor von den Sitzen, wenn er sich nähert,
> Wenn seinen strahlenden Bogen er spannt.

Hier wird Apollon als einer der wenigen Götter geschildert, der über die anderen herausragt; nur Zeus fürchtet ihn nicht. „Apollon ist der griechischste aller Götter" schrieb Walter F. Otto in seiner 1929 erstmals erschienenen Monographie über „Die Götter Griechenlands". Für ihn verkörperte Apollon den griechischen Geist, dessen Bestimmung es war, alle Maßlosigkeit zu überwinden. Vor solch hymnischem Lob des griechischen Geistes ist allerdings zu warnen: Angesicht der griechischen Geschichte war das Maßhalten, das in der Kunst ansatzweise begegnet, allenfalls Wunschdenken. Ottos Wertung steht in der Tradition einer Griechenbegeisterung, die sich besonders in Deutschland seit dem 18. Jahrhundert, vor allem durch den Einfluss von Johann Joachim Winckelmann, verbreitet hatte. All die Ideen, die auf das alte Hellas projiziert wurden, Humanität, Kunst, Freiheit, um nur einige zu nennen, kristallieren sich für Otto in Apollon. Bereits zuvor hatte Friedrich Nietzsche die schon früher erkannte Einteilung in das Apollinische und das Dionysische etabliert. Während das Apollinische für das Zivilisierte, Nüchterne und Vernunftbestimmte steht, verkörpert Dionysos das Wilde, Rauschhafte und Unvernünftige. Allerdings war Apollon in der Mythologie nicht immer so beherrscht. Er konnte in jähem Zorn entflammen und weit über das Ziel hinausschießen. Ein Beispiel ist der musikalische Wettstreit, den Apollon mit dem Flussgott Marsyas einging. Marsyas spielte die Flöte, Apollon die Lyra. Selbstverständlich gewann Apollon. Doch statt still zu

Apollon und
die Griechen

triumphieren, hängte er Marsyas an einem Baum auf und zog ihm die Haut vom Leibe. Nach Herodot konnte man die Haut des Marsyas in dem Örtchen Kelainia in Kleinasien sehen (7,26). Wer die allzu idealistischen Vorstellungen über Apollon und über die alten Griechen hinterfragt, kommt zu dem Schluss, dass Apollon nicht mehr und nicht weniger „griechisch" als die anderen Götter war.

Andere Götter entwickelten je nach Situation besondere Macht, so etwa Aphrodite. Nur drei der Unsterblichen ließen sich nicht blenden von dem Verlangen, das Aphrodite weckte: Die waffenstarrende Athena, die sich dem Werben Poseidons verweigernde Hestia sowie die in der Wildnis hausende Artemis. Zu den vielen Paradoxien griechischer Gottheiten gehört, dass ausgerechnet die ihre Jungfräulichkeit verteidigende Artemis oft als Geburtshelferin angefleht wurde.

Athena   Athena, Tochter des Zeus und der Metis, sprang bei ihrer Geburt vollbewaffnet aus dem Haupt des Göttervaters. Athena war zwar in besonderem Maß mit Athen verbunden, wurde aber auch in vielen anderen Orten verehrt. Der Name Athena bedeutet wohl einfach „die zu Athen gehörige". Auf der Akropolis ihrer Stadt war Athena in mindestens sieben Epiklesen vertreten: Athena Promachos (Vorkämpferin), Athena Polias (der Stadt), Athena Parthenos (Jungfrau), Athena Hygieia (Gesundheit), Athena Nike (Sieg), der Athena Ergane (handwerkliche Meisterin) und Athena Boulaia (des Rates). Zu dem Namen Pallas Athena gibt es einen Mythos: Auf der Insel Kos erschlug Athena den Riesen Pallas, zog ihm die Haut ab und legte sie sich selbst um. Nach einer Variante war Pallas ihr Vater; sie tötete ihn, weil er sie vergewaltigen wollte (Cicero, De natura deorum 3,59). Athena war Jungfrau und Kriegerin. Allerdings sollte diese Ambiguität Athenas nicht überbewertet werden. Sie war keine „starke Frau", sondern eine Göttin und unterstand daher nicht den üblichen Erwartungen an geschlechtsspezifisches Verhalten.

Allein aus den Epiklesen erschließt sich, dass Athena in vielen Bereichen angerufen werden konnte: Erstens war sie eine Kriegsgöttin. In den Abbildungen ist Athena zumeist mit Speer, Helm und der Aigis versehen; die Aigis war ein Ziegenfell mit dem Haupt der Medusa; wer dieses Haupt erblickte, musste erstarren – eine fürchterliche Waffe. Im Gegensatz zu Ares, der für die Raserei im Krieg stand, agierte Athena als Tochter der Metis (Klugheit). Die athenischen Epheben, die jungen Männer, die erwachsen geworden waren und die nächste Generation an Kriegern stellten, befanden sich unter der Aufsicht des Ares und der Athena Areia – einer sehr kriegerischen Epiklese der Athena. Zweitens stand Athena für das handwerkliche Geschick, Erfindungen und weibliche Arbeiten; sie galt als die Erfinderin des Webens, der Trompete, des Wagenbaus, des Anschirrens der Pferde und schließlich auch des Schiffbaus. Drittens war Athena eine Stadtschützerin. Mit Poseidon stritt sie sich um den Besitz Athens. Während der Gott den Athenern eine Quelle anbot, schenkte sie ihnen den Ölbaum und gewann damit. Stadtschützerin war sie auch in anderen Städten, etwa in Chios und im kretischen Gortyn. Der Bestand Troias war an ihr Kultbild, das Palladion, gebunden; erst als Odysseus das Palladion geraubt hatte, konnte Troia fallen. Später sollten die Römer behaupten, das Palladion zu besitzen; die Athena Phratria überwachte die Aufnahme in die Phratrien, Untereinheiten der Bürgerschaft –

dies ist auch für andere Orte belegt, beispielsweise für Lindos auf Rhodos und für Kos. Viertens hatte Athena eine besondere Verbindung zu einzelnen Heroen. Als persönliche Schutzgottheit und Unterstützerin des Odysseus lehrte sie ihn das richtige Verhalten in der Fremde – meistens bestand die Klugheit des Odysseus darin, als Fremdling zu seinen Gastgebern freundlich zu sein – aber sie half ihm auch, die Freier, die sein Haus im wahrsten Sinn des Wortes auszufressen drohten, im Kampf zu beseitigen; nach dem Freiermord führte sie die Aussöhnung mit den Angehörigen der Getöteten herbei.

c) Die Einführung neuer Götter

Berichte über Kulttransfer finden sich immer wieder in der antiken Literatur. Nach Herodot (2,4,1) hatten die Griechen Götter und Kulte von den Ägyptern übernommen. Euripides verarbeitete in den „Bakchen" die Ankunft des Dionysos in Theben; der thebanische König Pentheus, der Dionysos nicht als Gott anerkennen will, zahlt für diese Missachtung mit seinem Leben. In den Eumeniden des Aischylos wird geschildert, wie die Erinyen, die den Muttermörder Orestes jagen, sich in Athen milde stimmen lassen, unter anderem auch durch das Versprechen der Athener, ihnen einen Kult einzurichten. Sie willigen ein und werden in Athen fortan als die Eumeniden (die Wohlgesinnten) verehrt. Pheidippides, der athenische Bote, der in zwei Tagen bis Sparta lief, soll Pan auf dem Hinweg begegnet sein. Der Gott fragte, warum die Athener ihm keine Opfer darbrachten. Denn er, Pan, sei den Athenern wohlgesinnt, habe ihnen schon oft geholfen und werde dies auch künftig tun. Nach dem Krieg errichteten die Athener unter der Akropolis ein Heiligtum für Pan und führten ein jährliches Opfer für ihn ein (Herodot 6,105).

In der griechischen Mythologie waren die Götter zwar unsterblich, aber nicht seit aller Zeit schon vorhanden. Götter wurden geboren; einige starben sogar nach einer sehr langen Lebenszeit: In den Moralia Plutarchs (419a–d) findet sich eine Notiz über den Tod des Pan. Als zur Zeit des Tiberius (14–37) ein Schiff an der Westküste Griechenlands entlangfuhr, wurde zur Abendzeit, als das Meer still war, der Steuermann von einer Stimme angesprochen, die von einer Insel herübertönte: „Wenn du an Palodes vorbeifährst, dann rufe aus, dass der große Pan tot ist." Viele Zeugen auf dem Schiff sollen dies gehört haben. Einige Tage später kam das Schiff an dem Ort Palodes vorbei, es herrschte wiederum Windstille und der Steuermann rief aus, wie ihm aufgetragen war: „Der große Pan ist tot." Darauf ertönte vom Land her lautes Wehklagen. Die Kunde von diesem Vorgang verbreitete sich schnell. Tiberius konsultierte Gelehrte, die Pan als Sohn von Hermes und der Sterblichen Penelope identifizierten; daher konnte er auch sterben. Dieser Deutung schloss sich Plutarch an; Götter niederen Ranges starben nach sehr langer Lebenszeit. Christliche Autoren sahen in diesem Bericht einen Hinweis auf Christus, der auch in der Regierungszeit des Tiberius gestorben war.

Der Tod Pans

Um 430 v. Chr. nahmen die Athener die thrakische Gottheit Bendis auf, eine Jagdgottheit mit Anklängen an Artemis. Die Einführung der thrakischen Gottheit Bendis ist wohl als politische Geste im Rahmen eines Bündnisses mit den Thrakern im Peloponnesischen Krieg zu sehen. Athener und in

Athen ansässige Thraker akzeptierten den Kult schnell. Dies mag auch ein Beleg dafür sein, dass Bendis schon in Athen verehrt worden war, bevor sie offiziell einen Kult erhielt. Hier zeigt sich im Detail die Problematik der so genannten neuen Götter. Oft wurden neue Gottheiten schon verehrt, bevor das Gemeinwesen den Kult einführte, durch den Bau eines Tempels oder den Transfer eines Kultbildes. Händler, Soldaten und alle anderen, die in der Welt herumkamen, mochten auf einer sehr persönlichen Ebene neue Götter mitbringen, die sich andernorts als hilfreich erwiesen hatten.

Personifizierte Abstraktionen als Götter

Spätestens seit dem 5. Jahrhundert v. Chr. wurden Personifikationen einer Abstraktion als Gottheit verehrt. In die Reihe dieser neuen Gottheiten gehörten etwa Themis (Recht), Peitho (Überredung, Überzeugung), Eirene (Frieden) und Ploutos (Reichtum). Athenische Volksbeschlüsse wurden oft auf Inschriftenstelen festgehalten, die durch eine Darstellung der „Demokratia" in der Gestalt einer jungen Frau gekrönt waren. Es handelte sich bei den Personifikationen zumeist um Göttinnen, da die Begriffe, die sie personifizierten, feminin waren – Ausnahmen sind zum Beispiel die als Männer wiedergegebenen Ploutos und Demos (Bürgerschaft), die auf maskuline Begriffe zurückgehen. Diese Darstellungspraxis setzte sich über die Römer und die ausgeprägte Rezeption der Antike seit der Renaissance bis in die Moderne fort. Auch wenn das Englische keine grammatikalischen Genera kennt, kann die New Yorker Freiheitsstatue nur eine Frau sein; überdies ist im Griechischen (*eleutheria*), im Lateinischen (*libertas*) und auch im Französischen (*liberté*) – die Statue war ein Geschenk Frankreichs an die Vereinigten Staaten – die Freiheit stets feminin. Darstellungen einer Victoria, Bavaria, Borussia oder Germania stehen in derselben ikonographischen Tradition.

Hellenistische Zeit

Zu den Änderungen in hellenistischer Zeit gehörte, dass Götter als Soter (Retter) angesprochen wurden; dies konnte in unterschiedlichen Situationen geschehen, bei Erdbeben, Krankheiten, Unwetter oder im Krieg. Gerade bei militärischen Konflikten wendete man sich nicht nur an Zeus Soter, sondern auch an andere Gottheiten, die in früherer Zeit nicht primär mit dem Kampf assoziiert wurden, etwa Dionysos oder Aphrodite. Schließlich wurden auch die hellenistischen Herrscher als Soter bezeichnet und damit den Göttern angeglichen. Ptolemaios I. Soter, der sich als direkter Nachfolger Alexanders in Ägypten ein eigenes Reich aufbaute, gestaltete den ägyptischen Kult des Serapis neu. Ptolemaios I. ließ die Statue eines anderen Gottes aus der Griechenstadt Sinope vom südlichen Schwarzmeergebiet nach Alexandria bringen und stellte sie im neuen Heiligtum auf, dem „Serapeion". Dieser neue Serapiskult, eine Mischung aus ägyptischen und griechischen Elementen, eignete sich gut für die gemischte Bevölkerung der wenige Jahre zuvor gegründeten Stadt Alexandria. Damit ist Serapis ein gutes Beispiel für das Phänomen des Synkretismus, die Zusammenfügung von Kulten aus unterschiedlichen Kulturen. Selbst wenn es sich bei diesem Kult um eine geplante Neuschöpfung handelte – es ist unklar, wie viel an kalter Kalkulation mit im Spiel war – hatte er bald viele Anhänger und verbreitete sich im Mittelmeerraum. Auch in der römischen Zeit erfreute sich Serapis großer Beliebtheit. Sein Zentrum blieb auch in der Kaiserzeit in Alexandria; 391 n. Chr. wurde das Serapeion von Christen zerstört.

Heroen

Während die olympischen Götter prinzipiell in jeder Stadt der griechischen Welt verehrt werden konnten, waren die Heroen eher lokal begrenzt.

Dies gilt in besonderem Maße für Stadtgründer, etwa für Kadmos in Theben oder für Theseus in Athen. Vergleichbare Kulte sind prinzipiell in jeder griechischen Polis anzunehmen, wobei der Heros der einen Stadt für die Bewohner der Nachbarstadt schon ein Unhold sein konnte.

Auch ein ehemaliger Feind konnte von einer Stadt als Heros verehrt werden. So berichtet Herodot über die Bürger von Amathus auf Zypern, die in einer Schlacht den König Onesilos abgewehrt hatten. Weil er ihre Stadt belagert hatte, schnitten sie ihm den Kopf ab und befestigten ihn über dem Stadttor (5,114):

> Als der Kopf aufgehängt und schon ausgehöhlt war, kam ein Bienenschwarm und füllte ihn mit Honigwaben. Nachdem sich dies ereignet hatte, befragten die Amathusier darüber ein Orakel. Sie erhielten die Antwort, den Kopf herunterzunehmen und ihn zu begraben. Dem Onesilos sollten sie jedes Jahr als einem Heros Opfer darbringen. Und wenn sie dieses machten, würde es ihnen besser ergehen.

Hier wandelte sich der Tote vom Feind der Stadt zu ihrem Beschützer. Ausschlaggebend war das Verhalten der Bienen, die oft als günstiges Zeichen galten. Spätestens der Orakelspruch – durch wen oder durch welche Orakelstätte, verrät Herodot nicht – machte den Kopf des Onesilos zum Beschützer der Amathusier. Er wurde begraben, wohl innerhalb der Stadtmauern, und mit jährlichen Opfern bedacht.

Insgesamt waren die Grenzen zwischen Göttern und Heroen nicht klar definiert. Herakles etwa, ein Sohn des Zeus, wurde zum Lohn für seine Taten zu einem Gott. Der spartanische Feldherr Lysandros soll bald nach 404 v. Chr., nach seinem Sieg über die Athener, mit dem der Peloponnesische Krieg beendet war, als erster Grieche zu Lebzeiten göttliche Ehren erhalten haben. Auf Samos errichtete man ihm einen Altar, opferte und sang Kultlieder. Seit Alexander konnten Herrscher in der griechischen Welt göttliche Ehren erhalten. Der Leichnam Alexanders des Großen wurde von Ptolemaios I. nach Alexandria in Ägypten gebracht und dort als Stadtgründer verehrt. Alexander hatte sich als Abkömmling der Herakles und des Zeus inszeniert. Die Verbindung zu Herakles ist in der Münzprägung zu beobachten; der Kopf des jungen Mannes mit dem Löwenskalp auf dem Kopf ist Alexander mit einem Attribut des Herakles; die Bilder von Alexander und Herakles verschwimmen. Beim Orakel des Zeus Ammon in der Oase Siwa sollen die Priester Alexander als Sohn des Zeus begrüßt haben. Da Alexander sich zu Lebzeiten immer wieder in den Bereich des Mythischen gestellt hatte, war es nicht schwer, diesen unerhört erfolgreichen Feldherren auch wie einen Gott zu verehren. Als 291 v. Chr. der Feldherr Demetrios Poliorketes, einer der Nachfolger Alexanders, in Athen einzog, sang man einen Hymnus auf ihn, in dem er als Gott bezeichnet wurde:

Herakles

Der Hymnus auf Demetrios Poliorketes
(Athenaios, Götter, Heroen, Menschen 6,253 d–e)

Die größten und die liebsten Götter sind in der Stadt. Denn die Gunst des Augenblicks führte Demeter und Demetrios zugleich zu uns. Sie ist hier, um die ehrwürdigen Mysterien Kores zu feiern; er ist hier, heiter, wie es einem Gott ziemt,: herrlich und fröhlich. Feierlich erscheint er, die Freunde rings im Kreis und er selbst inmitten; seine Freunde wie die Sterne, er aber wie die Sonne. O Sohn des Poseidon,

> des mächtigsten Gottes, und der Aphrodite, Dir zum Gruße. Denn die anderen Götter sind weit entfernt oder haben keine Ohren, es gibt sie gar nicht oder sie missachten uns. Du dagegen bist uns vor Augen, nicht aus Holz, nicht aus Stein, sondern in wahrhaftiger Gestalt, wir beten zu dir!

Demetrios Poliorketes als Gott   In dieser Ehrung spielen die Athener mit der Namensähnlichkeit von Demetrios und Demeter, die im Athen zugehörigen Heiligtum von Eleusis verehrt wurde; die Mysterien von Eleusis werden auch kurz genannt. Besondere Hervorhebung verdient die Charakterisierung des Demetrios: Im Unterschied zu anderen Göttern, die sich nicht um Athen kümmern oder vielleicht sogar überhaupt nicht existieren, kommt Demetrios nach Athen. Auch wenn Athenaios diese Hymne rund fünfhundert Jahre später in seinem Werk aufnahm, um den Hang der Athener zur Schmeichelei zu unterstreichen, lässt sich aus den Formulierungen erkennen, wie Götter idealiter waren: Sie erschienen persönlich in einer Epiphanie und sie kümmerten sich um die Menschen. Antigonos Monophthalmos, ein berühmter Feldherr und leiblicher Vater des Demetrios, wurde ignoriert; zum göttlichen Status des Demetrios gehörten die göttlichen Eltern.

2. Römische Götter

Um die Mitte des 1. Jahrhunderts v. Chr. verfasste Marcus Tullius Cicero ein umfangreiches Werk „Über das Wesen der Götter", stellte darin unterschiedliche philosophische Positionen dar – allesamt griechischer Provenienz – und ließ die Leser letztlich irritiert zurück. Cicero verzichtete auf klare Aussagen über das Wesen der Götter oder gar eine Art römischer Theologie. Das Problem liegt nicht in der Unfähigkeit Ciceros, sondern in der nur schwer überschaubaren Materie, überdies auch darin, dass man in der polytheistischen Tradition eine klare und systematische Theologie nicht denken konnte. Trotz Ciceros Werk wissen wir über die Götter der Römer weitaus weniger als über die griechischen Götter. Wer über römische Götter schrieb, orientierte sich oft an einem griechischen Vorbild; dies macht es nahezu unmöglich, das „Römische" an den römischen Göttern herauszufiltern. Zwei Beispiele mögen genügen: Zum einen Vergil, der in seiner Aeneis die Irrfahrten des Aeneas und seine Kämpfe in Latium nach dem Vorbild von Odyssee und Ilias konstruierte; zum anderen Ovid, der sich in den Metamorphosen ebenfalls an griechische Vorbilder hielt.

Iuppiter   Im Unterschied zu den griechischen Göttern war das Verhältnis der römischen Götter weniger strukturiert; wir wissen kaum etwas über Verwandtschaftsverhältnisse. Iuppiter, das Pendant zu Zeus, war auch in Rom die wichtigste Gottheit. Zumindest hatte er schon seit früher Zeit einen großen Tempel auf dem Kapitol, dem Burgberg Roms. Doch der Ort war nicht für ihn reserviert. Zusammen mit Iuno und Minerva bildete Iuppiter Optimus Maximus (Iuppiter, der Größte und Beste) die so genannte „Kapitolinische Trias". Diese Kombination wurde auch in anderen Städten des Römischen

Reiches verehrt. Wenn es bei den Römern einen obersten Gott gab, dann war dies Iuppiter Optimus Maximus. Dafür sprechen schon allein die beiden Superlative sowie die doppelte Epiklese, die nur er besaß. Ihm brachten zu Beginn des neuen Jahres die neuen Amtsträger weiße Stiere dar, als Dank für das vergangene Jahr und in der Hoffnung auf Hilfe im neuen Jahr; danach fand die erste Senatssitzung in diesem Tempel statt. Am Altar des Iuppiter Optimus Maximus opferten die Feldherren vor dem Beginn eines Feldzuges, hier brachten sie beim Abschluss eines Triumphzuges – dessen Details variieren konnten – ihre Gaben dar.

Auch für die römischen Götter gab es Epiklesen. Wir kennen in der Stadt Rom Iuppiter Stator (den Iuppiter, der ein feindliches Heer zum Stehen gebracht haben soll), Iuppiter Tonans (der Donnernde), Iuppiter Victor (Sieger). Ähnlich wie bei Zeus, gehen auch bei Iuppiter die Epiklesen in die Hunderte. In den Inschriften der Kaiserzeit finden sich viele Epiklesen zahlreicher Götter, über die wir nichts wissen. Wie bei den Griechen gab es Götter, die personifizierte Tugenden waren, etwa Concordia (Eintracht), Honos (Ehre) oder Virtus (Tugend, Mannhaftigkeit).

a) Unterschiede zu den griechischen Göttern

Im Unterschied zu den Griechen kannten die Römer eine ganze Reihe von Sondergöttern, die nur in bestimmten Situationen von Bedeutung waren. Besonders im Bereich der Landwirtschaft, in der Antike der wichtigste Wirtschaftsfaktor, waren *numina* an vielen Momenten am Werk. Nodutus (*nodus* = Knoten) etwa sorgte dafür, dass die Wachstumsknoten beim Getreide entstanden. Für diese Gottheiten kennen wir keine Tempel. In einem Ritual für Ceres, die mit dem Wachstum der Feldfrüchte verbunden wurde und daher der griechischen Demeter entsprach, wurden zwölf solcher Sondergötter angerufen, deren Namen sich von den entsprechenden landwirtschaftlichen Tätigkeiten ableiteten, unter anderem Insitor (Säer), Subruncinator (Jäter) und Messor (Schnitter); (Fabius Pictor, Pontifikalrecht frag. 6). Für die Menschen der Antike konnte überall eine Gottheit ansässig sein, die man nicht kannte. Um wirklich auf der sicheren Seite zu sein, behalfen sich die Römer in inschriftlichen Weihungen in solchen Fällen mit der Formulierung „Sei es einem Gott oder einer Göttin" (*sive deo sive deae*).

Aufgrund der Ausdifferenzierung der griechischen Götter in Epiklesen und in lokalen Varianten wird deutlich, dass ein Gleichsetzen von griechischen und römischen Gottheiten nicht funktionieren kann. Zeus ist nicht identisch mit Iuppiter; ebenso verhält es sich etwa bei Hera und Iuno, Athena und Minerva, Poseidon und Neptunus, Ares und Mars. Näher scheinen der griechische Apollon und der lateinische Apollo zu sein. Für einige römische Götter gab es kein Pendant bei den Griechen. Der Tempel des doppelköpfigen Ianus zeigte an, ob gerade Krieg oder Frieden herrschte; in Friedenszeiten war er geschlossen, im Krieg standen seine Türen offen. Schon der zweite König Roms, Numa Pompilius, soll den Tempel erbaut haben. Seit den Zeiten Numas – in römischer Rechnung um 700 v. Chr., ein Datum, das in der Forschung zu Recht in den Bereich des Mythischen verwiesen wird – bis hin zu Augustus war der Tempel nur dreimal geschlossen: Unter Numa selbst, dann nach dem Ende des Ersten Punischen Krieges (241

v. Chr.), danach erst wieder nach der Schlacht bei Actium (31 v. Chr.). Auch wenn das erste Datum in den Bereich der Mythologie gehört, verdeutlicht diese Liste die Häufigkeit von militärischen Konflikten in der Antike.

Terminus, der Gott der Grenzen, befand sich im Tempel des Iuppiter Optimus Maximus auf dem Kapitol; im Unterschied zu fast allen anderen Gottheiten war Terminus nicht anthropomorph (= menschengestaltig) dargestellt, sondern als Grenzstein, der sich nicht verschieben ließ und damit den Bestand von Grenzen garantierte. Von den nach römischer Vorstellung uralten einheimischen Göttern sollen noch genannt sein: Picus, der bisweilen in der Gestalt eines Spechtes (= *picus*) auftretende Sohn des Saturnus, der Flussgott Tiberinus sowie der Waldgott Silvanus. Durch die Ausdehnung des Römischen Reiches stieg die Zahl der Götter und Kulte. Für das römische Germanien sind zwei Beispiele zu nennen. Zum einen die wohl keltischen Matronen am Rhein, die oft nahezu unaussprechliche Namen hatten: Etwa die Matronae Valabneiae oder die Matronae Vallameneihiae, die wir nur aus Inschriften kennen und deren Aufgabenbereiche unklar bleiben müssen. Zum anderen die rätselhaften Iuppiter-Giganten-Säulen. Diese mehrere Meter hohen Säulen waren mit einem Iuppiter gekrönt, der auf einem Pferd sitzend einen Giganten niederreitet. Warum diese Denkmäler fast ausschließlich im römischen Deutschland vorkommen und was es mit dem reitenden Iuppiter auf sich hat, lässt sich nicht beantworten. Umgekehrt war das Imperium Romanum ein Raum, innerhalb dessen Kulte sich verbreiten konnten. Dies gilt auch für die keltische Reitergöttin Epona, die oft zu Pferde und mit einem Korb Äpfel in der Hand dargestellt wurde; ihr Kult ist im 2. Jahrhundert n. Chr. auch in Nordafrika belegt.

Genius und Iuno   Römische Männer besaßen einen *genius* als einen göttlichen Anteil, Frauen eine Iuno. Aber auch Körperschaften und Orte wurden mit einem *genius* verbunden: Es gab den *genius* des Senats, des römisches Volkes, einer Provinz, einer Kolonie, des Theaters, der Thermen, eines Kastells. War man sich sicher, dass ein bestimmter Ort von einem Gott bewohnt war, wusste aber nicht seinen Namen, so konnte man dem *genius loci* (dem *genius* des Ortes) opfern.

Ein beispielhafter Vergleich mag genügen, um die Unterschiede zwischen den einzelnen griechischen und römischen Göttern auszumessen: Aphrodite und Venus. Als 1820 auf der griechischen Insel Melos die vollplastische Darstellung einer Aphrodite gefunden und bald darauf nach Paris transportiert wurde, etablierte sich für das Werk, das heute im Louvre steht, schnell der Name „Vénus de Milo", im Deutschen „Venus von Milo". Probleme der Datierung – die Statue stammt wohl aus dem 2. Jh. v. Chr. – sollen hier nicht interessieren. Wenn man diese in Griechenland gefundene Aphrodite als „Venus" bezeichnete, so liegt dies daran, dass man die beiden Gottheiten zu Beginn des 19. Jahrhunderts noch für identisch hielt. Erst in den folgenden Jahrzehnten änderte sich dies. Wenn wir die Informationen über die beiden Göttinnen übereinander legen, so bleiben nicht viele Schnittmengen.

Aphrodite   Was wissen wir über Aphrodite? Über ihre Abstammung gibt es mehrere Versionen. Einmal ist sie aus dem abgeschnittenen Geschlechtsorgan des Uranos entstanden und dem Meer entstiegen, einmal ist sie die Tochter des Zeus und der Dione. Als ihre Heimat wird zum einen Zypern, zum anderen die kleine Insel Kythera genannt. Aphrodite stand vor allem für Liebreiz und

Fortpflanzung. Sie war die Gattin des Schmiedegottes Hephaistos, hatte aber gleichzeitig den Liebhaber Ares; als Hephaistos die beiden in einem unsichtbaren Netz *in flagranti* gefangen hatte, die übrigen Götter herbeiholte und Wiedergutmachung forderte, entstand bei den Göttern das sprichwörtliche „homerische Gelächter" (Homer, Odyssee 8,266–366). Aus der Verbindung zwischen Aphrodite und Ares entspross eine Tochter namens Harmonia. In anderen Versionen hat Aphrodite bedrohlichere Kinder, Phobos (Furcht) und Deinos (Schrecken; von diesem Wort sind auch unsere „Dinosaurier" abgeleitet). Hermaphrodite ist die zwitterhafte Tochter aus der Verbindung mit Hermes, Priapus der phallische Sohn aus einem Verhältnis mit Dionysos. Insgesamt war der Aphroditekult weit verbreitet; junge Mädchen opferten ihr am Tag vor der Hochzeit; die intensivste Kulttätigkeit war in ihrer Heimat Zypern. In Korinth und in Mantineia stand Aphrodite Melainis (die Schwarze) in Verbindung zur schwarzen = fruchtbaren Erde; in Athen hatte sie als „Aphrodite in den Gärten" dieselbe Funktion. Aphrodite Euploia sorgte für eine gute Seereise, Aphrodite Pandemos in Athen schützte die gesamte Bürgerschaft (*demos*). In Sparta gab es – passend zu den kriegerischen Spartanern – die Statue einer bewaffneten Aphrodite. In den Ritualen für Aphrodite spiegelt sich die Unterschiedlichkeit der griechischen Welt: Es gab blutige und unblutige Opfer; in einigen Orten war das Opfern eines Schweins verboten.

Nun zu Venus. In Rom gab es das Heiligtum der rätselhaften Venus Cloacina. Die Deutung dieser Göttin ist unklar. Zum einen kann sie als Verbindung von Venus und der für die Reinigung zuständigen Gottheit Cloacina zu verstehen sein; zum anderen mag sie die Venus von der *cloaca maxima* gewesen sein, ihren Namen also von dem Abwasserkanal bezogen haben, in dessen Nachbarschaft das Heiligtum stand. Venus Libitina war eine Göttin der Bestattung. Der erste Tempel der Venus in Rom soll 295 v. Chr. von den Strafzahlungen ehebrecherischer Frauen finanziert worden sein; diese Venus dürfte den Beinamen *Obsequens* (die Gnädige) gehabt haben. Als die Römer 249 v. Chr. im ersten Punischen Krieg das Heiligtum der Venus Erycina an der Westspitze Siziliens erobert hatten, führten sie schnell diesen Kult in Rom ein, um die Eroberung dauerhaft symbolisch zu markieren. Ein weiterer Tempel wurde der Venus Verticordia (die Herzenswendende – hin zur Treue) 114 v. Chr. geweiht. Kurz vor der Mitte des 1. Jahrhunderts v. Chr. ließ der Feldherr Gnaeus Pompeius Magnus einen Tempel für die Venus Victrix (die Siegreiche) errichten, 46 v. Chr. folgte Caesar mit einem Tempel für die Venus Genetrix (die Erzeugerin). Caesar leitete seine Familie von Aeneas und somit auch von Venus ab; er führte Spiele zu Ehren der Venus ein. Unter dem Adoptivsohn Caesars, Augustus, erlangte die Venus weitere Bedeutung. Sie erhielt einen Kult im Tempel des Mars Ultor (der Rächende, weil er die Ermordung Caesars gerächt hatte) zusammen mit Caesar selbst. In der augusteischen Zeit verfasste Vergil seine Aeneis, die zu einer Art Nationalepos der Römer wurde. Aeneas, der das zerstörte Troia verlassen haben und nach Italien gekommen sein soll, um zum Urvater der Römer zu werden, war ein Sohn der Aphrodite/Venus; hier ist die Übereinstimmung der beiden Göttinnen uneingeschränkt. Hadrian schließlich erbaute einen Tempel der Venus und der Stadtgöttin Roma; der enge Bezug zu Rom erweist sich darin, dass der Gründungstag des Tempels der 21. April war, der schon seit langer Zeit als Tag der Gründung Roms begangen wurde.

Venus

Ein Bronzespiegel aus dem 4. Jahrhundert v. Chr., der unweit von Rom in Praeneste gefunden wurde, kann als Indiz dafür gelten, wie früh schon Aphrodite und Venus miteinander assoziiert wurden. Dargestellt ist der Streit der Aphrodite mit Persephone um den Jüngling Adonis. Da die Namen der Agierenden eingraviert sind, besteht kein Zweifel: Bei der Figur, welche die Griechen Aphrodite nannten, befindet sich die erklärende Inschrift in altem Latein: *Venos.* Auch wenn Aphrodite schon früh als Venus identifiziert werden konnte, sind signifikante Unterschiede zwischen den beiden Göttinnen erkennbar.

b) Die Einführung neuer Götter

Auch aus der römischen Geschichte ist die Einführung neuer Götter bekannt. Insgesamt geschah dies in größerem Maße als bei den Griechen, da Rom aufgrund seines ungeheuren Machtbereiches viele Kulte der Unterworfenen integrierte. Während griechische Poleis das Bürgerrecht fast immer exklusiv handhaben, also kaum Neubürger zuließen, gab es in der römischen Geschichte immer wieder Phasen, in denen in großem Maß Neubürger integriert wurden. Der Unterschied zwischen Athenern und Römern könnte auch in den Gründungsmythen größer nicht sein: Auf der einen Seite die Athener, deren Vorfahren nach eigenem Selbstverständnis der attischen Erde entstiegen waren, auf der anderen Seite die Römer, deren Geschichte mit einem Asyl begann, das Romulus und Remus eingerichtet haben sollen, um Bürger für die Stadt zu gewinnen. Solche Mythen entfalteten ihre Wirkung: Die Einführung einer neuen Gottheit ging den Römern einfacher von der Hand.

Evocatio Im Jahr 396 v. Chr. soll die Iuno Regina aus dem benachbarten Veii nach Rom durch eine *evocatio,* die feierliche Herausrufung aus der feindlichen Stadt, transferiert worden sein. Marcus Furius Camillus, dem römischen Dictator, wurden von Livius (5,21,3) vor dem letzten Sturm auf Veii folgende Worte an Iuno in den Mund gelegt: „Iuno Regina, die du jetzt in Veii wohnst, ich bitte dich: Mögest du uns Siegern in unsere und bald auch deine Stadt folgen, wo dich ein deiner Größe entsprechender Tempel aufnehmen soll." Allerdings finden sich selbst in dem monumentalen Werk des Livius kaum weitere Beispiele für eine *evocatio.* Im Gegensatz zu dem, das in der Forschung zumeist geschrieben wird, dürfte die *evocatio* insgesamt nur selten Anwendung gefunden haben. Götter wurden aus diplomatischen Gründen nach Rom geholt, so etwa die Mater Magna 205/4 v. Chr. aus dem pergamenischen Reich; die Einführung des neuen Kultes unterstrich das Bündnis zwischen den beiden Staaten, das Rom in dieser krisenhaften Zeit des 2. Punischen Krieges (218–201) Einfluss im östlichen Mittelmeer sicherte.

Auf der individuellen Ebene wurden sicherlich viel mehr Kulte und Gottheiten nach Rom transferiert, unter anderen auch die Bacchanalien und das Christentum. In der Kaiserzeit übertraf Rom mit einer Einwohnerzahl von rund einer Million alle anderen Städte des Reiches. In Rom lebten Menschen aus allen Gebieten der *oecumene,* der bewohnten Welt. Dementsprechend groß muss die Vielfalt an Kulten gewesen sein: Zugezogene brachten Götter aus der Heimat mit, Reisende mochten in der Fremde die Unterstützung einer bestimmten Gottheit erfahren haben, ehemalige Soldaten, die am

Rand des Reiches stationiert gewesen waren, mochten sich an Kulte aus ihrer Dienstzeit erinnern.

> **Interpretatio Romana** E
>
> Als *interpretatio Romana* (römische Übersetzung) verstehen wir die Gleichsetzung einer fremden Gottheit mit einer römischen Gottheit. So schrieb der Historiker Tacitus im späten ersten Jh. n. Chr. über die Germanen, dass sie am meisten Mercurius verehren, daneben aber auch Hercules und Mars (Germania 9). Für die Anhänger der polytheistischen Tradition konnte es überall einen Mercurius, Hercules oder Mars geben. Der Begriff *interpretatio Romana* ist in der Germania des Tacitus belegt (43). In Übertragung spricht man von der *interpretatio Graeca*, wenn Griechen in fremdländischen Göttern die eigenen erkannten.

Und wer bei der zu Beginn des 2. Jahrhunderts n. Chr. dem römischen Reich neu hinzugefügten Provinz Dakien nicht die Namen aller Götter kannte, schrieb einfach „den Göttern und Göttinnen Dakiens"; so in einer fragmentarischen Inschrift aus Dakien (Corpus Inscriptionum Latinarum III 996).

Im Lauf der Kaiserzeit, teilweise auch schon früher, kamen in Rom Kulte an, die in der Forschung lange als „orientalisch" bezeichnet wurden. In diese Reihe wurde auch die Mater Magna gestellt, die immerhin schon sehr früh in Rom heimisch geworden war. Daher ist das Etikett „orientalisch", das etwa auch für die Kulte des Isis und des Mithras verwendet wurde, irreführend (vgl. Kapitel II.4).

In der Regierungszeit des Augustus etablierte sich der Herrscherkult auch in der römischen Welt. Er wurde zu einem wichtigen Mittel, um Loyalität zu demonstrieren und zur Integration unterschiedlicher Schichten der Gesellschaft. Im Tatenbericht des Augustus, auch als Res gestae Divi Augusti oder als Monumentum Ancyranum bekannt, schildert der erste Kaiser auch religiöse Ehren, die ihm erwiesen wurden (Res gestae Divi Augusti 9–10): Herrscherkult

> Der Senat beschloss, durch die Konsuln und Priester in jedem fünften Jahr Gelübde für meine Gesundheit ablegen zu lassen. Aufgrund dieser Gelübde haben oftmals zu meinen Lebzeiten die vier obersten Priesterkollegien Spiele ausgerichtet, manchmal die Konsuln. Auf privater und auf städtischer Ebene haben alle Bürger einmütig und unablässig bei allen Heiligtümern für meine Gesundheit Bittfeiern abgehalten.

Hier ist viel augusteische Rhetorik enthalten, vor allem die Betonung auf die Beteiligung aller Bürger ebenso wie die Erwähnung der Legitimitätsgrundlage der Beschlüsse. Der erste Kaiser distanzierte sich noch weitgehend von der Verehrung. Wir sehen in den Priestern und Konsuln Senatoren am Werk; der Rest der Bürgerschaft konnte sich aber ebenso einbringen, wobei offensichtlich große Spielräume bestanden. Man konnte als einzelner Gelübde ablegen oder im Rahmen der jeweiligen Stadt agieren. Als auf dem Altar im hispanischen Tarraco, auf dem die Provinzialpriester in regelmäßigen Abständen Augustus opferten, ein Palmschössling aufgegangen war, sahen die örtlichen Priester dies als ein günstiges Zeichen für den Herrscher an, das sie ihm sofort meldeten. Augustus zeigte nicht die Begeisterung, die man sich in Tarraco erhofft hatte, sondern antwortete ironisch: „Da sieht man, wie selten ihr Opfer für mich darbringt" (Quintilian 6,3,77).

Ein knappes Jahrhundert später schrieb der jüngere Plinius an Kaiser Traian (Briefe 10,35): „Die feierlichen Gelübde für Dein Wohlergehen, durch das das öffentliche Wohl erhalten wird, haben wir abgelegt, Herr, und zugleich auch eingelöst. Und wir haben die Götter um ihr Einverständnis angefleht, dass wir die Gelübde immer einlösen und ablegen können." Plinius handelte als Statthalter einer Provinz. Daher ist es wahrscheinlich, dass diese Vorgänge üblich in den Provinzen waren. Es waren die alten Gelübde einzulösen, also Bitten an die Götter für die Gesundheit des Kaisers. Zugleich galt es, für das nächste Jahr neue Gelübde abzulegen. Plinius sorgte als Statthalter nicht nur für die Gelübde, sondern teilte es dem Herrscher auch mit. Damit stellte Plinius sicher, dass Traian wirklich auch davon erfuhr, der sich prompt mit einem Brief bedankte. Offensichtlich war das Wichtigste am Ritual, dass der eigentliche Empfänger, der Kaiser, davon erfuhr.

Die Priesterschaft der Arvalbrüder

Die *Fratres Arvales* (= Arvalbrüder) waren für den Kult der Dea Dia zuständig; ihr Heiligtum befand sich einige Kilometer westlich von Rom. Bei den Ritualen rezitierten die Arvalbrüder ein Gedicht in einem kaum verständlichen Altlatein – möglicherweise ein Indiz für das hohe Alter der Priesterschaft. Unser Wissen über die Abläufe und Organisation dieser Priesterschaft ist außergewöhnlich gut, da ihre inschriftlich festgehaltenen Akten bis zur Mitte des 3. Jahrhunderts n. Chr. erhalten sind; damit sind sie die am besten dokumentierte Priesterschaft der gesamten Antike. Aus dem Namen der Priester ergibt sich eine Nähe zu den Feldern (*arva*) und der Fruchtbarkeit; in der Kaiserzeit unternahmen diese Priester immer wieder Opfer für den Herrscher. Seit Augustus waren die Arvalbrüder auch für den Kaiserkult zuständig. Am 13. Oktober des Jahres 58 n. Chr. wurden folgende Rituale vollzogen:

Aus den Akten der Arvalbruderschaft
(Corpus Inscriptionum Latinarum VI 2041)

Im selben Jahr opferte am 3. Tag vor den Iden des Oktober L(ucius) Salvius Otho Titianus, der Vorsitzende des Kollegiums, im Namen der Arvalbrüder auf dem Kapitol wegen des Herrschaftsantritts des Nero Claudius Caesar Augustus Germanicus dem Iuppiter einen Stier, der Iuno eine Kuh, der Minerva eine Kuh, der Felicitas der Bürgerschaft eine Kuh, dem Genius der Bürgerschaft einen Stier, dem vergöttlichten Augustus einen Stier, der vergöttlichten Augusta eine Kuh, dem vergöttlichten Claudius einen Stier. Im Kollegium waren anwesend: Der Vorsitzende L(ucius) Salvius Otho Titianus, G(aius) Piso, G(aius) Vipstanus Apronianus, M(arcus) Valerius Messala Corvinus, A(ulus) Vitellius, Sulpicius Camerinus, P(ublius) Memmius Regulus, T(itus) Sextius Africanus.

Aus den erhaltenen Akten lässt sich die Reihe der Priester und ihrer Vorsitzenden recht gut überblicken; die Priester gehörten dem Senatorenstand an. Lucius Salvius Otho Titianus war der ältere Bruder des späteren Kaisers Otho, der Anfang 69 wenige Monate herrschte. Obwohl das Heiligtum der Arvalbrüder außerhalb Roms lag, agierten diese Priester auch auf dem Kapitol, einem der Orte mit größter religiöser Bedeutung. Grund des Opfers war der Jahrestag des Regierungsantritts des Kaisers Nero (54–68). Stieropfer erhielten Iuppiter – wohl der Iuppiter Optimus Maximus auf dem Kapitol –, die verstorbenen Kaiser Augustus, seine Frau und Claudius (41–54) sowie Nero selbst. Im Fall des lebenden Kaisers wurde nicht direkt ihm geopfert, sondern seinem Genius. Damit war eine gewisse Bescheidenheit des Herr-

schers gewahrt. Tiberius, der zwischen Augustus und Claudius das Römische
Reich regiert hatte, war in keiner guten Erinnerung geblieben und fehlt daher, Caligula ebenso. Nero gehörte nach seinem Tod auch nicht zu den Kai-
sern, die als Divus (der Vergöttlichte) bezeichnet wurden. Für die posthume
Divinisierung entscheidend war der Senat: Hatte ein Kaiser die Senatoren
gebührend respektiert, so hatte er gute Chancen, später zum Divus zu werden; als Tyrannen galten diejenigen, die Senatoren schlecht behandelt hatten; sie wurden nicht divinisiert.

Im Kaiserkult konnten sich Mitglieder aus allen Schichten des Reiches organisieren, wie die folgende, keinesfalls vollständige, Übersicht zeigt:

Soziale Schichtung des Römischen Reiches

Stand	Priestertum	Ort der Kultausübung
Senatoren	Sodales Augustales Fratres Arvales	Rom unweit von Rom
Ritter	Provinzialoberpriester	Provinzhauptstädte
Decurionen	Flamines	In den Städten des Reiches
Reiche Freigelassene	Seviri Augustales	In den Städten des Reiches
Weniger bedeutende Freigelassene	Magistri	Kult der Lares Augustales in Rom
Sklaven	Ministri	Kult der Lares Augustales in Rom

Die Senatoren stellten die oberste Schicht des Reiches. Ihre Priesterschaften
waren besonders angesehen. Senatorische Statthalter einer Provinz ließen,
wie das Beispiel des Plinius veranschaulicht, anlässlich des Geburtstages
oder des Jahrestages der Thronbesteigung Opfer vollziehen. An der zweiten
Stelle standen die Ritter mit etwa 10.000 Mitgliedern; sie konnten auch
Funktionen bei der Verwaltung von Provinzen übernehmen und dementsprechend für den Kaiser opfern. Als Dekurionen werden die Angehörigen
der lokalen städtischen Eliten des Reiches bezeichnet. Oft waren es die
hundert wohlhabendsten Männer einer Stadt; angesichts der unterschiedlichen Größe der Städte mögen gewaltige Unterschiede zwischen den Mitgliedern dieses Standes existiert haben. Dekurionen organisierten den städtischen Kaiserkult. Eine Inschrift aus dem mittelitalischen Forum Clodii enthält die Beschlüsse des Rats der Stadt: Am Geburtstag des Augustus und
des Tiberius sollten die Dekurionen zusammen mit den Bildern der beiden
Kaiser ein Festmahl einnehmen; bevor die Dekurionen damit begannen,
war der Genius der beiden Herrscher – wohl durch Statuen verkörpert –
mit Weihrauch und Wein zum Essen einzuladen (Corpus Inscriptionum Latinarum XI 3303). Wer die Statue eines Kaisers auf einem öffentlichen Platz
aufstellen wollte, musste die Zustimmung der Dekurionen haben. Für die
wohlhabenden Freigelassenen stellte der Kaiserkult eine besonders wichtige Plattform dar; sie konnten sich in ihrer Stadt organisieren und damit in
der Öffentlichkeit präsentieren. Teilhabe am Herrscherkult mochte ein Di-
stinktionsmerkmal gegenüber den Standesgenossen sein, das einen sozialen Aufstieg begleitete. Für die weniger wohlhabenden Freigelassenen und
die Sklaven gab es zumindest in Rom die Gelegenheit, sich durch den Kai-

serkult in Szene zu setzen. Rom war in viele kleine Bezirke (*vici*) eingeteilt, wo jeweils Freigelassene und Sklaven an den Straßenkreuzungen einen Altar für den Herrscher finanzierten. Wer sich im Kaiserkult engagierte, tat dies zum einen, um Loyalität gegenüber dem Herrscher zu zeigen. Zum anderen war der Kaiserkult eine Möglichkeit, um an einem öffentlichen Ritual in der ersten Reihe teilzuhaben und damit das eigene soziale Kapital zu erhöhen.

Der Kaiser als Gott?   Ob die Kaiser nur gottähnliche Ehren erhielten oder ob sie als Götter angesehen wurden, lässt sich nicht einfach entscheiden. Für die Ansicht, die Kaiser seien Götter gewesen, spricht die Tatsache, dass sie genauso verehrt wurden wie die Götter; im Ritual gab es keine Unterschiede. Doch ob man ihnen tatsächlich die Wirkmächtigkeit einer Gottheit zuschrieb, bleibt dahingestellt. Zu den systematischen Christenverfolgungen im 3. Jahrhundert n. Chr. kam es, weil die Christen nicht dem Kaiser opferten: Zumindest in der Theorie konnten Christen keinen Gott neben ihrem Gott haben. Auch wenn sie zu ihrem Gott für das Heil des Kaisers und des Römischen Reiches beteten, galt die Verweigerung des Opfers als Illoyalität, die mit dem Tode bestraft wurde.

Als Antinoos, der Geliebte Hadrians, 130 n. Chr. im Alter von 18 Jahren im Nil ertrank, wurde er zum Gott erklärt und in vielen Städten verehrt. Thessalonike im Norden Griechenlands war eine der ersten Städte, in der dieser Kult florierte. Doch bald nach dem Tod des Kaisers geriet der Kult in Vergessenheit, ein klares Indiz dafür, dass die Städte lediglich Hadrian gegenüber Loyalität zeigen wollten. In Thessalonike wurde Antinoos kurz danach von einem anderen Mitglied des Kaiserhauses abgelöst, Aurelius Fulvus. Zwei Personen dieses Namens kommen in Betracht: Zum einen der Sohn des Kaisers Antoninus Pius (138–161), zum anderen ein 165 im Alter von vier Jahren verstorbener Sohn Mark Aurels (161–180). Eine endgültige Zuweisung steht noch aus. Warum nur in Thessalonike dieser Kult existierte – er ist zumindest andernorts noch nicht nachgewiesen – lässt sich nicht klären. Dies ist ein weiteres Indiz für die Gestaltungsmöglichkeiten innerhalb der antiken Religion, in diesem Fall auf städtischer Ebene.

Wie wenig festgeschrieben die Grenzen zwischen den Göttern und den Menschen waren, offenbaren die so genannten Privatdeifikationen, wenn also Verstorbene divinisiert wurden, die nicht zum Kaiserhaus gehörten. So erklärte im 2. Jahrhundert n. Chr. ein Mann seine verblichene Gattin Primilla Medica, mit der er 30 Jahre ohne Streit zusammengelebt hatte, zu „Meiner verehrten Göttin" (*dea sancta mea*; Corpus Inscriptionum Latinarum VI 7581). Noch deutlicher wird eine Inschrift aus Niedergermanien, wohl ebenfalls aus dem 2. Jahrhundert:

Privatdeifikation
(Corpus Inscriptionum Latinarum XIII 8706)

Der Göttin und Herrin Rufia Materna hat Mucronia Marcia einen Altar und einen Hain geweiht, wo sie für jedes Jahr ein Opfer festgelegt hat an dem 16. Tag vor den Kalenden des August (= 17. Juli) und für den Geburtstag ihrer Tochter Materna am 9. Tag vor den Kalenden des März (= 20. Februar). Dem Vater Rufius Similis, dem Sohn Similis und der Tochter Materna.

Hier spricht die Mutter ihre verstorbene Tochter nicht nur als Göttin (*dea*) an und weist ihr einen heiligen Hain sowie einen Altar zu, sondern nennt auch noch die Termine, an denen geopfert werden soll. Auch wenn wir keine weiteren Informationen zu diesem Kult haben, so dürfte er den Tod der Mutter kaum überstanden haben. In beiden Fällen handelte es sich nicht um klammheimlich praktizierte Grabkulte für geliebte Familienangehörige. Ganz im Gegenteil wurde der Kult durch Inschriften publiziert, was dafür spricht, dass die zugegebenermaßen seltenen Privatdeifikationen gesellschaftlich akzeptiert waren. Für die Zeitgenossen war dies vielleicht exaltiert, aber kein Grund für öffentliches Einschreiten. Kulte konnten mehr oder weniger spontan entstehen, aber genauso auch wieder vergehen, wenn die Finanzierung nicht gesichert war; es ist gut vorstellbar, dass der Grabkult für Rufia Materna nach einer Generation nicht mehr weiterbetrieben wurde. Ein weiterer Beleg dafür, dass es nicht möglich ist, die exakte Zahl der Götter zu nennen.

3. Religiöse Spezialisten

Für die Antike ist der Begriff „Priester" leicht irreführend. Viele religiöse Spezialisten traten nur zu bestimmten Festen in Aktion und waren ansonsten nicht an ihrem Äußeren von den anderen Bürgern einer Stadt zu unterscheiden. Priesterämter waren nicht immer auf Lebenszeit vergeben, sondern konnten auch nur ein Jahr andauern. Bestimmte Verhaltensvorschriften galten daher auch nicht für alle in gleichem Maße; Priester durften heiraten, sollten aber körperlich unversehrt sein. Es gab in der griechisch-römischen Antike kaum eine Priesterkaste, die sich auf eine feste Tradition, Ausbildung und Hierarchie stützen konnte.

Die griechische Religion war, wie Walter Burkert es zugespitzt formuliert hat, fast eine Religion ohne Priester. Wer ein Opfer darbringen wollte, brauchte dazu keinen Priester. In vielen Heiligtümern gab es Priester, die für die Abläufe zuständig waren. So sorgte der Hieropoios (Opfervorsteher, genauer: Opfermacher) unter anderem für die Beschaffung der Opfertiere und für die Verteilung oder den Verkauf des Fleisches; nur selten wohnten diese Priester auch im Heiligtum. Priesterämter konnten auf drei unterschiedliche Weisen besetzt werden. Erstens gab es erbliche Priesterämter, beispielsweise die Priesterin der Athena Polias in Athen, die immer aus derselben Familie stammte; die Kultfunktionäre in Eleusis kamen bis in die Spätantike aus zwei Familien. Nach welchen Kriterien aus den Mitgliedern einer Familie ausgewählt wurde, ist nicht überliefert. Zweitens konnten Priesterämter auf demokratische Weise vergeben werden, durch Wahl oder, was in der griechischen Antike als demokratische Praxis galt, durch das Los. Drittens war es möglich, ein Priesteramt zu kaufen; Beispiele hierfür gibt es seit der hellenistischen Zeit. Abhängig von der Größe und der Beliebtheit eines Heiligtums konnte ein Priesteramt lukrativ sein. Oft erhielten die Priester einen Teil der Opfer, beispielsweise die Haut des Tieres; ab dem 4. Jahrhundert v. Chr. setzte sich die Tendenz durch, Priester nicht mehr mit Naturalien, sondern mit Geld zu

Griechische Priester

bezahlen. Zu den bekanntesten Priesterinnen gehörte die Priesterin der Hera in Argos, die ein eponymes Amt innehatte, nach der also das Jahr bezeichnet wurde (Thukydides 2,2). Im Tempel der Artemis von Ephesos war der Priester ein Eunuch; kastrierte Priester gab es beispielsweise auch im Kult der Kybele. Ein Priesteramt mochte mit Ausgaben verbunden sein, brachte aber auch hohes Prestige; im Theater verfügten die Priester über besonders gute Sitzplätze, in Kriegen konnten Priester auf Schonung hoffen.

Seher   Als die erste und wichtigste Seherin in der griechischen Mythologie galt Gaia, die Erde. Aischylos bezeichnet sie im zweiten Vers der „Eumeniden" als „protomantis", als die Urwahrsagerin. Prometheus verfügte ebenfalls über Wissen über die Zukunft, das er von seiner Mutter Gaia erhalten hat. Prophetie geschah durch einen Seher (mantis), der nicht an einen Ort oder bestimmte Rituale zur Erlangung seiner Sprüche gebunden war. Nicht in allen Fällen lässt sich erkennen, ob Propheten oder Seher als Sprachrohr einer Gottheit auftraten, oder ob sie lediglich als Deuter agierten. Für die Griechen waren die Seher aus mythischer Zeit von einer Gottheit inspiriert. Als Preis für seine Gabe hatte Teiresias, der berühmteste Seher, sein Augenlicht eingebüßt; noch nach seinem Tod soll er in Orchomenos Orakel erteilt haben (Plutarch, Moralia 434c). Göttliche Inspiration beanspruchten traditionell auch Dichter. In der Gestalt des Aristeas von Prokonnesos, der im 7. Jh. v. Chr. als Dichter und als ekstatischer Apollonprophet auftrat, vereinten sich die beiden Aspekte (Herodot 4,14f.). In Didyma führten sich viele Generationen von Propheten auf den mythischen Gründer des Orakels zurück, den Seher Branchos; auch in anderen Heiligtümern war das Amt des Propheten erblich. Bereits in den homerischen Epen waren Seher wie Kalchas am Krieg beteiligt; auch in klassischer Zeit sind Seher bei Feldzügen belegt, etwa bei Operationen der Athener und der Spartaner. So hatte jede der zehn athenischen Phylen, die jeweils 1000 Mann stellte, einen Seher. Über die Rolle dieser Seher ist nur wenig bekannt; sie werden bei der Durchführung und Deutung der Opfer auf dem Feldzug eine Rolle gespielt haben. Die letztliche Entscheidung, ob man eine Schlacht begann oder nicht, lag aber bei den Feldherren. In der klassischen Zeit gab es auch wandernde Seher, wie etwa bei dem Redner Isokrates (19,5–7) belegt: Ein Mann namens Thrasyllos hatte von einem väterlichen Freund eine Sammlung von Weissagebüchern geerbt, zog durch Griechenland und verdiente mit seinen Künsten ein Vermögen. Religiöse Spezialisten dieser Art hatten mehrere Strategien, um ihre Zuverlässigkeit zu untermauern. Sie konnten sich auf ihre Ausbildung, auf eine ererbte Fähigkeit, auf die besondere Qualität des Ortes, an dem sie agieren, oder ganz einfach auf göttliche Gunst berufen.

Empedokles (ca. 490–430 v. Chr.) verkörperte eine Mischung aus Philosoph, Seher und Wundertäter. Ähnlich ist die Figur des Peregrinus Proteus, der sich bei den Olympischen Spielen des Jahres 165 n. Chr. lebendig verbrannt haben soll.

Römische Priester   Mochten einige griechische Priesterinnen und Priester noch äußerlich erkennbar sein, durch langes Haar und eine besondere Tracht, so war dies in der römischen Welt weitgehend anders. Von den zahlreichen Priesterkollegien der römischen Republik galten vier als besonders prestigeträchtig. Die *Pontifices* gaben Auskünfte zum Sakralrecht und zum Kalender; an ihrer Spitze stand der *Pontifex maximus*, der auch die Aufsicht über die Vestalinnen hatte. Allerdings sollte man seine Position nicht mit der eines Papstes verwechseln, der heute noch den Titel des *Pontifex maximus* trägt: Römische Religion war von flachen Hierarchien geprägt. Zu den Pontifices gehörte ferner der *rex sacrorum*. Auch der *flamen Dialis*, ein Priester des Iuppiter, war mit einer ganzen Reihe von Vorschriften umgeben. Er durfte kein kampfbereites Heer sehen; wichtig war auch, dass er verheiratet und seine Frau am Leben war; starb sie, so hatte er zurückzutreten. Aufgabe der *Auguren* war es, die Auspizien durchzuführen, ein Augur stellte durch die Deutung des Vogelfluges fest, ob eine Volksversammlung gültig war oder ob sie vertagt werden musste. Das *Zehnmännerkolleg*, die *Decemviri* – seit dem 2. Jahrhundert v. Chr. ein Kolleg mit 15 Mitgliedern – konsultierte die Sibyllinischen Bücher und trat bei Befragung von Orakeln in Aktion. Die *Siebenmänner für die Göttermähler (septemviri epulonum)* waren für Götterbewirtungen zuständig, in denen Menschen zusammen mit den Götterbildern speisten. Während andere Politiker vor Augustus so gut wie nie Mitglied von mehr als einer Priesterschaft waren, bekleidete der Kaiser mindestens sieben Priesterschaften. Dies verdeutlicht, in welchem Maße auch Religion ein Teil der Herrschaftsausübung des Princeps war.

Weitere wichtige Priesterschaften waren die für die rituelle Kriegserklärung zuständigen *fetiales* und die *salii*, die im Rahmen des Marskultes einmal im Jahr eine Prozession und Waffentänze in Rom aufführten. Am 15. Februar traten die *luperci* in Aktion. Sie opferten beim Lupercal, dem Ort, an dem Romulus und Remus von der Wölfin gesäugt worden waren, für Faunus Ziegen oder Ziegenböcke. Nur mit einem Schurz aus dem Fell der Opfertiere bekleidet, in der Hand einen Riemen aus Ziegenfell, eilten die *luperci* auf einem weiten Bogen um den Palatin. Mit den Fellpeitschen schlugen sie auf die Passanten ein, vor allem auf die Frauen. Über die Härte der Schläge wird nichts berichtet. Schon in der Antike reizte dieses Ritual zu Deutungen. Ovid hielt die Prügel für reinigend (Fasti 2,31 f.) und für die Fruchtbarkeit förderlich (Fasti 2,427). Nach Livius hatte der aus Arkadien eingewanderte Euander das Ritual noch vor der Gründung der Stadt in Erinnerung an die Riten für Pan eingerichtet. Obwohl eine solche Notiz kaum Historizität beanspruchen kann, zeigt sich hierin das Streben der Römer, ihre Priester und Rituale zumindest zum Teil auf griechische Vorbilder zurückzuführen.

Priester als Vermittler zwischen Menschen und Göttern?

Während christliche Priester durchaus als Vermittler zwischen Mensch und Gott betrachtet werden können, bietet sich für die Antike ein komplexeres Bild. Individuen konnten immer auf eigenen Entschluss opfern und beten; wenn ein großes Tier geopfert wurde, mochte man noch Kultdiener hinzuziehen, die das Töten übernahmen oder auf der Flöte bliesen. Nur wer zu einem Heiligtum ging, brauchte möglicherweise einen religiösen Spezialisten. Seher, Propheten und das Personal in den Orakelstätten hatten eine eindeutige Vermittlerfunktion. Eine völlig andere Situation ist in der römischen Republik zu beobachten: Kommunikation mit den Göttern auf der Ebene des Gemeinwesens fand vor allem durch die politische Elite statt: Der Senat ließ sich zwar von Priestern beraten – die oft genug Mitglieder des Senats waren – behielt sich aber die Entscheidungen vor.

Die berühmtesten römischen Priesterinnen waren die Vestalinnen. Sie garantierten durch ihre Jungfräulichkeit und durch das Hüten des Feuers im

Vestalinnen

Tempel der Vesta den Bestand des Gemeinwesens; brach eine Vestalin ihr Keuschheitsgelübde, so symbolisierte dies einen Bruch im Status der *res publica* und das Entstehen einer neuen Situation. Durch das Begraben der unkeuschen Vestalin wurde von neuem Stabilität hergestellt. Vestalinnen gehörten zu den wenigen stark reglementierten Priesterschaften. Noch im Mädchenalter traten die Priesterinnen ihr Amt an; nach 30 Jahren konnte sich eine Vestalin entscheiden, das Amt aufzugeben: Doch da eine Frau mit rund 40 Jahren auf dem Heiratsmarkt kaum Chancen hatte – wenn sie nicht eine reiche Erbin war – dürften nur wenige Vestalinnen von diesem Ausweg Gebrauch gemacht haben. Vestalinnen kamen aus den Familien der Oberschicht und genossen im Gegenzug für ihre Tätigkeit und ihre Entsagung gewisse Privilegien vor Gericht und in der Öffentlichkeit.

Ein völlig anderes Bild bietet sich bei den Priestern der auch als Kybele bezeichneten Mater Magna und des Attis, den Galli. Sie hatten sich nach dem Vorbild des Attis selbst kastriert; nach einem Mythos hatte Attis dies getan, weil er sich nach einer anderen Frau als seiner Mutter verzehrt hatte. Die als weibisch und verweichlicht bezeichneten Priester galten als unrömisch. Als Oberpriester konnte eine Frau oder ein Mann fungieren. In jedem Fall besaß diese Person kein Bürgerrecht und war von niedrigem Status. Eigentlich sprach alles gegen diesen Kult. Doch er war schon relativ früh eingeführt worden, bereits 205/04 v. Chr. im Rahmen des zweiten Punischen Krieges, in dem die Römer im Konflikt gegen Hannibal am Rand einer Niederlage standen. Der in Rom durch die gesamte Bürgerschaft aufgenommene Kult konnte ein hohes Alter aufweisen und hatte damit seine Existenzberechtigung. Die Vestalinnen und die Galli hatten ihre Ämter auf Lebenszeit; Angehörige beider Gruppen hatten sich für die Gottheit und gegen die Fortpflanzung zu entscheiden. Zumindest bei den Galli sehen wir eine individuelle Entscheidung für den Kult, während die Vestalinnen wohl von ihren Vätern zu diesem Dienst bestimmt wurden.

Rom und das Reich

Bei einer Aufzählung der römischen Priester besteht die Gefahr, dass man sich auf ein Phänomen der Stadt Rom beschränkt. Die bisher genannten Priesterinnen und Priester waren – mit der Ausnahme der Kaiserpriester – nur für die Stadt zuständig, allenfalls noch für einige wenige Orte in unmittelbarer Nähe Roms. Auch wenn das Römische Reich sich über Jahrhunderte ständig ausdehnte, waren die Aufgaben dieser Priester auf das Zentrum beschränkt. In den mehr als tausend Städten des Reiches gab es höchst unterschiedliche Priester von lokaler oder regionaler Bedeutung. Während im griechischen Osten oft die alten Traditionen weitergeführt wurden, dominierten im Westen römische Kolonien.

Flavius Iosephus

In Rom war es in der Zeit der Späten Republik üblich, dass die wichtigen Feldherren auf eigene Kosten einen persönlichen Seher hatten. Damit monopolisierten die Generale den Zugang zur Kommunikation mit den Göttern für sich; ein Symptom der Konkurrenz, die in mehreren Bürgerkriegen eskalierte. Römische Kaiser mochten sich ebenfalls mit Sehern umgeben. Aus dem Jüdischen Krieg (66–70) ist eine besondere Prophezeiung bekannt. Josef Ben Mattitjahu, der Kommandeur der Festung Iotapata, gehörte zu einem alten jüdischen Priestergeschlecht, das die Gabe der Prophetie für sich beanspruchte. Als er sich 67 n. Chr. den Römern ergab, prophezeite er dem römischen Feldherrn Titus Flavius Vespasianus:

Prophezeiung für Vespasian
(Flavius Josephus, Der Jüdische Krieg 3,8,9)

Q

Vespasian, du wirst zum Caesar und zum Augustus; und dieser, dein Sohn, wird es auch! Lass mich nun stärker fesseln und sperre mich ein für dich. Denn du, Caesar, bist nicht nur Herr über mich, sondern über die Erde, das Meer und die gesamte Menschheit. Ich aber soll streng bewacht werden, damit du mich bestrafen kannst, wenn ich mich gegen Gott einer Leichtfertigkeit schuldig mache.

Josef Ben Mattitjahu war einer der wenigen Überlebenden der belagerten Stadt; seine Mitkämpfer hatten kollektiven Selbstmord begangen, dem er sich im letzten Moment mit dem Verweis auf seinen göttlichen Auftrag entzog. Die Prophezeiung scheint ihm das Leben gerettet zu haben. Vespasian ließ ihn nicht hinrichten, sondern verlieh ihm das römische Bürgerrecht; aus Josef Ben Mattitjahu wurde Flavius Josephus, der die Geschichte des Jüdischen Krieges verfasste. Genau in der Mitte seines sorgfältig komponierten Werkes steht die Vorhersage, dass Vespasian Kaiser werden würde. Damit diente die Prophezeiung zum einen zur Legitimierung Vespasians (69–79) und seines Sohnes Titus (79–81) – es kursierten noch zahlreiche weitere Vorzeichen, in welchen Vespasians Aufstieg angekündigt wurde – zum anderen begründete Flavius Josephus seinem Publikum, warum er die Seiten gewechselt hatte.

Priesterämter veränderten sich. Mit der Einführung neuer Götter kamen neue Priester hinzu; wenn ein Heiligtum keine Sponsoren mehr hatte, waren auch keine Priester mehr nötig. In der römischen Republik stieg die Zahl der Priester in den Kollegien mehrfach an. In der Kaiserzeit sind als Neuerungen vor allem die Kaiserpriester zu nennen. Iulian Apostata (360–363) wollte die paganen Priester nach dem Vorbild der Christen straffer organisieren.

4. Mysterienkulte

Der Begriff „Mysterien" ist von dem Fest der *mysteria* abgeleitet, das einmal im Jahr in Eleusis zu Ehren von Demeter und ihrer Tochter Persephone gefeiert wurde; letztere wurde auch einfach Kore (= Mädchen) genannt. Eleusis, etwa 20 Kilometer westlich von Athen gelegen, gewann im 6. Jahrhundert v. Chr. überregionale Bedeutung. Über den Anlass der Feier wurde der folgende Mythos erzählt: Als Hades Persephone entführte, suchte Demeter überall auf der Erde nach ihrer Tochter. Demeter vernachlässigte ihre Aufgaben und sorgte nicht mehr dafür, dass die Saat wuchs. Um eine Katastrophe abzuwenden, vermittelte Zeus mit der Hilfe des Hermes: Persephone durfte wieder aus der Unterwelt zurückkehren. Doch da Persephone vom Granatapfel gegessen hatte – über die Bedeutung dieser Frucht lassen sich nur Spekulationen anstellen – musste Persephone ein Drittel des Jahres in der Unterwelt verbringen, den Rest des Jahres durfte sie sich bei den Göttern und in der Nähe ihrer Mutter aufhalten. Zu Beginn des Festes zog eine Prozession auf der Heiligen Straße von Athen nach Eleusis. Im Homerischen Hymnos

Eleusis

auf Demeter lehrt die Göttin den Menschen die Rituale und Weihen von
Eleusis (478–482):

> Keiner darf je sie verletzen, erforschen, verkünden; denn große
> Ehrfurcht vor den Göttern lässt Menschenrede verstummen.
> Selig der Erde bewohnende Mensch, der solches gesehen!
> Doch wer die Opfer nicht darbringt, oder sie meidet, wird niemals
> Teilhaft solchen Glücks; er vergeht in modrigem Düster.

Der Reiz dieser Mysterien bestand darin, dass die Eingeweihten im Unterschied zu den Nicht-Eingeweihten eine konkrete Jenseitshoffnung hegten.
Über die Rituale in Eleusis ist weniger bekannt als über andere Rituale, da
sie geheim bleiben sollten. Zugleich produzierte diese Geheimhaltung bereits in der Antike allerlei Spekulationen. So soll der Philosoph Diagoras von
Melos die Geheimnisse der Mysterien verraten haben; allerdings war dies
wirkungslos, da der Kult weiterhin Zulauf hatte. Rund 500 Jahre später hielt
sich Pausanias bei der Beschreibung über die Aufbau des Heiligtums von
Eleusis zurück, weil er im Traum dazu ermahnt worden war (1,38,7). Soziale
Grenzen scheinen in Eleusis keine Bedeutung gehabt zu haben, Sklaven und
Frauen nahmen teil. Damit verlief die Trennlinie nicht zwischen Bürgern
und Nichtbürgern, sondern zwischen Eingeweihten und Nicht-Eingeweihten. Das gemeinsame Geheimnis, das im Ritual möglicherweise gelüftet
wurde, konnte die Eingeweihten zu einer klar definierten Gruppe machen.

Die Kultgemeinde versammelte sich wohl im Telesterion, dem Hauptge-
bäude. Auf dem Höhepunkt der Rituale in der Nacht soll ein Priester eine
Getreideähre gezeigt und den rätselhaften Satz gerufen haben: „Die Herrin
hat ein Kind geboren, Brimo den Brimos." Wer Brimo und Brimos sein sollen, ist völlig unklar; die Ähre steht für Demeter und ihre Fähigkeit, die
Früchte wachsen zu lassen. Weiterhin sind zwei Dinge festzuhalten. Erstens
fand das Ritual in einem geschlossenen Raum statt, zweitens in der Nacht.
Beides widersprach den üblichen Gepflogenheiten; doch da es ein Kult der
Polis Athen war, nahm niemand daran Anstoß. Diese Rituale scheinen von
starken Emotionen begleitet gewesen zu sein.

Verletzung des Geheimnisses   Es galt als Bedrohung, wenn Rituale, die in der Öffentlichkeit vollzogen
wurden, in die Häuser transferiert wurde. Nach der Abfahrt der athenischen
Flotte zur Sizilischen Expedition 415 v. Chr. – die Athener hatten sich von
dem Angriff auf Städte in Sizilien eine Wende im sich seit Jahren hinziehen-
den Konflikt gegen die Spartaner erhofft, sollten aber bald eine schlimme
Niederlage erleben – wurden in Athen Frevel gemeldet. Unter anderem soll
Alkibiades, der Anführer der Expedition, zusammen mit anderen die Eleusi-
nischen Mysterien in athenischen Wohnhäusern gefeiert haben. Einer der
Gefährten des Alkibiades war Andokides. Lysias, ein berühmter Redner dieser Zeit, klagte ihn an:

Mysterienfrevel
(Lysias, Oratio 6,51)

Denn dieser Mann zog die Stola (eines Priesters) an. Er ahmte die Rituale nach,
zeigte den Uneingeweihten die heiligen Geräte und verriet mit seiner Stimme die
Geheimnisse. Er hat diejenigen Götter verstümmelt, die wir verehren und für heilig halten, denen wir opfern und die wir anbeten.

Das Vergehen des Andokides war zweifach. Zum einen hatte er in seinem Haus die Rituale von Eleusis wiederholt, zum anderen hatte er Worte ausgesprochen, die nicht ausgesprochen werden durften. Aufgrund dieser Taten verfluchten ihn die athenischen Priester und schlossen ihn von den Opfern aus. Andokides jedoch scherte sich nicht darum, kehrte nach Athen zurück und vollzog Opfer; er begab sich sogar zum Heiligtum von Eleusis. Lysias forderte die Todesstrafe für Andokides; am Ende ging der Angeklagte ins Exil.

Ab der hellenistischen Zeit wurden auch Herrscher eingeweiht. Für Demetrios Poliorketes verschoben die Athener den Termin. Römische Kaiser wie Hadrian und Iulian ließen sich ebenfalls in Eleusis einweihen.

Über andere Mysterienkulte ist weniger bekannt. Auf der Insel Samothrake in der nördlichen Ägäis wurden die Großen Götter (*theoi megaloi*), auch Kabeiroi genannt, verehrt. Zu ihnen gehörten unter anderen eine Große Mutter, die Ähnlichkeiten mit Kybele und der Gespensterherrin Hekate aufweist, ferner die Unterweltsgottheiten Axiokersos und Axiokersa, in der Antike mit Hades und Persephone identifiziert. Vor allem Seefahrer wendeten sich an diese Gottheiten um Schutz. Ein roter Schal zeigte an, dass man aus Seenot gerettet worden war.

Während die Mysterien von Eleusis und Samothrake jeweils nur in einem einzigen Heiligtum gefeiert wurden, waren andere Mysterienkulte mobil. Zu dieser Gruppe gehören die Mysterien des Dionysos, über die wir nur wenig wissen. In der Forschung werden die so genannten Orphischen Goldblättchen mit den Dionysosmysterien in Verbindung gebracht. Diese beschrifteten Totenpässe wenden sich an die Mächte der Unterwelt oder geben Anweisungen an die Seele der verstorbenen Person. In einem solchen Totenpass aus dem 4. Jahrhundert v. Chr. heißt es: „Links von dem Haus des Hades wirst du eine Quelle finden, bei ihr eine weiße Zypresse. Gehe nicht zu dieser Quelle. Du wirst eine andere Quelle finden, vom See der Erinnerung, kaltes Wasser fließt in ihr. Wächter stehen davor. Sage zu ihnen: ‚Ich bin ein Kind der Erde und des bestirnten Himmels, meine Herkunft ist aus dem Himmel. Ihr wisst es. Ich dürste und ich sterbe. Schnell, gebt mir Wasser vom See der Erinnerung!'" (Graf u. Johnston 2007, Nr. 2). Im 19. Jahrhundert wurden die ersten dieser Totenpässe gefunden, seitdem steigt die Zahl, vor allem in Unteritalien, Sizilien, Nordgriechenland und Kreta. Es ist schwer, den Einfluss dieses Kultkreises auf die antike Welt zu beschreiben: War es ein Randphänomen oder handelt es sich um eine Entwicklung von zentraler Bedeutung?

Seit dem 3. Jahrhundert v. Chr. verbreitete sich der Kult der ägyptischen Göttin Isis im Mittelmeerraum; das Isisheiligtum von Pompeji ist ins späte 2. Jahrhundert v. Chr. zu datieren; in Rom dürfte Isis im 1. Jahrhundert v. Chr. durch Händler etabliert worden sein. Isis ist besonders schwer zu greifen. Griechen konnten sie mit Demeter identifizieren, wohl weil Isis ihren toten Gatten Osiris suchte, so wie auch Demeter nach ihrer Tochter Persephone forschte; Persephone und Osiris kamen beide ins Leben zurück. In römischer Zeit fungierte Isis vor allem als Schutzgöttin der Seefahrer. In der Mitte des 2. Jahrhunderts n. Chr. verfasste Apuleius seinen „Goldenen Esel", in dem er Isis als seine Retterin schildert (11,5). Die Farbe ihres Kleides wechselt von weiß über safrangelb bis zum rosenrot. Sie selbst nennt sich Allmutter Natur,

Dionysosmysterien

Isis

Erstgeborene der Zeit und Erste der Himmlischen. Sie vereint in sich die Gestalt aller Götter und Göttinnen. Auch wird sie von den Menschen unter verschiedenen Namen verehrt: Minerva, Venus, Diana, Proserpina, Ceres, Juno, Bellona, Hekate, Rhamnusia. Durch ihr Changieren wird Isis zum einen einzigartig, zum anderen gewinnt sie dadurch Universalität. Im „Goldenen Esel" des Apuleius wird geschildert, wie der in einen Esel verwandelte Lucius mit der Hilfe der Isis wieder Menschengestalt annahm. Er wurde in drei unterschiedliche Stufen des Isiskultes eingeweiht. Immer war zehntägige Enthaltsamkeit von Fleisch gefordert. Über die Vorgänge sagt auch Apuleius nichts, da die Rituale geheim bleiben mussten. Immerhin ist die Rede davon, dass Lucius die Götter gesehen hat.

Mithras Der Kult des Mithras, im Alten Orient schon seit dem zweiten Jahrtausend v. Chr., nachweisbar, kam gegen Ende des 1. Jahrhunderts n. Chr. im Römischen Reich auf. Auf welchem Wege und mit welchen Veränderungen der Kult ins Mittelmeergebiet gelangte, lässt sich nicht mehr sagen. Klar ist, dass Mithras besonders vom Militär und von freigelassenen Sklaven verehrt wurde; die meisten Belege finden sich in Mittelitalien sowie an Rhein und Donau. Die Mithräen waren kleine und enge Räume, an deren Stirnseite oft das typische Relief mit dem stiertötenden Mithras stand. Bisweilen wurde behauptet, dass der Mithraskult eine ernsthafte Konkurrenz zum Christentum dargestellt habe: Doch letztlich verfügte Mithras nicht über genügend Anhänger; gleichwohl wurden einige Mithräen systematisch zerstört, so dass nur Anhänger einer konkurrierenden Religion in Frage kommen, eben die Christen. Genaue Kenntnisse über Rituale besitzen wir nicht; möglicherweise garantierte das Blut des Stieres die alljährliche Fruchtbarkeit in der Natur. Bemerkenswert sind die verschiedenen Weihegrade: Corax (Rabe), Nymphus, Miles (Soldat), Leo (Löwe), Perses (Perser), Heliodromus (Sonnenläufer) und Pater (Vater); diese Grade waren an ihrer Kleidung erkenntlich; wie diese Hierarchie sich auswirkte, ist unbekannt.

Insgesamt entsteht der Eindruck, dass die Grenzen zwischen den einzelnen Mysterienreligionen nicht trennscharf gezogen werden können. Auf den orphischen Texten wird auch die aus Eleusis bekannte Brimo erwähnt, bei Apuleius heißt ein Isispriester Mithras. Strukturelle Gemeinsamkeiten zwischen den Mysterienreligionen sind möglicherweise durch gegenseitige Beeinflussung entstanden. Hierzu zählen beispielsweise Initiationsrituale und Jenseitsvorstellungen, Aspekte, die auch aus der Religion der Christen bekannt sind. Wie groß die Übereinstimmungen zwischen dem Christentum und den Mysterienkulten tatsächlich waren, muss aufgrund der Quellenlage Spekulation bleiben.

III. Kommunikation

1. Rituale

Im Jahre 399/398 v. Chr., in einer politisch aufgewühlten Zeit, fand in Athen ein Prozess statt, von dem wir nur Teile der Anklage kennen. Der Staatsschreiber (*grammateus*) Nikomachos hatte die Aufgabe übernommen, innerhalb von vier Monaten die Gesetze des legendären Solon neu aufzuzeichnen, für diesen Auftrag aber sechs Jahre gebraucht. Mit der Redaktion der Gesetze gingen Veränderungen einher, unter anderem auch bei den von der Polis zu finanzierenden Opfern; Details sind nicht überliefert. Lysias, der berühmteste Redner seiner Zeit, beklagte sich in seiner dreißigsten Rede, dass vor lauter Neuerungen wichtige alte Rituale nicht mehr vollzogen würden. Beide Seiten verwiesen auf das hohe Alter der von ihnen vorgeschlagenen Praktiken. Wahrscheinlich ist dieser zufällig überlieferte Vorgang, in dem schlaglichtartig die Wandelbarkeit von Ritualen deutlich wird, nur die Spitze des Eisberges: Während in der früheren Forschung Rituale als uralt und stabil galten, setzt sich mittlerweile die Position durch, dass Rituale starkem Wandel unterliegen konnten.

Ein Ritual ist eine Handlungssequenz, die nach einem mehr oder weniger festgelegten Brauch abläuft und im Idealfall von ihren Empfängern dekodiert werden kann. Während Rituale in unserer Zeit nicht zwangsläufig religiös konnotiert sind, dürfte es schwer sein, in der Antike ein Ritual zu finden, das keinen religiösen Aspekt hatte. Rituale der politischen Gemeinschaft enthielten Opfer und erforderten Götter und Mythen: Neujahrsfeste, Volksversammlungen oder die Einsetzung eines neuen Kaisers, auf der privaten Ebene die Lebenszyklusrituale etwa bei Geburt, Heirat und Tod. Der lateinische Begriff *ritus* bezeichnet nur den „Brauch". Zu den Ritualen gehörten unter anderem Opfer, Prozessionen, Gebete und Verfluchungen. Sportliche und musische Wettkämpfe wie etwa die Spiele in Olympia, die Theateraufführungen in Athen oder die Gladiatorenkämpfe in Rom waren von Ritualen gerahmt und können selbst auch als Rituale verstanden werden: Die Dauer von Ritualen konnte stark variieren. In der antiken Welt fanden die meisten Rituale in den Siedlungen statt, bei Tag und in der Öffentlichkeit. Reigen für Dionysos hingegen spielten sich auch in der Wildnis des Waldes in der Nacht ab. Hierbei zogen Frauen aus der Stadt heraus. Da dies sofort die schlimmsten Ausschweifungen befürchten ließ – artikuliert etwa in den „Bakchen" des Euripides – unterstanden diese Rituale einer sozialen Kontrolle.

Definition: Ritual

> **Orthopraxie vs. Orthodoxie**
> In der Forschung der letzten Jahre wird immer wieder betont, dass Orthodoxie, also die einem Glaubensbekenntnis entsprechende religiöse Haltung, in der Antike kaum eine Rolle spielte. Stattdessen wird die Bedeutung der Orthopraxie, des richtigen Handelns, hervorgehoben. Fraglich ist allerdings, wie detailliert die Rituale festgelegt waren. Mit der Formulierung „Ein Ritual vollziehen ist Glaube" (quand faire c'est croire) hat John Scheid die Bedeutung der Riten gegenüber einer wie auch immer gearteten Innerlichkeit hervorgehoben.

Details von Ritualen In den Quellen finden sich nur wenige Nachrichten über den Ablauf von Ritualen. Religiöse Scheu, die die Autoren davon abhielt, über ein Ritual zu schreiben, dürfte nur in seltenen Fällen von Bedeutung gewesen sein. Mit einer gewissen Wahrscheinlichkeit waren die Rituale so allgemein bekannt, dass kaum ein Autor sich bemüßigt fühlte, sie zu schildern. Ein weiterer Grund könnte sein, dass Rituale ohnehin selten genau festgelegt waren, immer Spielräume existierten und daher Details sich erübrigten. Was auch immer die Erklärung sein mag, die Forschung muss sich damit begnügen, Mosaiksteine aus verschiedenen Quellen zusammenzusetzen. Dabei besteht immer die Gefahr, dass unsere Modelle die Rituale verkürzt, verzerrt oder zu statisch abbilden. Es gab keine für alle Griechen geltenden Initiationsrituale, Rituale in Athen unterschieden sich von denen in Sparta, selbst auf Kreta differierten die Rituale von Ort zu Ort. Wir wissen verhältnismäßig viel über die Abläufe in Rom, aber nur wenig über die Vorgänge in den Städten des Römischen Reiches.

Bei einigen antiken Autoren findet sich auch ein Reflektieren über die Rituale. Marcus Terentius Varro etwa, ein römischer Antiquar aus dem 1. Jahrhundert v. Chr., arbeitete in seinem Werk über die lateinische Sprache mit Etymologien. So erklärte er den Namen des Festes der *Agonalia* folgendermaßen (de lingua Latina 6,12): Wenn der *rex sacrorum* einen Widder opfert, so fragt er *agone?* (= soll ich es tun?). Auch wenn diese Ableitung aus der modernen sprachwissenschaftlichen Perspektive völlig haltlos ist, zeigt sie, wie man in der Antike vorgehen konnte.

a) Opfer

Nahezu jedes Ritual war mit einem Opfer verbunden. Das griechische Wort *thysia* bezeichnet bei Homer das „für die Götter verbrennen"; in klassischer Zeit meint es den Opferritus und das anschließende Festmahl, bei dem das Opferfleisch verzehrt wurde. Opfer wurden fast immer an einem Altar dargebracht. Der Altar konnte, wie etwa in Paestum archäologisch nachweisbar, für einen wichtigen Kult der Polis mehrere Meter breit und aus Stein gemauert sein, im häuslichen Bereich waren die Altäre deutlich kleiner und preiswerter; schließlich gab es auch tragbare Altäre, die in Prozessionen oder bei Feldzügen zum Einsatz kamen. Dargebracht wurden die Opfer von denjenigen, die in ihrem Umfeld Autorität besaßen, von hohen Amtsträgern, Feldherren, im häuslichen Kult wohl vom Hausvorstand. Die Helfer beim Ritual, deren Zahl je nach Aufwand variierte, etwa Schlächter, Musikanten, Sänger oder Tänzer, spielten nur eine Nebenrolle, ebenso wie in den meisten Fällen auch die Priester. Hierin besteht ein grundsätzlicher Unterschied zwischen antik-paganer Religion und dem Christentum.

Homer Die ausführlichste Beschreibung eines Rinderopfers findet sich schon in einem der ältesten Texte der Griechen, in der Odyssee. Telemachos, der Sohn des Odysseus, kommt auf der Suche nach seinem Vater bei Nestor in Pylos an. Dort lässt Nestor gerade ein Rind opfern. Anwesend sind nicht nur das Opfertier, die Gäste und ein Schmied, sondern auch Athene – bei Homer heißt sie nicht Athena – die das Opfer in Empfang nimmt; inwieweit sie für die anderen sichtbar ist, bleibt unklar. Zunächst werden die Hörner des Rindes mit Gold überzogen, damit sich die Göttin freut, wenn sie es sieht:

Q

Opfer
(Homer, Odyssee 3,418–472)

Aber Aretos trug im blumigen Becken das Wasser
Aus der Kammer hervor, ein Körbchen voll heiliger Gerste
In der Linken. Es stand der kriegerische Thrasymedes,
Eine geschliffene Axt in der Hand, die Kuh zu erschlagen.
Perseus hielt ein Gefäß, das Blut zu empfangen. Der Vater
Wusch zuerst sich die Händ' und streute die heilige Gerste,
Flehte dann viel zu Athenen und warf in die Flamme das Stirnhaar.
Als sie jetzo gefleht und die heilige Gerste gestreuet,
Trat der mutige Held Thrasymedes näher und haute
Zu; es zerschnitt die Axt die Sehnen des Nackens, und kraftlos
Stürzte die Kuh in den Sand. Und jammernd beteten jetzo
Alle Töchter und Schnür' und die ehrenvolle Gemahlin
Nestors, Eurydike, die erste von Klymenos' Töchtern.
Aber die Männer beugten das Haupt der Kuh von der Erde
Auf; da schlachtete sie Peisistratos, Führer der Menschen.
Schwarz entströmte das Blut, und der Geist verließ die Gebeine.
Jene zerhauten das Opfer und schnitten, nach dem Gebrauche, Eilig die Lenden
aus, umwickelten diese mit Fette
Und bedeckten sie drauf mit blutigen Stücken der Glieder.
Und sie verbrannte der Greis auf dem Scheitholz, sprengte darüber
Dunkeln Wein; und die Jüngling' umstanden ihn mit dem Fünfzack.
Als sie die Lenden verbrannt und die Eingeweide gekostet,
Schnitten sie auch das übrige klein und steckten's an Spieße,
Drehten die spitzigen Spieß' in der Hand und brieten's mit Vorsicht.

Der Text beschreibt hier ein Opfer am Hof eines Aristokraten in mythischer Vorzeit und bietet daher keine Einblicke in die Lebenswelten des 5. oder 1. Jahrhunderts v. Chr. Doch da die homerischen Epen zumindest in der Antike Vorbilder für richtiges Verhalten lieferten, dürften sich ähnliche Rituale in der griechischen und wohl auch in der römischen Zeit im aristokratischen Kontext oder auch bei Festen der Polis wiederholt haben. Daher lohnt sich eine Analyse der einzelnen Schritte dieses Rituals. Zunächst musste das Opfertier rein sein. Dies traf zu, wenn es fleckenlos weiß oder zumindest hell war. Bei Homer führten Helfer das Tier zum Opferplatz; in anderen Fällen, besonders bei den ausführlichen Opfern in einem wichtigen Fest einer großen Polis, wurde daraus eine Prozession.

I. Im Voropfer wurde das Tier mit Wasser besprengt. In Zusammenschau mit anderen Quellen lässt sich erkennen, dass das Opfertier in einem Reflex auf die Wasserspritzer sein Haupt senkte; dies galt als Einverständnis, sich töten zu lassen; Haare vom Haupt des Tieres wurden zusammen mit Gerste verbrannt.

II. Die Tötung geschah durch einen Schlag mit der Axt, der das Tier zumindest bewusstlos machte; ein Schnitt mit einem Messer durch die Halsschlagader ließ das Opfertier verbluten. Dazu ertönte der Opferschrei, im Griechischen lautmalerisch *ololyge*.

III. Danach folgte das Zerlegen und Verteilen des Opfertieres; die Haut erhielt der Priester oder der Tempel; hierbei wurden die Schenkelknochen und das Fett, also die ungenießbaren Teile, zusammen mit Wein als Gabe für die

Götter verbrannt. Die Menschen verzehrten das Fleisch und die Innereien: Bei Homer wurde alles auf Spießen gebraten.

Aussagekraft der Vasenmalerei

Es gibt keinen weiteren Text, der all diese einzelnen Aspekte im Detail wiederholt oder gar noch deutlicher beschreibt. Vasenbilder halten immer nur einzelne Szenen innerhalb eines Opfers fest. Zahllose Opfer in der Antike werden nach diesem Muster vollzogen worden sein. Zugleich wissen wir nicht, wie sehr sich einzelne Sequenzen im Lauf der Jahrhunderte änderten und in welchem Maß sich regionale oder lokale Unterschiede herausbildeten. In anderen Fällen wurde das Fleisch auch gekocht und verteilt oder roh den Bürgern mitgegeben, oft auch einfach verkauft. Nicht jeder konnte sich einen Schmied leisten, der die Hörner eines Rindes vergoldete. Und nicht jeder hatte ein Rind, das er opfern konnte.

Die Bedeutung der einzelnen Schritte wird in den antiken Schriften nicht erklärt. Lediglich für die Frage, warum und wie das Opfertier an Menschen und Götter verteilt wurde, liefert der Dichter Hesiod (um 700 v. Chr.) eine mythologische Erklärung. Prometheus war der erste, der den Göttern auf diese Weise opferte. Genau genommen versuchte er Zeus zu täuschen: Er zerteilte das Opfertier und schichtete zwei Haufen auf. In den Magen des Tieres legte Prometheus das Fleisch und die fetten Teile und bedeckte das Ganze mit der Haut des Tieres; dieser Teil war für die Menschen bestimmt. Daneben errichtete Prometheus einen größeren Stapel aus den Knochen, die er mit einer glänzenden Fettschicht – offensichtlich eine Leckerei – bedeckte. Zeus durchschaute die Täuschung, wählte aber dennoch die Knochen (Hesiod, Theogonie 556–57): „Seit dieser Zeit verbrennen auf Erden die Stämme der Menschen / Weiße Knochen den Göttern auf duftumwölkten Altären." Zur Strafe verweigerte der erzürnte Zeus den Menschen das für das Verzehren des Opferfleisches notwendige Feuer. Prometheus stahl es, brachte es den Menschen und wurde dafür von Zeus am Kaukasos festgeschmiedet, wo ein Geier an seiner Leber fraß.

Opfertiere

Insgesamt gab es bei der Auswahl der Tiere, die den griechischen Göttern geopfert wurden, kaum Beschränkungen. Das teuerste und prestigeträchtigste Tier war das Rind, dann folgten Schwein, Schaf und Ziege; an Demeter und andere Erdgottheiten gingen trächtige Opfertiere, Ares erhielt Hunde. Mit seinen letzten Worten forderte Sokrates seine Schüler auf, dem Asklepios einen Hahn opfern. Aufgrund von Knochenanalysen lassen sich auch Gänse, Wachteln, Maulwürfe, Fische und viele weitere Tiere nachweisen. Die preiswerteren und daher weniger prestigeträchtigen Opfer dürften vor allem in Notzeiten dargebracht worden sein, im Krieg, bei Seuchen oder Missernten. Es war nicht immer festgelegt, welche Tiere zu opfern seien. Wichtiger war es wohl, überhaupt geopfert zu haben. So sollen die Bewohner von Kleonai bei Korinth zur Abwehr von Hagel ein Lamm oder ein Huhn geschlachtet haben; wer über ein solches Tier nicht verfügte, stach sich in den Finger und schaffte es damit, das Unwetter abzuwenden (Seneca, Naturales Quaestiones 4,6–7). Welchen Stellenwert die sehr selten archäologisch nachweisbaren Löwenopfer haben, ist nicht bekannt. Bisweilen wurden die Schädel von Opfertieren im heiligen Bezirk festgenagelt; man konnte dies auch am eigenen Haus machen (Theophrast, Charakteres 21,7).

Zu den unblutigen Opfern gehörten beispielsweise Haare, Ölbaumzweige, Wein, Datteln, Feigen, Pinienkerne, Getreide, Backwaren unterschiedlicher Art, Früchte, Gemüse oder zubereitete Speisen: Bei den Pyanopsien im Herbst erhielt Apollon einen Topf mit einem Brei aus verschiedenen Gemüsesorten. Wenn diese Gaben auf dem Altar verbrannt wurden, hatte sie die entsprechende Gottheit exklusiv erhalten. Was mit den Gaben geschah, wenn man sie einfach auf den Altar legte, ist nicht klar; möglicherweise wurden sie später wieder von den Menschen verzehrt. Beim Essen im Haus wurde dem Agathos Daimon ein Schluck ungemischten Weines geopfert, ein Teil der Speise konnte an die Herdgöttin Hestia gehen. Das griechische Wort für das Trankopfer ist *sponde*. Der Plural davon, *spondai*, bezeichnet den Bündnisvertrag zwischen zwei Poleis: Mit solchen Opfern wurden Bündnisse geschlossen.

Einige weitere Beispiele mögen genügen, um die Bandbreite von Opferritualen aufzuzeigen. Bei den Bouphonia (= Ochsenmord) in Athen wurde ein Gemisch aus Weizen und Gerste auf dem Altar des Zeus Polieus ausgelegt. Mehrere Ochsen wurden zum Altar geführt; man opferte das Tier, das von der Opfergabe fraß. Gleich danach warf der Ochsenschlächter das Beil von sich und lief davon. Nach Pausanias (1,24,4), einem Autor aus dem 2. Jahrhundert n. Chr., wurde dem Beil der Prozess gemacht; nach Porphyrios (de abstinentia 2,28 ff.), der etwa ein Jahrhundert später schrieb, wurde das Messer angeklagt, wegen Mordes verurteilt und ins Meer geschleudert. Aus diesen Notizen hat Walter Burkert das Opfern als stets mit Schuld beladen gedeutet; für ihn ist das Opfer eine Sublimierung der Tötung bei der Jagd. Es ist allerdings zu fragen, ob diese Interpretation stets zutrifft. Denn bei Homer stellt sich das Opfer als eine völlig selbstverständliche Angelegenheit dar. Es ist unklar, ob dieses Problembewusstsein erst nach der Entstehungszeit der homerischen Epen auftrat – und welche Bedeutung es in der Antike überhaupt hatte.

Das gänzlich verbrannte Opfer (Holokaust) hatte vor allem im Totenkult seinen Platz. Doch auch für die Artemis Laphria in Patrai wurden die Tiere vollständig verbrannt:

Tötung und Schuld

Opfer für Artemis Laphria
(Pausanias 7,18,7)

Q

Zuerst machen sie dann einen prunkvollen Umzug für Artemis, und die jungfräuliche Priesterin fährt am Schluss des Umzuges auf einem von Hirschen gezogenen Wagen. Am folgenden Tag veranstalten sie dann das Opfer, und sowohl die Stadt öffentlich wie auch die einzelnen Bürger nicht minder sind um das Fest eifrig bemüht. Sie werfen nämlich lebend die essbaren Vögel und gleicherweise alle Opfertiere auf den Altar und dazu Wildschweine und Hirsche und Rehe, manche auch Junge von Wölfen und Bären und manche sogar die ausgewachsenen Tiere; auf den Altar legen sie auch die Frucht der Obstbäume. Dann legen sie Feuer an das Holz. Dabei habe ich wohl auch einen Bären oder ein anderes Tier gesehen, die teils bei dem ersten Aufflammen des Feuers nach draußen drängten und teils auch wirklich mit Gewalt ausbrachen; diese bringen diejenigen, die sie hineingeworfen haben, wieder auf den Scheiterhaufen zurück. Noch niemand soll von den Tieren verletzt worden sein.

Wie alt dieses Ritual war, lässt sich nicht mehr sagen. Vielleicht wurde es erst kurz vor der Lebenszeit des Pausanias eingeführt. Dass die Priesterin der

Artemis auf einem von Hirschen gezogenen Wagen fährt, passt zur Göttin, die für die Wildnis steht. Wir erfahren, dass nicht nur das Gemeinwesen involviert ist, sondern auch die einzelnen Bürger. Im Unterschied zu anderen Gottheiten erhält Artemis keine Opfer von Rind, Schaf oder Schwein, da sie in den Bereich der Zivilisation gehören. Vögel, Wildschweine, Hirsche, Rehe, Wölfe und Bären sind Tiere der Wildnis. Zugleich sind diese ungezähmten und gefährlichen Tiere durch das Opfer besänftigt. Wenn sich die Tiere, die von dem Scheiterhaufen ausgebrochen waren, problemlos wieder zurückführen ließen, unterstreicht dies die Wirkmacht der Göttin und die Angemessenheit des wohl auch die für Zeitgenossen seltsam anmutenden des Rituals.

Eine Inschrift aus Magnesia am Mäander von 197/96 v. Chr. berichtet von der Einführung eines neuen Rituals anlässlich eines Festes für Zeus Sosipolis (= Stadtretter). Zu Beginn der Saatzeit wurde der „schönste Stier" von der Polis gekauft und dem Gott am Neumond vorgeführt. Priester beteten für das Wohlergehen der Stadt und des Landes, der Bürger, der Frauen, der Kinder und der anderen Bewohner der Stadt; ferner erflehten die Priester Frieden, Wohlstand und eine gute Ernte. Danach wurde das Tier mehrere Monate lang auf öffentliche Kosten gefüttert. Typisch für die inschriftlichen Belege liegt der Schwerpunkt auf der Organisation des Opfers. Informationen über die Art und Weise, wie das Opfertier getötet wurde, liefert die Inschrift nicht.

„Sündenbock" Plutarch bietet in seinen Tischgesprächen (*Quaestiones conviviales*) einige Nachrichten zum Opfer. In Plutarchs Heimatstadt Chaironeia wurde zu seinen Lebzeiten im 1. Jahrhundert n. Chr. das folgende Ritual vollzogen, das man mit dem Wort für „Opfer" (*thysia*), bezeichnete: Der höchste Amtsträger (Archon) der Stadt jagte einen Sklaven unter Schlägen aus seinem Haus. Dazu verwendete er Zweige des Strauches, der im Deutschen „Keuschlamm" oder „Mönchspfeffer" heißt (botanisch: *Vitex agnus castus*; im Griechischen *agnos*). Diese Pflanze spielte auch im Mythos eine gewisse Rolle, wurde doch Prometheus damit gefesselt; welche symbolische Bedeutung der Mönchspfeffer im Chaironeia Plutarchs hatte, darüber schreibt der Autor – wie so oft – nichts. Doch nicht nur der Archon, sondern alle Hausvorstände jagten in Chaironeia einen Sklaven aus ihrem Haus. Wahrscheinlich war dieses Hinausjagen nur temporärer Natur, die Sklaven wurden wohl aus rein ökonomischen Gründen bald danach wieder zurückgeführt. Was zunächst als eine Art Sündenbockritual erscheint, wird bei der weiteren Lektüre von Plutarch deutlicher. Jeder Hausherr rief beim Hinaustreiben des Sklaven: „Hinaus mit dem Heißhunger, her mit dem Reichtum und der Gesundheit". Die Bezeichnung für dieses Ritual war *boulímou exélasis*, „Vertreibung des Heißhungers". Das Wort *boulimos*, von dem sich unser Begriff „Bulimie" ableitet, setzt sich zusammen aus *bous* (= Rind) und *limos* (= Hunger). Damit war es ein Hunger, der sich nur ansatzweise mit „Heißhunger" übersetzen lässt; es war ein so kolossaler Hunger, dass man Lust hatte ein ganzes Rind zu verspeisen. Im kleinasiatischen Smyrna wurde auch dem Heißhunger ein Opfer dargebracht. Das Ritual hieß *boubrostis* (= Rinderfressen), wobei ein ganzer Stier komplett verbrannt wurde (Plutarch, Quaestiones conviviales 6,8). Angesichts der ständigen Unsicherheiten in der Nahrungsmittelversorgung dürften solche Rituale der Versuch sein, Überfluss rituell abzubilden und zu garantieren.

Eine andere Frage, die Plutarch (6,10) behandelt, lautet: Warum wird Opferfleisch, das man an einen Feigenbaum hängt, schneller zart? Plutarch und seine Mitredner erklären den Effekt: Vom Feigenbaum geht ein starker Duft aus, der alles besänftigt; selbst der wildeste Stier wird zahm, wenn man ihn an einen Feigenbaum bindet. Aus dieser Passage wird deutlich, wie selbstverständlich das geopferte Fleisch von den Menschen verzehrt wurde und dass man ausgehend von einer Opferung Gedanken entwickeln konnte, die nichts mit Religion zu tun haben. So fällt die enge Verbindung des Kochens mit dem Opfer immer wieder auf.

Umgang mit Opferfleisch

Ein Kultgesetz aus Selinus, einer Stadt an der Südwestküste Siziliens, verbietet, Opferfleisch aus dem Heiligtum zu bringen. Diese Bestimmung, wohl aus der Zeit um 450 v. Chr., sorgt dafür, dass das Fleisch beim Opfer verzehrt wurde; allenfalls die Haut des Tieres, zumeist Eigentum der Priester, mochte verkauft werden. Bei einem Opfer für Dionysos war es möglich, dass das Fleisch roh verzehrt wurde; dies legt zumindest die Darstellung in den „Bakchen" des Euripides nahe, in denen Wildtiere gejagt, zerrissen und verspeist wurden. Ob dies als Verwilderung und als Gegenteil des Opfers in der Polis zu deuten ist, muss offenbleiben: Vielleicht handelt es sich einfach um eine weitere Facette griechischer Religion, vielleicht nehmen wir auch nur die dichterische Freiheit des Euripides zu ernst.

Nicht jedes Ritual wurde regelmäßig und über eine längere Zeit vollzogen. Manche Feste lassen sich archäologisch an Knochenresten nachweisen. Beim Mithrasheiligtum im belgischen Tienen wurden in der Zeit zwischen 250 und 270 nach Chr. zur Zeit der Sommersonnenwende 240 Hähne geschlachtet und verspeist; das kalendarische Datum ist durch Knochenanalysen gesichert. Unklar hingegen bleibt, ob es sich um ein einmaliges Ereignis handelte oder um ein Ritual, das mehrere Jahre hintereinander vollzogen wurde. Unklar ist ferner, ob die Vögel als Opfer für Mithras fungierten oder ob sie lediglich aus gastronomischen Gründen geschlachtet wurden. Insgesamt deutet das Vorhandensein bei einem Heiligtum auf einen religiösen Hintergrund hin.

Menschenopfer, das radikalste aller Opfer, scheint es nicht nur in der Mythologie gegeben zu haben. Agamemnon musste seine Tochter Iphigeneia in Aulis opfern, um den Troianischen Krieg beginnen zu können. Im letzten Moment entrückte Artemis das Mädchen ins Taurerland, wo Iphigeneia ihrerseits als Priesterin der Artemis alle Fremden der Göttin opfern sollte. Oft war der Vorwurf des Menschenopfers oder gar des Verzehrens von Menschenfleisch ein Vorwurf, mit dem man einen Gegner als unmenschlich und barbarisch charakterisierte: In den innenpolitischen Kämpfen der römischen Republik brandmarkte Sallust damit die Anhänger des Lucius Sergius Catilina, die Römer hielten es den Karthagern und den Germanen vor, Pagane stigmatisierten damit die Christen, die wiederum über die Juden Vergleichbares berichteten.

Menschenopfer

Im Kult der Artemis Aristoboule auf Rhodos soll einmal im Jahr ein Verbrecher geopfert worden sein; allerdings ist die Quellenlage hierfür zweifelhaft. Auch wenn der zweite König Roms, Numa Pompilius, durch eine List von Iuppiter erreicht haben soll, dass die Römer keine Menschenopfer darbringen mussten, begegnen in der römischen Geschichte solche Opfer. So begrub man einen Gallier und eine Gallierin, einen Griechen und eine Griechin 228 v. Chr. und 114/13 v. Chr. lebendig. Die Menschen wurden nicht getötet, hatten aber keine Chance zum Überleben; es mochte allenfalls in der Macht der Götter stehen, die Griechen und Gallier zu retten. Erst ein Senatsbeschluss des Jahres 97 v. Chr. verbot Menschenopfer; der römische Geschichtsschreiber Livius bezeichnete solche Opfer als ein zutiefst unrömisches Ritual (22,57,6: *minime Romanum sacrum*). Auch in Massalia (Marseille) soll es ein Menschenopfer gegeben haben, das an einen Sündenbock (*pharmakos*) erinnert. Immer wenn die Stadt unter einer Seuche litt, bot sich ein armer Mann als Opfer an, der ein ganzes Jahr aus öffentlichen Mitteln ernährt wurde. Nebenbei verdeutlicht diese Nachricht die verschlungenen Pfade unserer Überlieferung: Servius, ein Gelehrter aus der Zeit um 400 n. Chr., hat die Notiz in seinem Kommentar zur „Aeneis" Vergils eingebaut, sagt aber, dass er sie bei dem Dichter Petronius gefunden habe. Petronius beging 66 n. Chr. auf Veranlassung Neros Selbstmord; in den Petronius-Ausgaben wird die Stelle zumeist unter den Fragmenten eingeordnet:

Menschenopfer
(Servius, Vergilkommentar 3,57)
Danach wurde er mit Zweigen bekränzt, mit geweihten Gewändern bekleidet, unter Verfluchungen durch die gesamte Stadt geführt, damit alles Unglück der Stadt auf ihn falle – und in einen Abgrund gestürzt.

Wie ist eine solche Information zu deuten? Einerseits kann man sie für wahr halten und daraus Rückschlüsse auf die regionale und lokale Diversität von Ritualen ziehen. Und dass eine Stadt am Rand der griechischen Welt, vielleicht stärker als andere einem äußeren Druck unterworfen, zu radikalen Lösungen griff, ist nicht unwahrscheinlich. Andererseits lassen sich Zweifel anmelden. Das Ritual passt nicht zu einer aktuellen Notlage – bei Seuchen und Missernten sollte schnell reagiert werden; es ist wenig sinnvoll, einen Bürger erst ein ganzes Jahr zu versorgen und ihn dann zu opfern.

In Rom gab es zwei Klassifikationen von Ritualen, den *ritus Romanus* (= römischer Brauch) und den *ritus Graecus* (= griechischer Brauch). Beim *ritus Graecus*, der als sehr alt galt, trugen die Teilnehmer einen Lorbeerkranz. Typisch für den *ritus Romanus*, der schon von Aeneas eingeführt worden sein soll, war die Verhüllung des Hauptes, indem die Toga über den Hinterkopf gezogen wurde; das Gesicht blieb offen. Angesichts des Begründers des *ritus Romanus* verschwimmen die Grenzen zwischen Griechischem und Römischem: Aeneas, der aus dem zerstörten Troia nach Italien geflohen sein soll, galt zwar als der Stammvater der Römer; doch als Troianer war er auch Teil der griechischen Welt. Rituale, die sich auf ihn berufen, enthalten immer auch schon eine griechische Komponente. Nach John Scheid war diese Einteilung eine römische Erfindung aus dem 3. oder 2. Jahrhundert v. Chr.; es handelt sich um eine *invention of tradition* (Eric Hobsbawm). Weder Asklepios, der 293 v. Chr. als Aesculapius nach Rom eingeführt wurde, noch die 205 v. Chr. aus dem griechisch geprägten Kleinasien aufgenommene Kybele erhielten Rituale nach dem *ritus Graecus*. Damit war der *ritus Graecus* ebenso römisch wie der *ritus Romanus*.

Römische Opfer   Die Quellenlage über den Ablauf eines römischen Opfers ist genauso unklar wie für die griechische Welt. Wahrscheinlich folgten römische Opfer mehr oder weniger dem Muster, das bei Homer beschrieben ist. Im Unterschied zur griechischen Praxis dürfte die Eingeweideschau regelmäßig vollzogen worden sein. Ein weiterer Unterschied war die Verwendung *mola salsa*, eines Gemisches aus Salz und Mehl, das die Vestalinnen nur an bestimmten Tagen im Jahr zubereiteten; mit diesem Pulver wurde der Kopf eines Opfertieres vor der Tötung bestreut. Ob die *mola salsa* auch in den Städten des Reiches verwendet wurde, lässt sich nicht sagen. Insgesamt ist über die Rituale, die in den römischen Kolonien vollzogen wurden, kaum etwas bekannt. Bestimmte Kulte in Rom verlangten nach besonderen Opfertieren. Für die Himmelsgottheiten suchte man weiße, für Gottheiten der Unterwelt wählte man schwarze Opfertiere aus. Vulcanus und Robigo (Rost) erhielten rötliche Tiere; in einigen Riten wurden für Tellus und Ceres schwangere Kühe geopfert.

Was genau bei einem Taurobolium geschah, ist unklar. Leider stammt die einzige ausführliche Beschreibung aus dem Schreibrohr des Christen Prudentius, der gegen Ende des 4. Jahrhunderts die barbarischen Rituale der Heiden brandmarken wollte: Nach Prudentius war das Taurobolium eine Blutdusche, die man empfing, indem man in einer Grube unter einem Stier stand, der gerade geopfert wurde (Über die Märtyrerkronen 10,1001–1050). Wenn das zutrifft, so muss dies eine emotional hoch aufgeladene Praktik gewesen sein. Ein Taurobolium konnte für Individuen im Rahmen einer Initiation, etwa im Kult der Mater Magna, durchgeführt werden. Daneben gibt es auch inschriftliche Belege, beispielsweise für ein öffentliches Taurobolium in Lugdunum (Lyon) aus dem 2. Jahrhundert n. Chr.; eine Blutdusche ist in diesem Rahmen nur schwer vorstellbar.

b) Prozessionen und Spiele: Zur Deutung von Ritualen

Rituale können nach unterschiedlichen Prinzipien gedeutet werden, beispielsweise als Initiation oder als Fruchtbarkeitsritual; wer nach der Funktion eines Rituals fragt, wird meist die Stiftung von Identität oder die Abbildung und Neuordnung von Machtverhältnissen erkennen. Eine klare und universell verstehbare Grammatik von Ritualen gab es nicht. Athener verstanden nicht zwangsläufig Rituale in Sparta oder in Rom. Noch radikaler: Ob ein Ritual immer nur eine Bedeutung hatte, ob jede Handlung, jede Geste, jedes Wort, die Farbe und Form jedes Kleidungsstückes eindeutig codiert und festgelegt waren, muss hinterfragt werden.

Prozessionen mögen, da sie vor einem großen Publikum stattfanden, symbolische Aussagen über Machtverhältnisse zulassen. Die vielleicht berühmteste Prozession fand in Athen anlässlich des im Sommer abgehaltenen Festes der Panathenäen statt. Eine Reform dieses Festes soll auf den athenischen Tyrannen Peisistratos zurückgehen, der im 6. Jahrhundert v. Chr. bewirkte, dass alle vier Jahre – nach antiker und inklusiver Zählung in jedem fünften Jahr – die Panathenaia besonders prächtig begangen wurden. Es handelte sich um ein Neujahrsritual im Juli oder August. Vor der Prozession wurde die Statue der Athena entkleidet, zum Meer gebracht, gewaschen und neu eingekleidet (= Neuanfang). Die Prozession führte durch die gesamte Stadt, unter anderem auch über die Agora (Marktplatz) bis zum Tempel der Athena Polias auf der Akropolis. In der Prozession wurde ein neuer Peplos (Gewand)

Prozession bei den Panathenäen

für die Gottheit mitgeführt, an dem athenische Mädchen viele Wochen gearbeitet hatten; der Peplos war so groß wie ein Segel und enthielt bildliche Darstellungen der Kämpfe zwischen Göttern und Giganten. Er war mit Safran gefärbt, der wohl teuersten Farbe, da sie nur aus den Stempelfäden der Krokusblüte gewonnen wird. Farben machten in der Antike durch ihre Kosten Aussagen, die im Zeitalter industriell gefertigter Farbstoffe leicht übersehen werden. Nach den Perserkriegen wurde ein Ruderschiff aus der Schlacht bei Salamis auf Rollen mitgeführt; das Segel war wie der Peplos mit einer Darstellung der Gigantomachie verziert. Während der Prozession waren die unterschiedlichen Gruppen der athenischen Bevölkerung vertreten und zugleich gesondert, Reiterei, Fußsoldaten, Fremde, die das Bürgerrecht in einer anderen Stadt besaßen, aber schon lange in Athen lebten (Metöken) und freigelassene Sklaven. Junge Mädchen fungierten als Korbträgerinnen. In der hegemonialen Blütezeit Athens im 5. Jahrhundert v. Chr. waren auch Repräsentanten von beherrschten Poleis in der Prozession vertreten; in dieser Phase hatten die Panathenäen eine Strahlkraft, die weit über Athen hinausreichte. Schon diese Details belegen die ständige Wandelbarkeit der Rituale. In der Literatur zu den großen Panathenäen findet sich immer wieder der Verweis auf die Festigung von Hierarchien sowie auf die Herstellung von Einheit durch das „bandstiftende" Ritual. Dies ist sicherlich auch richtig. Doch zugleich sorgte das hohe Prestige des Rituals für Rivalitäten. Harmodios und Aristogeiton sollen um 514 v. Chr. den Tyrannen Hipparchos umgebracht haben, weil er die Schwester des Harmodios vom Panathenäenzug ausgeschlossen hatte; eigentlich hätte sie als Korbträgerin fungieren sollen, doch Hipparchos versagte es ihr aufgrund des angeblich unsoliden Lebenswandels ihres Bruders (Aristoteles, Staat der Athener 18). Je prestigeträchtiger ein Ritual, desto höher ist seine soziale Sprengkraft.

Gaben an die Götter   Wer ein umfangreiches Opfer finanzierte, kommunizierte nicht nur mit den Göttern, sondern konnte auch gegenüber den Menschen eine Botschaft aussenden; etwa „ich habe das für euch finanziert" oder „ich tue das für mich, aber zum Teil auch für euch". Wer eine bleibende Gabe an eine Gottheit hinterließ, ein Weihgeschenk oder einen Tempel stiftete, konnte sich durch eine Inschrift mit der Nennung seines Namens in das Gedächtnis späterer Generationen einschreiben. Die Bedeutung eines Namens für die antike Welt ist kaum zu überschätzen; oft genug liest man vom Ausradieren und Überschreiben eines Namens oder von raffinierten Techniken, wie erst nach langer Zeit der eigentliche Name sichtbar wurde. In den Zeugnissen der Bildenden Kunst sind Götter nicht nur als Empfänger am Opfer beteiligt. So etwa in einem Opferrelief aus dem Artemisheiligtum von Brauron auf dem Gebiet Athens, in dem die Göttin selbst das Opfertier mit Wasser begießt. Auf einer Vase aus der Mitte des 5. Jahrhunderts v. Chr. bringt Apollon seiner Schwester Artemis ein Trankopfer dar.

Erfahrungen beim Ritual   In der Forschung geht man zumeist davon aus, dass die Teilnehmer eines Rituals die Bedeutung dieser Handlungssequenz verstanden. Doch hier ist Vorsicht angebracht. Umfragen haben ergeben, dass Mönche desselben buddhistischen Klosters ein Ritual auf unterschiedliche Weisen deuten. Ähnliche Situationen sind auch in der Antike nicht auszuschließen, insbesondere angesichts des Fehlens einer Heiligen Schrift. Wenn Athena auf der Akropolis eine Hekatombe dargebracht wurde, wenn also Hundert Rinder geschlachtet wurden, so muss dies eine besondere Erfahrung gewesen sein: Unmengen von Blut, das Stöhnen der Tiere, lautes Flötenspiel und die ständigen Schreie der Klageweiber bei der Tötung eines Tieres, eine allgemeine Unruhe, Feuer, Rauch, Duft von gestreuten Blumen, von Weihrauch und vom gebratenen Fleisch, Geruch oder Gestank vom verbrannten Anteil der Götter und von den Ausscheidungen der Tiere müssen ein umfassendes sensorisches Erlebnis hervorgerufen haben, dessen Wirkungen wir nur erahnen können. Vergleiche mit anderen Epochen belegen, dass zu Religion auch psychische Erlebnisse gehören. Doch über die Bedeutung der psychischen Komponente in den antiken religiösen Systemen lassen sich aufgrund der Quellenlage keine Aussagen machen. Generell mag es bei Ritualen nur selten um ein erhöhtes religiöses Bewusstsein oder um das Entstehen von Zusammenhalt gegangen sein, oft genug mögen sich die Teilnehmer nur auf einzelne Aspekte konzentriert haben.

In der hellenistischen Zeit lässt sich eine Veränderung im Umgang mit Prozessionen vermuten. Ein großer Teil der Bevölkerung zog nicht mehr in der Prozession mit, sondern wurde zu Zuschauern. Zugleich konnten sie sich auf eine Art am Ritual beteiligen, die weit über das Hinsehen hinausging. Auf einem Papyrus aus Oxyrhynchos in Ägypten (Bd. 28, Nr. 2465) finden sich Bestimmungen über eine Prozession zu Ehren der 270 v. Chr. verstorbenen ägyptischen Herrscherin Arsinoe II. Entlang des Weges, den die Prozession in Alexandria nahm, sollten die Bewohner der Stadt Altäre besonderer Art errichten, entweder aus Sand oder aus einem anderen Material, das mit Sand bedeckt werden sollte. Über die religiöse Bedeutung des Sandes ist nichts bekannt; möglicherweise ging es nur darum, einen überall greifbaren Baustoff zu verwenden und damit die Ausgaben in Grenzen zu halten. War schon die Art der Altäre bewusst offen gehalten, so gilt dies umso mehr für die Gaben, die auf diesen Altären geopfert wurden. Leider ist der Papyrus hier teilweise verloren. Dennoch ergibt sich das folgende Bild: Prinzipiell durfte jeder opfern, was er wollte; genannt werden Hülsenfrüchte und Vögel; lediglich zwei Arten von Tieren durften nicht dargebracht werden: Schafe und Ziegen. Diese Offenheit ermöglichte es den Menschen, je nach finanziellem Vermögen ein Opfer zu bringen, das danach verzehrt wurde.

Ein Ritual, besonders in der als „ritualistisch" beschriebenen Antike, kann für seine Teilnehmer unterschiedliche Bedeutungen annehmen: Erstens mag die endlose Wiederholung von Ritualen, sei dies täglich, mehrmals im Jahr oder nur jährlich, zu einer Gewöhnung und Abstumpfung führen. Zweitens war es sicherlich wichtig, welche Rolle man selbst in einem Ritual einnahm. Als Beispiel soll der römische Triumphzug dienen. Der Zug bestand aus drei Teilen; zunächst wurde die Beute gezeigt, danach kam der siegreiche Feldherr, nach ihm sein Heer. Der Feldherr wird sich in seinem Ruhm gesonnt haben; einzig getrübt wurde sein Auftritt durch den Sklaven, der hinter ihm auf dem Wagen stand und ihm zuraunte, „Bedenke, dass du sterblich bist". Zugleich war es ein Ritual, bei dem man mit höchster Wahrscheinlichkeit nur einmal die wichtigste Rolle innehatte; nur wenige Feldherren triumphierten mehr als einmal. Wer als Teil der siegreichen Armee durch Rom zog, mag dies nicht das erste Mal getan haben, da im Schnitt alle zwei bis drei Jahre ein Triumph abgehalten wurde.

Triumphzug in Rom

Über die Art und Weise, wie die Soldaten den Triumphzug empfanden, lässt sich nur spekulieren; am ehesten wird es eine Mischung aus Stolz und Alkohol gewesen sein; Freude über die Belohnung, Erleichterung darüber, dass man den Krieg überlebt hat, Trauer über die gefallenen Kameraden oder die Sehnsucht, endlich heimzukehren, mögen ebenfalls mit im Spiel gewesen sein; schließlich mögen mit zunehmender Dauer des Zuges und je nach Wetter Ermüdung oder gar Langeweile aufgekommen sein. Klar ist, dass die Aufnahme des Rituals bei den Soldaten sehr verschieden gewesen sein kann. Wer zur Beute gehörte, dem gaffenden Volk vorgeführt wurde und am Ende des Tages in den Kellern des Kapitols erdrosselt werden sollte, empfand das Ritual völlig anders.

Die Stimmung der Zuschauer mag auch je nach Dauer, Wetter und verteilten Geschenken variiert haben; je nach sozialer Stellung sind unterschiedliche Reaktionen vorstellbar: Angehörige der Oberschicht mögen großen Respekt vor dem Triumphator empfunden haben, mögen den Entschluss gefasst haben, es ihm gleichzutun oder gar die Menge der Beute zu übertreffen, mögen aber genauso auch vor Neid geglüht haben – was besonders angesichts der oft heftigen Debatten im Senat über das Recht, einen Triumphzug abhalten zu dürfen, hohe Wahrscheinlichkeit besitzt; der Triumphator konnte politischer Freund oder Feind sein. Die Angehörigen der Unterschichten mögen unter den Soldaten nach bekannten Gesichtern gefahndet haben; wer zur Klientel des siegreichen Feldherren gehörte, mag anders gefühlt haben als diejenigen, die keine soziale Bindung zu ihm hatten. Ältere Männer mögen in ihren Erinnerungen geschwelgt haben, während das Ritual für die jungen Männer Ansporn zu großen Taten gewesen sein konnte. Für die Sklaven wiederum war der Tag eines Triumphzuges mit besonders viel Arbeit verbunden. Insgesamt war also der Triumphzug weitaus mehr als nur eine rituelle Siegesfeier, an deren Ende der Triumphator dem Iuppiter Optimus Maximus auf dem Kapitol Opfer darbrachte. Auch wenn diese Betrachtungen aufgrund der Quellenlage weitgehend im Spekulativen bleiben müssen, dürfte zumindest die große Bandbreite bei der Rezeption eines Rituals anschaulich geworden sein. Ein rein funktionalistischer Ansatz zum Verständnis von Ritualen kann also in die Irre führen.

Antike Spekulationen über Rituale

Das Fest der Argei mag genügen, um vorzuführen, wie in der antiken Literatur über Rituale spekuliert werden konnte. An den Iden des Mai nahm eine Gruppe angesehener Bürger, angeführt von den Pontifices und den Vestalinnen, 27 aus Binsenstroh gefertigte Puppen aus 27 Heiligtümern in Rom und warf sie von einer Brücke in den Tiber. Für Plutarch (Quaestiones Romanae 86) ist es eine Reinigungszeremonie. Ovid hingegen (Fasti 5,621–662) trägt drei Möglichkeiten vor. Erstens, dass man ursprünglich zwei 60-jährige Männer in den Fluss warf, damit nur die Jüngeren das Wahlrecht besäßen; zweitens soll Hercules ein Ersatzritual eingeführt haben, indem er statt Menschen nur noch Puppen in den Fluss schleuderte; drittens wurden die Leichname der Gefährten des Hercules, die sich auf dem Gelände von Rom niedergelassen hatten, dem Tiber übergeben, der sie in die alte Heimat tragen würde. Rituale ließen wohl immer unterschiedliche Deutungen zu.

In Athen gab es das Fest der Synoikia, das im Kontext mit Theseus zu verstehen ist. Auf ihn ging nach dem Selbstverständnis der Athener der Synoikismos zurück, die Zusammenlegung kleinerer Dörfer zur Stadt Athen. Wie die historischen Abläufe der Stadtwerdung Athens tatsächlich waren, ob es ein graduelles und über einen langen Zeitraum dauerndes Zusammenwachsen war, oder ob es wirklich eine Art Gründungsakt gab, soll hier nicht interessieren. Bei den Synoikia wurde das Opferfleisch nicht in der Öffentlichkeit verzehrt. Die Bürger nahmen das rohe Fleisch mit nach Hause, um es dort zuzubereiten. Bei diesem Ritual liegt der Gedanke nahe, dass der Bruch der Opferkonventionen die Auflösung eines politischen Gemeinwesens widerspiegelt, nach der ein Neuanfang steht (Fritz Graf, Griechische Mythologie. Eine Einführung, München/Zürich 1991, 134). Doch da wir keine Informationen über die Gedanken der Bürger haben, muss dies Spekulation bleiben. Immerhin gewinnt Rindfleisch, zumindest für unsere Gaumen, an Qualität, wenn es einige Tage abhängt; wie lange Rindfleisch im Sommer lagern kann, ist allerdings fraglich. Auch wenn der Umgang mit dem Opferfleisch nicht einmal in Athen immer gleich war, dürfte insgesamt gelten, dass in Athen, vielleicht generell bei den Griechen, die Zuschauer etwas vom Opferfleisch erhielten. In Rom hingegen wurde das Fleisch der Opfertiere tendenziell eher verkauft.

Einmal im Jahr begingen die Bürger der Insel Aigina ein Opferritual für Poseidon, bei dem sie 16 Tage schweigsam allein in ihren Häusern saßen; nicht einmal mit den Sklaven hatten sie Kontakt. Man nannte die Teilnehmer des Rituals Alleinesser (*monophagoi*). Mit dem Ritual wollten die Aigineten das vergebliche Warten auf die Kämpfer wiederholen, die vom Troianischen Krieg nicht heimgekehrt waren (Plutarch, Quaestiones Graecae 301). Wir wissen nicht, wie alt das Ritual war und ob es über viele Jahrhunderte vollzogen wurde. Dennoch lässt sich das Alleinessen als ein identitätsstiftender Rückgriff auf die Mythologie verstehen: Nur auf Aigina aß man alleine.

Auch Spiele sind als Rituale zu verstehen, oder besser: als ganze Ketten von Ritualen. In der griechischen Welt gab es die vier großen Wettkämpfe: Die Olympischen Spiele zu Ehren des Zeus, die Pythischen Spiele in Delphi, die Isthmischen Spiele in Korinth sowie die Panathenäischen Spiele in Athen. Spätestens in der römischen Kaiserzeit richteten zahlreiche weitere Städte im Reich ihre eigenen Wettspiele aus. Gemeinsam war all diesen Spielen der religiöse Aspekt; sie wurden zu Ehren einer Gottheit durchgeführt sowie von Opfern und weiteren Ritualen begleitet. Passend zur großen Diversität in der griechischen Welt unterschieden sich die Wettkämpfe von Ort zu Ort. Während in Olympia überwiegend sportliche Wettkämpfe durchgeführt wurden, dominierten in Delphi die musischen Agone. In Rom gab es die *ludi Romani*, die „römischen Spiele" mit Prozession und Wagenrennen; die *ludi Apollinares* wurden 212 v. Chr. in der Krise des Zweiten Punischen Krieges eingeführt, dauerten anfangs nur einen Tag, bald aber mindestens drei Tage. Die Gladiatorenkämpfe in Rom gingen wohl aus Leichenspielen hervor; auch wenn die Gladiatorenspiele bald unabhängig von Begräbnissen gefeiert wurden, waren sie stets durch Opfer religiös gerahmt.

Ein Sonderfall aus Rom verdient nähere Beleuchtung. In der römischen Geschichte wurden im Abstand von vielen Jahren Säkularfeiern (*ludi saeculares*) durchgeführt. Hierbei wies die Berechnung eines *saeculum*, was aufgrund der langen Zeiträume nicht verwundert, Spielräume auf. So ging Augustus von einem *saeculum* aus, das 110 Jahre dauerte; in seiner Chronik ließ er daher auch für die Jahre 456, 346, 236 und 126 v. Chr. solche Feiern

Olympische Spiele

Säkularspiele in Rom

67

eintragen: ein klarer Fall von intentional konstruierter Geschichte. Mit dieser Berechnung konnte Augustus selbst Säkularspiele abhalten. Nach der Zählweise des Augustus hätten die Spiele 16 v. Chr. sein sollen, doch es war wohl im Interesse des Princeps, sie ein Jahr früher anzusetzen: Zeit, vor allem religiöse Zeit, konnte immer auch Verschiebemasse sein.

Die Rituale anlässlich der *ludi saeculares* 17 v. Chr.

Wann?	31.5. (Nacht)	1.6. (Tag)	1.6. (Nacht)	2.6. (Tag)	2.6. (Nacht)	3.6. (Tag)
An wen?	Moerae	Iuppiter Optimus Maximus	Ilithyiae	Iuno Regina	Terra Mater	Apollo und Diana
Wo?	Marsfeld	Kapitol	Marsfeld	Kapitol	Marsfeld	Palatin
Was?	Neun Schafe + neun Ziegen (weibl.)	Zwei Stiere	3 × 9 Opferkuchen	Zwei Kühe	Schwein (weibl.)	3 × 9 Opferkuchen
Wer?	Augustus	Augustus + Agrippa	Augustus	Augustus + Agrippa	Augustus	Augustus + Agrippa

Tagsüber wurden Opfer für die Himmelsgottheiten Iuppiter Optimus Maximus, Iuno Regina, Apollo und Diana dargebracht, in der Nacht für die Unterweltsgottheiten: Die Moirae als Schicksalsgöttinnen, die Ilithyiae als Geburtshelferinnen und Terra Mater, die für Feldfrüchte und Vieh sorgt. Nächtliche Rituale fanden immer auf dem Marsfeld statt, die Opfer am Tag auf dem Kapitol – Iuppiter Optimus Maximus und Iuno Regina hatten hier ihre Heiligtümer – die Opfer für Apollo und Diana auf dem Palatin beim Apollotempel. Bei den Opfertieren wurde darauf geachtet, dass ihr Geschlecht dem der Gottheit entsprach. Die Ilythiae sowie Apollo und Diana erhielten unblutige Opfer von Backwaren. An jeder Opferhandlung war der Kaiser prominent beteiligt und unterstrich damit seine herausragende Position in der römischen Gesellschaft: Augustus garantierte eine reibungslose Kommunikation mit den Göttern. Bei den Riten am Tag durfte auch noch sein Stellvertreter Marcus Vipsanius Agrippa auftreten.

Anlässlich dieser Feier verfasste der Dichter Horaz ein Säkularlied (*carmen saeculare*), das 27 Knaben und 27 Mädchen vortrugen. Voraussetzung für die Kinder war, dass ihre Eltern noch lebten, sie also „intakt" waren. Am Anfang und am Ende des Gedichts stehen Apollo und Diana, auch andere Götter werden genannt. Horaz bittet die Götter um Hilfe für Rom, zugleich stellt er auch fest, dass Rom schon von den Göttern begünstigt ist: Rom ist das Werk der Götter, die auswärtigen Feinde fürchten das Reich, Apollo bringt Rom in eine immer besser werdende Zukunft, Diana kommuniziert mit den Priestern und Iuppiter unterstützt die Römer. Auch wenn die Rituale einschließlich des Gedichts inszeniert waren, reicht es nicht, die Vorgänge als ideologische Veranstaltung des Augustus zu dekouvrieren: Möglicherweise entstanden selbst beim Kaiser religiöse Gefühle.

c) Gebete und Verfluchungen

Jedes Gelübde enthielt ein Gebet, aber nicht jedes Gebet auch ein Gelübde. Opfer wurden von einem Gebet begleitet; bei einem Gelübde finden sich drei Bestandteile: Anrufung der Gottheit, Vortragen der Bitte und abschließend ein Versprechen. Ob es sich dabei um einen Vertrag handelt, den die Menschen mit den Göttern eingehen, ist fraglich; wenn wir nach einer Metapher aus der antiken Gesellschaft suchen, so ist das Klientelverhältnis eher zutreffend: Die Menschen begeben sich in die Obhut einer Gottheit, ehren sie und können auf eine Gegenleistung hoffen; bleibt diese Leistung aus, so können sich die Menschen eine andere Gottheit suchen. Als Kronzeuge für die vermeintliche Stabilität von Gebeten bei den Römern gilt Plinius der Ältere, der berichtet, dass die Römer peinlich genau auf die richtigen Worte bei einem Gebet achteten. Hierzu las man die Gebetsformeln vom Blatt ab, während ein Teilnehmer aufpasste, dass sich kein falsches Wort einschlich (Naturalis Historia 28,10–11). Es ist allerdings fraglich, wie weit diese Aussage trägt. Denn Plinius kritisiert diese Haltung; überdies stammen seine wenigen Beispiele – von einer allgemein gültigen Aussage ist dies weit entfernt – aus einer fernen Vergangenheit. In einer anderen Passage erwähnt Plinius, dass die Römer beim Gebet die rechte Hand an den Mund führten und sich drehten (28,25). Mit der Bewegung der Hand dürfte die Kusshand gemeint sein, die man einer Gottheit zuwarf. Über die Drehung bleiben fast nur Spekulationen. Plutarch schreibt in der Numabiographie, dass schon Numa Pompilius den Römern die Regel gegeben hatte, sich beim Beten zu drehen (14,4). In der Interpretation Plutarchs vollzogen die Adoranten vor einem Tempel eine ganze Drehung: Sie blickten zuerst auf die Tempelfront, machten dann eine halbe Drehung in Richtung der aufgehenden Sonne, um sich dann wieder dem Gebäude zuzuwenden. Man konnte diese Bewegung als Nachahmung der Umdrehung des Kosmos deuten (14,4). Doch so ganz klar waren die Anweisungen Numas nicht, ebenso die im gleichen Atemzug genannten Vorschriften der Pythagoreer, etwa dass man den Himmelsgöttern Opfer in ungerader Zahl, den Unterweltsgötter Opfer in gerader Zahl darbringen solle. Diese Notizen bei Plutarch sind Teil eines gelehrten Diskurses über Religion, der nicht unbedingt die Kultpraxis widerspiegeln muss.

Zahlreiche Inschriften künden davon, dass ein Mensch einer Gottheit ein Gelübde dargebracht hatte, das später eingelöst wurde. In den meisten Fällen sind die Inschriften so lapidar – im wahrsten Sinn des Wortes – dass sie nicht den Anlass des Gelübdes angeben. So heißt es etwa in einer lateinischen Inschrift aus Rom: „Gaius Iulius Sosigenes hat aus einem Gelübde heraus dafür gesorgt, dass der Tempel für Apollo wiederhergestellt wurde" (Corpus Inscriptionum Latinarum VI 27). Bei diesen von jedem lesbaren Inschriften verschwimmen einmal mehr die Grenzen zwischen dem Privaten und dem Öffentlichen. Wer sein Gelübde nicht gleich einlöste, konnte durch einen Traum daran erinnert werden; viele Inschriften enthalten nur die knappe Formel „aus einem Traum" (ex visu). So stiftete wohl in der Kaiserzeit, eine genauere Datierung ist in diesem Fall nicht möglich, ein Marcus Lucretius Cyrus in einem kleinen Ort südlich von Valencia an der spanischen Ostküste ein Iuppiterheiligtum, weil er im Traum dazu ermahnt worden war. Im 2. Jahrhundert n. Chr. stellte in St. Veit am Glan in Kärnten ein

Inschriften als Medium

Ehepaar *ex visu* einen Altarstein auf. Es scheint, als sei beiden im Traum eine Ermahnung zuteil geworden; vielleicht erklärt sich dadurch auch die unpräzise Weihung *dis deabusque* – für alle Götter und Göttinnen. Das Ehepaar finanzierte den Stein für sich und die Angehörigen (*pro se et suis*); wahrscheinlich war dieser Gabe eine Unterstützung von Seiten der unbekannten Götter vorausgegangen (Corpus Inscriptionum Latinarum II 1965 und III 4775). Auch wenn die griechischen Inschriften oftmals gesprächiger sind als ihre lateinischen Pendants, erfahren wir auch bei ihnen nur selten mehr.

„Beichtinschriften" aus Kleinasien

Eine Ausnahme stellen die so genannten „Beichtinschriften" dar, die aus dem Zeitraum von etwa 50–250 n. Chr. stammen und in einem kleinen Areal im westlichen Kleinasien gefunden wurden. Es sei dahin gestellt, wie passend die Bezeichnung als „Beichtinschrift" ist: Während bei Christen das Beichtgeheimnis gilt, veröffentlichten hier die Übeltäter durch eine Inschrift ihre Schuld und die Wiedergutmachung.

Im Jahre 235/6 n. Chr. weihte Aurelios Stratonikos eine Stele mit einer Inschrift und dem Relief eines Betenden und Bäumen, weil er unwissentlich aus einem Hain Bäume der Götter Zeus Sabazios und Artemis Anaitis geschlagen hatte. Die Gottheiten bestraften ihn und er sühnte seinen Frevel mit der Schilderung des Vorganges auf der Stele (Georg Petzl, Die Beichtinschriften Westkleinasiens, Bonn 1994, 99). Auch andere Inschriften berichten von unabsichtlich gefällten heiligen Bäumen. Wie es zum Frevel kam, ist unklar. Hatte Aurelios Stratonikos einfach im heiligen Hain Bäume gefällt und darauf gehofft, dass es niemand auffiel? Oder waren in dem Hain, von dem die Rede ist, nur bestimmte Bäume den Göttern geweiht, während man andere problemlos abhacken konnte? Vielleicht ist die Lösung auf eine andere Weise zu suchen: Aurelios Stratonikos wurde von einer nicht spezifizierten Krankheit befallen, suchte nach einem Fehler, der die Bestrafung der Götter herbeiführte und kam darauf, dass er geweihte Bäume gefällt hatte. Da er dies unabsichtlich getan hatte, war sein Vergehen nicht so groß. Aurelios Stratonikos konnte eine Inschrift aufstellen, ohne große Schuld auf sich geladen zu haben – vielleicht erklärt dies, warum auch andere Inschriften mit gleichem Inhalt errichteten.

In einem anderen Fall aß ein Mann zusammen mit seinen Dienern im Heiligtum Fleisch eines Tieres, das nicht geopfert worden war; zur Strafe war er drei Monate lang stumm und erfuhr im Traum, dass er eine Stele aufstellen sollte, auf der dies geschrieben war; erst dann konnte er wieder reden (1). Wer als Kind unabsichtlich ein Götterbild zerbrochen hatte, mochte dies später als Erwachsener durch eine Gabe mit Inschrift sühnen (101); Diebe wurden geständig, unrechtmäßig abgeerntete Weinberge wurden nach dem Eingreifen der Götter wieder zurückerstattet, Menschen kamen ohne rituelle Reinigung einem Heiligtum zu nahe oder fingen die zu einem Heiligtum gehörigen Tauben. Einige Vergehen wurden mit einem Opfer von Maulwurf, Spatz und Thunfisch entsühnt, einer sonst unbekannten Kombination. Eine Frau legte ein Gelübde ab für den Fall, dass sie ein Kind bekommen würde. Als sie das Kind hatte und das Gelübde hinauszögerte, bestrafte sie der Gott auf eine nicht bekannte Weise und befahl ihr, auf einer Inschrift seine Macht zu verkünden (83).

Streit mit der Schwiegermutter

Im Jahre 156/57 n. Chr. entstand Streit zwischen einem Mann namens Iucundus und seiner Schwiegermutter. Er fiel in Wahnsinn und alle vermuteten, seine Schwiegermutter habe ihn mit einem Schadenszauber geschlagen. Sie wiederum hinterlegte Verfluchungen im Tempel der Artemis Anaitis und der Meis Tiamu und wurde dafür von den Göttern mit dem Tode bestraft. Auch ihr Sohn erlitt ein gleiches Schicksal. Als er am Eingang zum Heiligtum der Artemis Anaitis in Smyrna(?) vorbeiging, glitt ihm sein Messer, mit dem er Reben schnitt, aus der Hand und verletzte ihn so stark am Fuß, dass er noch am selben Tag verstarb. Erst die Enkel der Schwiegermutter stimmten die Götter wieder gnädig; am Ende der Inschrift sprechen sie selbst „und von nun an, nachdem wir sie auf einer Stele aufgeschrieben haben, preisen wir die Macht der Götter" (88f.).

Weihungen von Körperteilen, die in Stein oder einem anderen Material nachgebildet sind, deuten nicht immer auf eine Heilung hin. Klar ist dies bei inneren Organen, weniger klar bei Ohren: Aus Inschriften ist ersichtlich, dass Ohren die „Erhörung" eines Gebets oder eines Gelübdes symbolisieren können. Ebenso muss nicht jede Abbildung von Füßen auf eine Heilung deuten, sondern kann auch für eine Reise stehen.

Eine Inschrift aus Axima (= Aîme/Val d'Isère) aus dem 2. Jahrhundert n. Chr. enthält ein Gebet an die Waldgottheit Silvanus:

Gebet an den Waldgott Silvanus
(Corpus Inscriptionum Latinarum XII 103/Ü: H. Freis, Historische Inschriften zur römischen Kaiserzeit, Darmstadt 1984, 96)

Silvanus, der du zur Hälfte unter der heiligen Esche eingeschlossen bist und der oberste Wächter dieses hohen Gartens bist, dir widmen wir diesen poetischen Gruß, weil du uns durch die Fluren und Berge der Alpen und der die Gäste deines süß duftenden Gartens durch deine Gunst, die uns fördert, erhältst, während ich die Rechtsprechung ausübe und das Vermögen der Kaiser verwalte. Lass mich und die Meinen nach Rom zurückkehren und gewähre uns, unter deinem Schutz italisches Land zu bebauen. Dann weihe ich dir sogleich tausend große Bäume. (Gedicht) des Titus Pomponius Victor, Prokurator zweier Kaiser.

Titus Pomponius Victor, Verwalter einer kleinen Provinz in den Alpen, spricht Silvanus als Wächter des Gartens an und preist sein Wirken. Dann erfolgt eine Bitte und das Gelübde, das Titus Pomponius Victor einzulösen verspricht. Pomponius Victor sehnt sich nach Rom und Italien, jedenfalls ist es sein Ziel, die Aufgaben in den Alpen hinter sich zu lassen und in Italien zu siedeln – ob er aus Italien stammte, lässt sich nicht sagen. Als Gegengabe verspricht er Silvanus einen Hain von tausend großen Bäumen, also dem Waldgott eine Wohnstätte zu bieten. Diese Bäume, soviel scheint angesichts der Weihung sicher, sollten dann auch nicht gefällt werden.

Ein guter Kaiser legte Gelübde ab, die Erfolg brachten. Als Mark Aurel im Juni des Jahres 172 n. Chr. im Krieg gegen die Markomannen mit seinem Heer in eine äußerst bedrohliche Lage gekommen war – die Truppen litten unter der außergewöhnlichen Hitze und unter Wassermangel, die zahlenmäßig weit überlegenen Feinde warteten nur darauf, sich auf die erschöpften Römer zu stürzen – da soll sich ein Wunder ereignet haben: Aus heiterem Himmel entstand ein Gewitter und ausgiebige Regenfälle versorgten das römische Heer mit Wasser. Dieses Ereignis, das als „Regenwunder" in die Geschichte einging, wurde bereits in der Antike unterschiedlich eingeordnet. Erstens wurde Mark Aurel selbst das Verdienst für den Wolkenbruch

Das Regenwunder 172 n. Chr.

zugeschrieben; der Kaiser habe durch ein Gelübde für den Regen gesorgt. Auf der Markussäule in Rom findet sich eine bildliche Wiedergabe des Wunders. Mark Aurel selbst bewies hiermit, dass er erfolgreich mit den Göttern kommunizierte; dies war die offizielle Sicht. Zweitens soll ein ägyptischer Priester namens Anuphis durch Zauberei den Wettergott Hermes Aërios herbeigerufen haben. Drittens beanspruchten christliche Autoren das Wunder für sich: Christliche Soldaten im römischen Heer hätten zu ihrem Gott gebetet, der sich schließlich erbarmt habe. Es gab also nach dem Regenwunder einen Wettbewerb um den richtigen Gott und den richtigen Weg, göttliche Gunst zu erhalten. Kurzfristig hatte Mark Aurel gewonnen, langfristig konnte auch der Kaiser den Christen den Erfolg nicht nehmen.

Magie und Religion | Verfluchungen gehören vor allem in den Bereich der individuellen Religion. Rituale, die vorschnell als „Voodoo" bezeichnet und in der Karibik lokalisiert werden, sind in Griechenland seit dem 6. Jahrhundert v. Chr. nachgewiesen und waren in der gesamten griechisch-römischen Antike üblich. Auch wenn eine Unterscheidung von Magie und Religion aufgrund der Unschärfe der Begriffe nur schwer durchzuführen ist, lässt sich sagen: Zur Magie gehörte, dass die Götter gezwungen wurden, etwa zum Erscheinen oder zur Hilfeleistung. In diesen Kontext sind auch die antiken Spekulationen über den geheimen Namen der Stadt Rom einzuordnen. Als mögliche geheime Namen Roms galten in der Antike: Flora, Angerona, Valentia sowie das Amor, das umgekehrte Anagramm von Roma. Waren dies nur gelehrt-ironische Überlegungen oder hofften Usurpatoren auf den Zauber des geheimen Namens, um auf den Thron zu kommen? Wie ernst die Römer solche Spekulationen nahmen, ist nicht überliefert.

In den anderen Formen der antiken Religion wurden Götter angefleht und allenfalls durch ein Versprechen oder ein Geschenk günstig gestimmt. Magie war so schlecht angesehen, weil anderen Menschen Schaden entstand. Auch Platon entrüstete sich über wandernde Wahrsager, die Verfluchungen anboten (Platon, Staat 2,364b–c):

> Gaukler und Wahrsager gehen zu den Häusern der Reichen und behaupten, es sei ihnen von den Göttern durch Opfer und Gebete die Macht verliehen, mit angenehmen Ritualen zu sühnen, wenn jemand oder seine Vorfahren eine Ungerechtigkeit begangen hätten. Und wenn jemand einem Gegner schaden möchte, könnten sie gegen eine kleine Summe einem Gerechten so gut wie einem Ungerechten schaden, indem sie durch Beschwörungen und Bindezauber die Götter dazu bringen, ihnen zu dienen.

Offensichtlich war es auch im klassischen Athen eine gängige Praxis, mithilfe von Wahrsagern oder anderen religiösen Spezialisten einen Feind zu bezaubern. Auch wenn für Platon diese Dinge reiner Aberglaube sind – wenn man aus Wachs geformte Figuren an markanten Orten wie einer Tür, Weggabelungen oder Gräbern sieht, soll man ihnen keine Beachtung schenken – fordert er in seinem Werk über die Gesetze die Todesstrafe für die religiösen Spezialisten, die durch solchen Zauber Schaden verursacht haben. Laien sollten je nach der Höhe des Schadens bestraft werden. Damit bleibt ein Restbestand an religiösen Zweifeln bei Platon: Wenn eine Verzauberung nicht gelingt, so liegt dies daran, dass alles nur Humbug ist; für den Fall, dass sie doch erfolgreich ist, schlägt der Staat Platons mit aller Härte zu (Nomoi 933a).

Verfluchungen konnten auch von einer Polis ausgesprochen werden. In der Zeit zwischen 475–450 v. Chr. entstand in Teos, einem Ort an der Westküste der heutigen Türkei, eine Inschrift, die ein ganzes Bündel von Schwüren enthält. Die Bürger von Teos verpflichteten sich zum Kampf gegen Feinde von außen und von innen (Kai Brodersen/Wolfgang Günther/Hatto H. Schmitt, Historische griechische Inschriften in Übersetzung, Studienausg. Darmstadt 2011, Nr. 47): „Wer Zaubermittel anwendet gegen Teier, gegen die Gemeinde oder gegen einen einzelnen, der soll verderben, sowohl er selbst als auch sein Geschlecht." Es drohte also nicht nur die Verzauberung einzelner Personen, sondern auch die einer ganzen Polis. Daher ist es plausibel, dass umgekehrt auch eine Stadt eine Verfluchung aussprechen konnte. Vertreten wurde die Polis durch hohe Amtsträger; für den Fall, dass sie eine notwendige Verfluchung nicht durchführten, war auch Vorsorge getroffen: Dann nämlich sollten die Amtsträger selber von dem Fluch getroffen werden. Auch die Veröffentlichung dieser Eide war durch einen Fluch gesichert: Es wurden alle denkbaren Möglichkeiten zur Aufhebung des Textes genannt, die Zerstörung der Stelen oder nur der beschrifteten Oberfläche sowie das Wegschaffen der beschriebenen Steine. Mehrfach wird betont, dass der Fluch nicht nur den Übeltäter betreffen soll, sondern auch seine Verwandten und Nachkommen. Durch diese Sippenhaft gewann der Fluch noch an Schärfe. Ob allerdings diese Flüche jemals zur Anwendung kamen, lässt sich aufgrund fehlender Nachweise nicht sagen. Auch das römische Zwölftafelgesetz, das traditionell in das Jahr 451 v. Chr. datiert wird, enthielt eine Strafklausel gegen diejenigen, die Feldfrüchte von einem fremden Feld wegzauberten oder generell durch einen Zauberspruch (*carmen*) Schaden zufügten (Plinius, Naturalis Historia 28,18).

Verfluchung von Gemeinwesen

Aus dem trockenen Wüstensand Ägyptens sind viele Papyri geborgen, die klare Anweisungen enthalten. So auch für einen Liebeszwang. Man nimmt Wachs oder Ton und knetet zwei Figuren, einen Mann und eine Frau. Der Mann soll wie der Kriegsgott Ares aussehen und zückt sein Schwert gegen den Hals der knienden und gefesselten Frau. Auf den Körper der Frau sind Zauberworte zu schreiben; danach folgt ein Ritual:

Zauberpapyri

Liebeszauber
(Karl Preisendanz, Papyri Graecae Magicae. Die griechischen Zauberpapyri, Bd. 1, Stuttgart 1973, S. 83)

Nimm dreizehn eherne Nadeln, und steck eine in das Hirn und sprich dazu: „Ich durchbohre dir, du NN, das Hirn", und zwei in die Ohren und zwei in die Augen und eine in den Mund und zwei in die Eingeweide und eine in die Hände und zwei in die Schamteile, zwei in die Sohlen, jedes Mal dazu sprechend: „Ich durchbohre das betreffende Glied der NN, auf dass sie an niemanden denke, außer an mich, den NN allein".

Dieser Spruch ist auf eine Bleiplatte zu schreiben, die dann mit einem Faden in 365 Knoten an die Puppen gebunden wird. Das Ganze ist bei Sonnenuntergang am Grab eines gewaltsam Getöteten unter dem Aufsagen eines weiteren Spruches zu vergraben. Die Nadeln werden in empfindliche Stellen gesteckt, in die Sinnesorgane, in die Hände und Füße, in die Schamteile und in die Eingeweide. Insgesamt wird der ganze Körper getroffen, die derart durchbohrte Frau wird nicht in der Lage sein, sich dem Rivalen hinzugeben. Zahlen spielen eine wichtige Rolle, 13 ist eine Primzahl, eins mehr als zwölf und in vielen Kulturen unheilbringend. Die 365 Knoten entsprechen den Tagen des Jahres und können damit als eine umfassende Knebelung verstanden werden. Fluchtafeln wurden oft zusammengerollt oder gefaltet, mit einem Nagel durchbohrt und dann an einem unzugänglichen Ort, etwa einer Nekropole, vergraben oder in einen Brunnen geworfen.

Solche Rituale waren nicht nur ein ägyptisches Phänomen. Die Beschränkung der Zauberpapyri auf Ägypten hängt damit zusammen, dass Papyri fast ausnahmslos nur in dem von einem ariden Klima geprägten Land am Nil gefunden werden. Kleine menschengestaltige Puppen, die mit Nadeln durchbohrt waren, sind auch aus dem klassischen Athen des 5. Jahrhunderts v. Chr. bekannt.

In Mainz wurden bei der Ausgrabung eines Heiligtums der Isis und der Mater Magna Bleitäfelchen mit Verfluchungen entdeckt, die wohl aus dem 2. oder 3. Jahrhundert n. Chr. stammen:

Verfluchungen
(Jürgen Blänsdorf, „Guter, heiliger Atthis", eine Fluchtafel aus dem Mainzer Isis- und Mater-Magna-Heiligtum, in: Kai Brodersen u. Amina Kropp (Hg.), Fluchtafeln, Frankfurt 2004, 54)

Guter heiliger Atthis, Herr, hilf, komme zu Liberalis erzürnt. Bei allem bitte ich dich, Herr, bei deinem Castor (und) Pollux, bei dem Kästchen des Heiligtums, gib ihm bösen Sinn, bösen Tod, solange er das Leben gelebt hat, damit er mit dem ganzen Leib sehen soll, dass er stirbt, außer den Augen und dass er sich nicht befreien kann (…) weder keinem Geld und mit keiner Sache weder von dir noch von irgendeinem Gott, außer ein böses Ende. Dies gewähre, bitte ich dich bei deiner Majestät.

Der Akteur, wir kennen seinen Namen nicht, verflucht seinen Feind Liberalis. In diesem Fall verschwimmen die Grenzen zwischen Verfluchung und Gebet. Liberalis soll seines Lebens nicht mehr froh werden. Man rächt sich an der Frau, die den anderen geheiratet hat. In den so genannten „Gebeten um Gerechtigkeit" wendet sich eine Person, die geschädigt worden ist, an eine Gottheit und fordert die Bestrafung der Übeltäter. So wurden die unbekannten Diebe, die im Heiligtum der Sulis Minerva im heutigen Bath einen Mantel gestohlen hatten, vom Geprellten verflucht. Damit geriet die Verfluchung auch zu einer Möglichkeit, offene Rechtstreitigkeiten zu lösen, die man auf dem regulären Weg nicht gewinnen konnte.

2. Divination

a) Vogelflug, Opferschau und Omen

Definition: Divination
Divination, die Erkundung der Zukunft und die Suche nach göttlicher Entscheidungshilfe, begegnet in allen Kulturen der antiken Mittelmeerwelt.

Auch wenn Divinationstechniken unterschiedliche Konjunktur hatten, Orakelstätten etwa waren nicht immer gleich frequentiert, ist von einem ständigen Bedürfnis nach göttlichem Rat auszugehen. Kritische Stimmen gegenüber der Divination als System kamen nur aus der Philosophie. Während
Epikureer und Kyniker die Divination ablehnten, wurde sie von den Stoikern
akzeptiert. Der Vergleich mit der anthropologischen Forschung zu anderen
Kulturen zeigt, dass Seher und Propheten zumindest in dem Ruf stehen
mussten, ehrlich zu sein.

    In der Antike gab es keine einheitlichen Vorstellungen über das Schicksal.   *Antike Konzepte*
Der griechische Begriff für das Schicksal ist *moira*, im Lateinischen *fatum*.   *über das Schicksal*
Bei der Lektüre der Quellen findet sich einerseits der Verweis auf ein unver-
rückbares Schicksal, dem Götter und Menschen ausgeliefert sind, beispielsweise in der griechischen Tragödie und im philosophischen Diskurs. Bisweilen ist die Rede davon, dass Zeus doch in der Lage sei, das Schicksal zu beeinflussen (Pausanias 1,40,4). Apollon konnte, so erzählt Herodot, das
Schicksal des Lyderkönigs Kroisos nicht ändern, aber zumindest drei Jahre
lang hinauszögern (Herodot 1,91). Vergils Aeneis, das römische Gründungs-
epos aus augusteischer Zeit, ist religiös grundiert durch das Versprechen Iuppiters, dass Rom zur mächtigsten Stadt des Erdkreises werde; alle Taten des
Aeneas sind vor diesem Heilsversprechen zu lesen. Andererseits ist oft
genug ein unpersönlicher Zufall (griechisch *tyche*, lateinisch *fortuna*) am
Werk, hinter dem kein göttlicher Plan steht; beide Begriffe konnten auch als
Gottheiten verehrt werden. Wieder anders verhält es sich etwa bei Thukydides, der die Geschichte des Peloponnesischen Krieges (431–404 v. Chr.) beschreibt. Ein von den Göttern festgelegtes oder gar über ihnen stehendes
Schicksal spielt keine Rolle; der Untergang Athens nimmt seinen Lauf, weil
die Athener verblendet sind.

    Bereits bei Homer wird der Vogelflug gedeutet. Als Polydamas versucht,   *Deutung*
Hektor vor allzu kühnem Kampf zurückzuhalten, verweist er auf ein Vogel-   *des Vogelfluges*
zeichen: Ein Adler war mit einer Schlange in den Krallen vorüber geflogen,
ließ das Reptil aber wieder fallen und kehrte ohne Beute zum Nest zurück.
Polydamas sieht darin ein Zeichen, dass die Troianer bei einem Ausfall aus
der Stadt den Sieg in einem Gefecht teuer erkaufen müssten. Hektor stellt
sich ihm entgegen und vermutet, die Götter hätten Polydamas die Sinne geraubt (Homer, Ilias 12,237–240):

> Du hingegen berätst mich, den breitgeflügelten Vögeln
> Mehr zu vertraun, ich achte sie nicht, noch kümmert mich solches,
> Ob sie zur Rechten fliegen, zum Tagesglanz und zur Sonne,
> Oder zur Linken gewandt, ins neblige Dunkel des Abends.

Generell galten die von rechts fliegenden Vögel als ein günstiges Vorzeichen, von links kommende Vögel bedeuteten Unheil. Hektor kann die War-
nung des Polydamas aus zwei Gründen ignorieren. Erstens hat Hektor eine
Aussage des Zeus, die ihm Erfolg verspricht; zweitens steht Hektor als Kö-
nigssohn und wichtigster Kämpfer der Troianer sozial deutlich über Polydamas.

    Römische Auguren sagten nicht die Zukunft voraus, sondern stellten die
Zustimmung oder Ablehnung der Götter zu einem bestimmten Vorhaben
fest. Cicero, der selbst Augur war, erklärte die Auguren zu den wichtigsten

römischen Priestern. Nur sie konnten mit der Formulierung *alio die* (= an einem anderen Tag) eine Volksversammlung auflösen. Ein *auspicium* aus dem Vogelflug verlangte, dass der Amtsträger sich an den Ort der Beobachtung vor Sonnenaufgang begab. Dort musste er sein *templum* definieren, das heißt den Himmel in bestimmte Segmente einteilen und bestimmen, wo das Erscheinen eines Vogels welche Bedeutung haben werde. Sobald der Magistrat sein Zeichen erhalten hatte, konnten die Amtsgeschäfte beginnen. Auspizien für das römische Gemeinwesen wurden von den hohen Amtsträgern oder den Auguren eingeholt, besonders vor wichtigen Ereignissen wie Volksversammlungen, Wahlen und Krieg.

Heilige Hühner   Beim *tripudium* mussten die heiligen Hühner so gierig fressen, dass ihnen ein Teil des Futters wieder aus dem Schnabel fiel; dann war es ein günstiges Vorzeichen, das unter anderem auch vor dem Beginn einer Schlacht nötig war. Sicherlich war es für einen Feldherren möglich, hier nachzuhelfen, indem man die Hühner zuvor hungern ließ. Solch ein Verhalten galt nicht als frevelhaft. Deutlich zu weit ging Publius Claudius Pulcher 249 v. Chr., als er vor der Seeschlacht bei Drepanum – wir befinden uns im Ersten Punischen Krieg – die Hühner über Bord werfen ließ, weil sie nicht fressen wollten. Er soll dazu noch ausgerufen haben: „Wenn sie schon nicht fressen wollen, so sollen sie wenigstens saufen" (Sueton, Tiberius 2,2). Der Feldherr verlor die Schlacht, zugleich hatten die Römer eine Erklärung für die Niederlage. Bei der Opferschau waren die Innereien des Opfers und das Verhalten des Schwanzes des Opfertieres – er musste sich beim Verbrennen kringeln – von Bedeutung.

Omen   Ein Omen ist ein Zeichen mit Vorbedeutung für die Person oder die Gemeinschaft, der es erscheint. Omen werden aus der gesamten Antike berichtet; man konnte ein solches Zeichen annehmen oder ablehnen, in der Hoffnung, damit den Lauf der Dinge zu beeinflussen. Als der athenische Politiker Perikles noch nicht auf dem Höhepunkt seines Einflusses war, wurde auf seinem Landgut ein Widder geboren, der nur ein Horn hatte. Ein Seher deutete dies als Hinweis auf die zukünftige Macht des Perikles, da vergleichbar dem einen Horn alle Macht auf den Mann übertragen werde, auf dessen Gut der Widder geboren war (Plutarch, Perikles 6). In der wesentlich älteren Tradition der altorientalischen Geburtsomina finden sich vergleichbare Fälle: Ein Spruch lautet: „Wenn ein Widder mit nur einem Horn zur Welt kommt, so wird der König machtvoll sein und keinen Gegner haben." Über die Traditionslinien aus dem Alten Orient zum Athen des Perikles oder zu Plutarch, der sein Werk mehr als ein halbes Jahrtausend später verfasste, können wir nur spekulieren; vielleicht handelt es sich nur um einen Zufall. Bei Perikles trat auch ein Philosoph in Aktion. Anaxagoras, der Lehrer des Politikers, sezierte den Widder, analysierte die Bildung des Schädels und erklärte den erstaunten Menschen, wie es zu der kuriosen Missbildung kommen konnte. Dabei ist es unerheblich, ob sich diese Dinge so ereignet hatten oder nicht: Wichtig ist, dass sie so erzählt werden konnten. Auch Niesen konnte als Omen gelten. Wenn etwa nach dem Ende einer Rede ein Zuhörer nieste, durfte der Redner dies als göttliche Bestätigung seines Standpunktes deuten (Xenophon, Anabasis 3,2,8–9). Aus der römischen Geschichte mag ein Beispiel genügen: Als der römische Feldherr Publius Cornelius Scipio, der spätere Africanus, gegen Ende des Zweiten Punischen Krieges mit der Flotte nach Africa übersetzte, fragte er unterwegs, welches von Italien aus das nächste Vorgebirge auf afrikanischem Boden sei. Auf die Antwort, dass es das „Vorgebirge des Schönen" sei, meinte er: „Das Omen gefällt mir" und ließ die Schiffe dorthin steuern (Livius 29,27,12). Insgesamt sind in der Zeit der römischen Republik Omen für ein Individuum selten; stattdessen kommen Prodigien vor. In der antiken Biographie werden Omen vor den wichtigen Wendepunkten eines Lebens eingebaut, vor Geburt und Tod, bei Herrschern auch noch vor wichtigen Ereignissen ihrer Regierungszeit.

b) Traum und Traumdeutung

In der antiken Systematik gab es zwei Arten von Träumen: Einerseits prophetische Träume, andererseits Träume, in denen Tagesreste verarbeitet werden und die daher keine weitere Behandlung verdienen. Wer Pech hatte, fiel einem trügerischen Traum zum Opfer. Ein Beispiel dafür liefert der Autor der Ilias am Beginn des zweiten Gesanges: Als Zeus den Griechen vor Troia deutlich machen wollte, dass sie Achilleus auf jeden Fall in ihren Reihen brauchten – Agamemnon, der Anführer der Griechen, hatte Achilleus beleidigt, der sich daraufhin schmollend zurückzog – schickte er Agamemnon einen trügerischen Traum. Zeus gaukelte dem König vor, dass die Troianer leicht zu besiegen seien; Agamemnon trug diesen Traum in der Heeresversammlung vor, die Griechen ließen sich auf eine Schlacht ein und erlitten eine Niederlage. Auch wenn oft die Deutung eines Phänomens mit der sozialen Stellung verbunden war, zeigt diese Episode, dass es nicht schadete, einen der professionellen Deuter aufzusuchen, die seit dem 5. Jahrhundert v. Chr. zumindest in Griechenland zur Verfügung standen.

Problematik der Deutung

Aus der Zeit der römischen Republik sind kaum Träume überliefert. Träume waren zu individuell, es gab für sie in der *res publica* keinen Platz. In den wenigen Ausnahmen ging es auch um das Gemeinwesen: Zu Beginn der Republik im 5. Jahrhundert v. Chr. soll Titus Latinius, ein einfacher Mann, im Traum aufgefordert worden sein, dem Senat zu melden, dass ein bestimmtes Ritual zu wiederholen sei. Titus Latinius ignorierte den Traum, obwohl er ihm auch in der folgenden Nacht erschien. Als zur Strafe sein Sohn verstarb, hörte der Mann immer noch nicht auf die Traumbotschaft; erst als er selbst schwer erkrankte, brachte er die Sache vor und gesundete sogleich (Cicero, De divinatione 1,55). Latinius ist der typische Zweifler, der erst nach einer schweren Strafe die Wahrheit erkennt.

Artemidor von Daldis verfasste im 2. Jahrhundert n. Chr. ein Traumbuch, das auf eine lange Tradition von heute leider verlorenen Traumbüchern aufbaut. Die zahlreichen Träume sind thematisch geordnet. Ein Beispiel mag die Arbeitsweise Artemidors illustrieren, der Träume zumeist nach dem Prinzip der Analogie auslegt (Artemidor, Traumkunst 2,33):

Das Traumbuch Artemidors

Den Göttern Opfer darbringen, und zwar jedem einzelne die nach Brauch und Sitte üblichen, bringt allen Glück; denn die Menschen opfern den Göttern, wenn sie Glück gehabt haben oder wenn sie einem Unheil entgangen sind. Ungeweihte und nicht dem Brauch entsprechende Opfer verkünden den Zorn der Götter, denen man opferte. Andere opfern sehen ist für einen Kranken wegen der Tötung des Opfertiers schlimm, selbst wenn sie dem Asklepios opfern; es bedeutet den Tod. Die Götter mit den ihnen zukommenden und geweihten Blumen und Zweigen zu

77

bekränzen bringt jedem Glück, das jedoch nicht ohne Sorgen eintreffen wird. Einen Sklaven ermahnt dieses Traumgesicht, dem Herrn zu gehorchen und zu tun, was jenem gefällt. Die Statuen der Götter abwischen, salben, reinigen, den Platz vor den Statuen fegen oder das Gelände um die Tempel besprengen bedeutete, dass man gegen diese Götter irgendwie gefrevelt hat. … Götter, die anderen Göttern opfern, bedeuten, dass das Haus des Träumenden wüst und leer werden wird, denn sie bringen sich selbst Opfer dar, als ob es in dem Haus keine Menschen gebe.

In diesem Kapitel arbeitet Artemidor Träume ab, in denen Opferhandlungen gesehen werden, wobei der soziale Rang für die Deutung entscheidend ist. Wenn ein Sklave von den Göttern träumt, so soll er das tun, was der Herr wünscht – für einen Sklaven steht der Herr auf einer Ebene mit den Göttern. In den anderen Fällen handelt es sich um freie Bürger, auch wenn dies unausgesprochen bleibt. Wer träumt, er sei mit der Pflege einer Götterstatue oder eines Heiligtums beschäftigt, hat etwas gutzumachen und hat daher, so Artemidor, gegen die entsprechende Gottheit gefrevelt. Wenn Götter wie Menschen agieren, also selbst opfern, prophezeit dies, auch wieder in Analogie, dass das Haus des Träumenden verlassen sein wird. Einige weitere Beispiele aus Artemidor: Eine Maus im Traum steht für einen Haussklaven, da beide mit dem Träumenden zusammenwohnen, sich von denselben Speisen ernähren und furchtsam sind. Selbst Frösche besitzen eine Vorbedeutung (2,15):

Ich kenne einen Sklaven, der träumte, er überhäufe Frösche mit Ohrfeigen. Er erhielt die Leitung im Haus seines Herrn und kommandierte das Hauspersonal. Der Teich bedeutete das Haus, die Frösche die Leute darinnen, das Ohrfeigen aber das Aufseheramt.

Auch hier arbeitet Artemidor mit dem Prinzip der Analogie. Zugleich ist das Buch ein Spiegel der Bedürfnisse seiner Kunden: Oft geht es um Fragen der sozialen Mobilität.

Heilträume in Epidauros Asklepios, der Sohn des Apollon und einer Sterblichen, war einer der wichtigsten Götter, an die man sich bei einer Krankheit wenden konnte. Wer effektive Hilfe suchte, reiste zu einem Heiligtum des Asklepios, etwa nach Kos, Pergamon oder Epidauros. Zum Ritual in Epidauros, das seit dem 6. Jahrhundert v. Chr. eine besondere Rolle spielte, gehörten die rituelle Reinigung und die Darbringung eines Opfers. Danach legten sich die Kunden in einer großen Halle nieder, um Heilträume zu empfangen. Im Laufe des 4. Jahrhunderts v. Chr. wurden mehrere eng beschriebene Stelen mit Berichten über Wunderheilungen, die so genannten *iamata* – wohl unter der Redaktion örtlicher Priester – im Heiligtum errichtet. Ein Text erzählt von einem Mann, der, da er die Finger an seiner Hand nicht rühren konnte, als Hilfeflehender nach Epidauros gekommen war. Er las die im Heiligtum aufgestellten Inschriften, misstraute den Heilungsberichten und spottete über sie. Dennoch legte er sich zum Heilschlaf nieder. Im Traum erschien ihm Asklepios, heilte sein Gebrechen und fragte ihn, ob er noch immer an den Berichten zweifle. Als der Mann erklärte, nicht mehr zu zweifeln, sprach Asklepios: „Weil du also früher ihnen nicht glauben wolltest, obwohl sie nicht unwahrscheinlich waren, sollst du *Ungläubig* heißen." Ein Mann namens Euhippos trug sechs Jahre lang eine Lanzenspitze im Kinnbacken. Dem

Schlafenden zog der Gott die Speerspitze heraus und legte sie ihm in die Hände. Am nächsten Tag war Euhippos geheilt. Ein anderer Mann war nicht nur erblindet, sondern hatte leere Augenhöhlen. Einige Leute lachten ihn aus, da er auf Hilfe durch Asklepios hoffte. Im Heiligtum träumte der Blinde, dass Asklepios ihm ein Heilmittel in die Augen träufle und konnte am nächsten Tag wieder sehen. Diese Heilung erscheint besonders unwahrscheinlich. Im nächsten Beispiel hatte die Kranke selbst zunächst die Heilungsberichte verlacht (Kai Brodersen, Wolfgang Günther, Hatto H. Schmitt, Historische griechische Inschriften in Übersetzung, Studienausg. Darmstadt 2011, Nr. 290):

> Ambrosia aus Athen, einäugig. Diese kam als Hilfeflehende zum Gott. Als sie herumging im Heiligtum, verlachte sie einige der Heilungen als unwahrscheinlich und unmöglich, dass Lahme und Blinde allein dadurch schon gesund würden, dass sie einen Traum gesehen hätten. Als sie (im Abaton) schlief, hatte sie ein Traumgesicht: Es schien ihr, dass der Gott zu ihr trat und sagte, dass er sie gesund machen werde, dass sie jedoch dazu verpflichtet sei, als Lohn im Heiligtum ein silbernes Schwein zu weihen zum Gedenken an ihre Unwissenheit, nach diesen Worten ihr krankes Auge aufschlitzte und ein Heilmittel hineinträufelte. Nach Tagesanbruch ging sie gesund wieder hinaus.

Zur Strafe für ihren Spott machte Asklepios ihr eine Auflage – das silberne Schwein, über die Größe wird nichts gesagt – ist allein durch das Material kostspielig. Weihgeschenke, auf denen die geheilten Körperteile abgebildet waren, wurden in großer Zahl geweiht. Sinn der Inschriften und der darauf berichteten Wunder war es, den Neuankömmlingen in Epidauros Vertrauen in die Wirkmacht des Asklepios einzuflößen und das richtige Verhalten vorzuführen.

c) Orakel

Orakel sind Weissagungen, die an bestimmten Orten und zu festgelegten Zeiten gegeben wurden. Insgesamt lassen sich in der griechischen Welt mehrere Dutzend Orakelstätten nachweisen, von denen Delphi das höchste Ansehen genoss und über die eigentliche griechische Welt hinaus bekannt war. Eine Vorhersage der Zukunft findet sich allenfalls in den oft als dunkel geltenden mythischen und semihistorischen Sprüchen; Einzelne fragten zu den folgenden Themen an: Reise, Heirat, Krankheit, Rechtsstreitigkeiten, Statusfragen, Unglück, besonders Seuchen und Unfruchtbarkeit; Orakel stifteten gesellschaftliche Normen und besaßen als Entscheidungshilfe legitimatorische Qualität.

Delphi, wo Apollon weissagte, war das berühmteste Orakel der Antike; von keiner Orakelstätte sind mehr Sprüche überliefert. Der erste wichtige Klient des Orakels soll der lydische König Kroisos gewesen sein. Er testete mehrere Orakelstätten, wobei sich Delphi als zuverlässig erwies. Darauf bedankte sich Kroisos bei Apollon durch opulente Gaben und ließ durch die Gesandten gleich fragen, ob er einen Krieg gegen die Perser beginnen solle. Das Orakel antwortete, dass er bei einem Krieg mit den Persern ein großes Reich zerstören werde. Kroisos machte den Fehler, dass er nicht nachfragte, welches Reich denn untergehen werde. Er war davon ausgegangen, dass es das Reich der Perser sei, tatsächlich aber verlor er seine eigene Herrschaft.

Das Orakel von Delphi

79

Die frühen Orakelsprüche, zu einem großen Teil literarisch überliefert, sind dunkel und bedürfen einer sorgfältigen Entzifferung. Dies gilt auch für die Orakel im Kontext von Stadtgründungen. Als Gründer von Syrakus, der wichtigsten Stadt Siziliens, galt der Korinther Archias. Auf die Frage nach einem Siedlungsplatz soll ihm die Pythia empfohlen haben (Pausanias 5,7,3):

> Ortygia liegt im dämmernden Meer
> Über Trinakria, wo des Alpheios Mündung aufsprudelt,
> Sich mischend mit den Quellen der schön fließenden Arethusa.

Dieser ebenso schöne wie rätselhafte Orakelspruch besitzt folgenden Hintergrund: Ortygia ist eine kleine Insel vor Syrakus, auf der die erste Siedlung der Kolonisten angelegt wurde; Sizilien wird häufig als Trinakria (= die Dreieckige) bezeichnet; der Fluss Alpheios strömte nach antiken Vorstellungen unterirdisch von der Peloponnes bis nach Syrakus; Alpheios und Arethusa galten als ein Paar. Typisch für die meisten mythologischen Orakelsprüche ist die Versform. Es wäre ein Fehler, aufgrund solcher Sprüche Delphi als Informationsquelle für die griechische Kolonisation anzusehen. Da die meisten Stadtgründungen in einer dunklen Vergangenheit liegen, ist es plausibel, dass die Sprüche und damit die Verbindung zu Delphi erst Generationen nach der Entstehung einer Stadt erfunden wurden.

Orakelpraktiken in Delphi   Wer das delphische Orakel konsultieren wollte, hatte sich rituell zu reinigen und einen Opferkuchen (*pelanos*) zu spenden; seit dem 4. Jahrhundert v. Chr. wurde der Kuchen durch eine Geldzahlung ersetzt. Nach einem Opfer durfte der Klient den Tempel betreten, wobei der eigentliche Akt der Weissagung unklar bleiben muss. Es ist die Rede von Dämpfen, die aus einem Erdspalt austraten und die Pythia in mantische Trance versetzten. Auch wenn Geologen immer gerne von besonderen Gesteinsschichten und daraus hervortretenden Gasen berichten, wurde eine Felsspalte nicht gefunden. Das Kernproblem aller modernen Erklärungsversuche ist der Grad des Kontaktes zwischen den Klienten und der Pythia. Zum einen ist ein direkter Kontakt vorstellbar. Dies trifft vor allem für das Bohnenorakel zu, bei dem nur eine Bohne aus einem Behältnis zu ziehen war; eine helle Bohne bedeutete „Ja", eine dunkle „Nein". Eine Inschrift aus Athen berichtet von einer Anfrage, bei der die Pythia lediglich aus zwei Optionen auswählen musste. Um 350 v. Chr. hatten die Athener zwei Möglichkeiten, wie mit der Wiese im Heiligtum von Eleusis umzugehen sei. Sollten sie den sakralen Status der Wiese berücksichtigen und sie brachliegen lassen – oder sollten sie sie verpachten, um mit dem Erlös laufende Kosten im Heiligtum zu finanzieren? Wir wissen von diesem Fall durch eine Inschrift. Man beschloss, diese Frage Apollon in Delphi vorzulegen. Die zwei Optionen wurden auf Metalltäfelchen eingeritzt, die Täfelchen wurden zusammengerollt und in einem komplizierten Verfahren auf eine goldene und eine silberne Vase verteilt, so dass keiner wissen konnte, welche Antwort sich in welchem Gefäß befand. Die beiden Behältnisse wurden von Beamten versiegelt; überdies hatte jeder Bürger Athens die Möglichkeit, ein eigenes Siegel anzubringen – damit waren Transparenz und kollektive Teilnahme gewährleistet, wichtige Bestandteile des demokratischen Gedankengutes. Da die Inschrift nicht ganz erhalten ist, wissen wir nichts über den Ausgang des Verfahrens. Dennoch reicht der vorhandene Text, um einen höchst pragmatischen Umgang mit einem Orakel zu erkennen. Die Pythia wählte lediglich aus zwei Optionen aus; ein eigentlicher Orakelspruch war nicht nötig (Kai Brodersen, Wolfgang Günther und Hatto H. Schmitt, Historische griechische Inschriften in Übersetzung, Studienausg. Darmstadt 2011, Nr. 246).

Reduzierte sich eine Anfrage nicht auf die Wahl zwischen zwei Möglichkeiten, so dürfte die Rolle der Priester vor Ort nicht zu unterschätzen sein. Mit großer Wahrscheinlichkeit nahmen sie eine Vermittlerposition zwischen der Pythia und den Klienten ein. Wer das Orakel befragte, hatte kaum Kontakt mit der Pythia. Hierzu gehört wohl auch der Fall des Atheners Xenophon. Er wurde 401 v. Chr. vom persischen Prinzen Kyros angeworben, der mit der Hilfe von griechischen Truppen den persischen Königsthron erobern wollte. Für Xenophon war das Angebot zweischneidig. Einerseits lockten Ruhm und Geld, andererseits war die Sache riskant und für einen Athener obendrein heikel, weil sich die Perser nur wenige Jahre zuvor im Peloponnesischen Krieg gegen Athen engagiert hatten. Xenophon fragte zunächst in Athen seinen Lehrer Sokrates, der ihm keine sichere Antwort geben wollte und ihn nach Delphi verwies – Xenophon schreibt über sich selbst in der dritten Person:

Xenophons Anfrage in Delphi

Orakel von Delphi
(Xenophon, Anabasis 3,1,5–8)

Dort befragte also Xenophon Apollon, welchem Gott er opfern, zu welchem Gott er beten müsse, um die beabsichtigte Reise ehrenvoll und glücklich zu vollenden und nach erfolgreichem Gelingen heil zurückzukehren. Apollon verkündete ihm die Götter, denen er opfern müsste. Als er zurückgekehrt war, erzählte er dem Sokrates von dem Orakelspruch. Der tadelte ihn darauf, weil er nicht danach zuerst gefragt hatte, ob es für ihn besser sei zu reisen oder zu bleiben, sondern aus eigenem sich für die Reise entschieden und dann nur gefragt habe, wie er am vorteilhaftesten die Reise beginnen solle. „Da du aber so gefragt hast", erklärte er, „musst du alles, was der Gott befohlen hat, tun."

Xenophon legitimierte sein Handeln durch Delphi. Die Formulierung der Frage setzte voraus, dass das Orakel sein Unternehmen bestätigte. Doch auch Delphi war aus dem Schneider: Wäre Xenophon gescheitert, so hätte das Orakel auf einen Fehler im Ritual hinweisen können. Im Fall eines ungünstigen Orakelspruches konnten Klienten ihre Anfrage wiederholen, wie etwa die Athener vor der Schlacht bei Salamis 480 v. Chr. (Herodot 7, 140f.).

Überregional berühmt war auch das Orakel des Trophonios in Lebadeia in Mittelgriechenland. Pausanias bietet eine ausführliche Beschreibung der Rituale. Am Anfang standen Reinigungszeremonien; die Ratsuchenden mussten sich einige Tage in einem bestimmten Gebäude aufhalten und durften nur das Wasser einer bestimmten Quelle verwenden. In der Nacht vor der Befragung wurde ein Widder geopfert, aus dessen Eingeweiden man erkannte, ob die Anfrage überhaupt stattfinden durfte. War das Widderopfer günstig verlaufen, so reinigte sich der Klient ein zweites Mal. Priester leiteten ihn zu Quellen, aus denen er das Wasser des Vergessens trank; er sollte

Das Trophoniosorakel von Lebadeia

alles vergessen, was er bisher gedacht hatte. Danach zeigten ihm die Priester ein Kultbild, vor dem der Klient betete. Erst dann begab man sich auf den Berg zur eigentlichen Orakelstätte, bekleidet mit einem Gewand aus Leinen und in Sandalen. Hier befand sich eine kleine Plattform aus Marmor mit einer Tür aus Bronze, dahinter war ein ausgebauter Erdschlund. Man stieg auf einer Leiter hinab und gelangte durch ein Loch in der Seite nach innen. Da der Raum eng war, musste sich der Klient auf den Boden legen und die Füße ins Loch schieben. Sobald die Knie hindurch waren, wurde er von der anderen Seite ergriffen und hineingezogen. Wenn die Klienten wieder zurückgekommen waren, tranken sie vom Wasser des Erinnerns und wurden von den Priestern nach ihren Erlebnissen befragt. Hieraus entstand der Orakelspruch; Details sind nicht bekannt. Bei einer solch vollständigen Auslieferung an ein Orakel mussten nur Frevler einen Schaden befürchten. Man erzählte sich von einem Söldner, der das Orakel ausrauben wollte und mit seinem Leben bezahlte; sein Leichnam soll an einer anderen Stelle ans Tageslicht zurückgebracht worden sein.

Im Orakel des Zeus und der Dione in Dodona wurden mehrere Orakeltechniken verwendet. Zum einen spielte das Rauschen der heiligen Eiche eine wichtige Rolle. Ferner wurden das Flugverhalten und die Rufe von bestimmten Tauben gedeutet. Im Gegensatz dazu stehen die Orakeltäfelchen, vor allem aus dem 5. und 4. Jahrhundert v. Chr., in denen beispielsweise gefragt wurde, ob man eine Reise unternehmen solle, ob man Kinder haben werde oder ob man heiraten solle. Aufgrund der Formelhaftigkeit der Antworten liegt es nahe, dass die Fragen durch ein Losverfahren beantwortet wurden.

Auch in Italien gab es Orakelstätten, zu nennen sind vor allem das Orakel der Fortuna Primigenia in Praeneste und das Orakel der Fortunae in Antium. Ihre Bedeutung dürfte sich, verglichen mit den großen griechischen Orakelstätten, in Grenzen gehalten haben. Daher ist es auch nicht verwunderlich, wenn die Römer das delphische Orakel mehrfach konsultierten.

Orakeltechniken   Insgesamt lassen sich die Orakeltechniken in vier Gruppen einteilen: i. Ein inspiriertes Medium erteilt Auskunft; zumeist stellen Priester die Verbindung zu den Klienten dar; nach diesem Muster dürften die Vorgänge um die Pythia in Delphi zu erklären sein; ii. Das Medium verwendet zufallsgesteuerte Mantik; als Beispiel mag das Bohnenorakel in Delphi dienen; iii. Der Klient wird, wie im Heiligtum des Trophonios in Lebadeia oder im Traumorakel des Amphiaraos in Oropos, selbst zum inspirierten Medium; iv. Der Klient wendet selbst zufallsgesteuerte Mantik an: Beim Würfelorakel des Herakles in Bura hatte jeder Klient vier Würfe. Da die Bedeutung jeder Kombination schriftlich festgehalten war, konnten die Anfragenden ohne die Hilfe eines Spezialisten auskommen.

Grundzüge der historischen Entwicklung   Aufgrund der sehr lückenhaften Überlieferung lässt sich die Geschichte der Orakelstätten nur holzschnittartig wiedergeben. Der Athener Tyrann Hippias soll im Exil am persischen Königshof mit der von Onomakritos verwalteten Orakelsammlung des Musaios den Großkönig zum Zug gegen Athen (490 v. Chr.) bewogen haben (Herodot 7,6). Spätestens im 5. Jahrhundert verfügten die Städte über eine Kollektion der Orakelsprüche, die aus Delphi eingegangen waren. Sie scheinen zugänglich gewesen zu sein und konnten bei Gerichtsverhandlungen eingesetzt werden. Orakelstätten waren nicht in der gesamten Antike gleichmäßig in Betrieb. In Olympia und auf Delos soll es nur vor circa 500 v. Chr. ein Orakel gegeben haben. Mit Orakeln ließen sich auch symbolische Aussagen machen: Die Quelle des Orakels von Didyma hörte auf zu fließen, als die Perser kamen; damit soll auch die Tätigkeit des Orakels erloschen sein. Erst als Alexander der Große die Perser vertrieb, strömte das Wasser wieder und das Orakel erblühte. Durch die im 4. und 3. Jahrhundert v. Chr. erkennbare Umstrukturierung der griechischen Welt von über 1.000 selbständigen Poleis zu Flächenstaaten nahm die Zahl der Anfragen von Gemeinwesen ab; die Poleis konnten keine Außenpolitik mehr betreiben und fragten allenfalls in kultischen Angelegenheiten an.

Zugleich ist ein Anstieg der individuellen Konsultationen zu diagnostizieren. Einige wenige Belege deuten auf eine Verschriftlichung der Vorschriften für eine Orakelbefragung hin; hier wurden Rituale kanonisiert, zugleich aber mögen diese Gesetze für Neuerungen im Kult stehen. So mussten sich die Kunden im 2. Jahrhundert v. Chr. in Lebadeia mit einer Inschrift zu Wort melden; ob dies stets so war, ist zu bezweifeln. Änderungen im Ritual der Anfrage sind stets zu berücksichtigen; nicht zuletzt deshalb ist von mehreren Orakeltechniken in den Heiligtümern die Rede. Daher ist auch zu bezweifeln, ob es in der Zeit zwischen circa 300 v. Chr. und 100 n. Chr. tatsächlich zu einem Niedergang der Orakelstätten kam. Römische Kaiser unterstützten gelegentlich die großen Orakelstätten durch materielle Hilfe. Ab dem 2. Jahrhundert n. Chr. steigt zumindest die Zahl der Inschriften, die Orakelsprüche enthalten; zum Teil hängt dies damit zusammen, dass genau zu dieser Zeit generell mehr Inschriften hergestellt wurden. Ein anderer wichtiger Aspekt mag die Rolle der so genannten „Zweiten Sophistik" mit ihrem Rückgriff auf die Traditionen des archaischen und klassischen Griechenland sein: Orakel kamen wieder stärker in Mode bei der literarischen Elite. Doch neben diesen Beobachtungen, die sich für Delphi und die anderen bedeutenden Orakelstätten machen lassen, sollte nie vergessen werden, dass es im Mittelmeerraum wohl Hunderte von lokalen Orakeln gab, die die ganze Zeit über die Nachfrage nach göttlicher Hilfe, die auf der individuellen Ebene existierte, befriedigen konnten. Hierzu gehörten auch die zahlreichen archäologisch belegten Astragalorakel. Astragale sind Würfel aus den Fußwurzelknochen von Ziegen, Schafen oder Schweinen. Auf den zugehörigen Inschriften ist die Deutung der einzelnen Würfe und der Quersumme systematisch aufgelistet. Wer beispielsweise die Kombination 1,1,1,6,4 würfelt, die zu der Quersumme 13 führt, erhält folgenden Spruch (Ü: Johannes Nollé, Südkleinasiatische Losorakel in der römischen Kaiserzeit, in: Antike Welt 18,3, 1987, 41–49):

> Von Aphrodite fallen drei Einser, dann ein Sechser, als fünfter ein Vierer: Reise, wohin du willst! Froh wirst nämlich nach Hause du kommen, finden wirst du und tun, was du in deinem Herzen erwägst. Aber bete zu Aphrodite und zum Sohn der Maia (= Hermes).

Zu jeder Kombination gehört eine Gottheit, hier Aphrodite, die zugleich als diejenige empfohlen wird, an die man sich wenden soll; überdies wird auch noch Hermes genannt. Wer also zu den richtigen Göttern betet, wird auch den gewünschten Erfolg haben. Die Fragen kreisen um die üblichen

Themen wie etwa Heirat, Gesundheit und Reisepläne. Wesentlich mobiler als die in Stein gehauenen Orakelsprüche waren die bis in die Spätantike beliebten Orakelbücher: Beim „Pythagoras-Orakel" des Astrampsychos, das angeblich auf den berühmten Philosophen des 5. Jahrhunderts v. Chr. zurückging, finden sich rund Hundert durchnummerierte Fragen, deren Antwort durch ein kompliziertes Verfahren zu gewinnen war. Die Fragen kreisen um den wirtschaftlichen Bereich („Werde ich erben?"), um die Stellung in der Gesellschaft („Werde ich Gutsverwalter werden?"), um Reise (Werde ich gefahrlos reisen?"), Liebe und Familie („Wird meine Frau ein Kind gebären?") sowie – ein Beleg für die Beliebtheit auch unter Christen – um Fragen der christlichen Hierarchie („Werde ich Mönch werden?" „Werde ich Bischof werden?"). Aufgrund der Fragen und der über Tausend Antworten lässt sich erkennen, dass die Texte die männliche Perspektive repräsentieren: Männer hatten mehr Freiräume in ihrer Lebensgestaltung als Frauen.

Neugründung
eines Orakels Orakel konnten auch neu gegründet werden. Der berühmteste Fall ist das Orakel des Glykon (= der Süße), das Alexandros von Abonuteichos um 150 n. Chr. in seiner Heimatstadt im Norden Kleinasiens einrichtete, das mindestens hundert Jahre blühte und bis nach Rom wirkte. Durch die Verbindung zu Asklepios gewann das Heiligtum den Rang einer Heilstätte. Lukian von Samosata verfasste eine Schrift über den Orakelgründer, in der er kein gutes Haar an ihm ließ. Unter anderem wies Lukian nach, wie Alexandros Orakel fälschte und im Nachhinein änderte, um sie den Ereignissen anzupassen. Wenn die Klienten ihre Anfragen auf ein Täfelchen schrieben, das dann versiegelt und dem Orakel vorgelegt wurde, so waren laut Lukian mehrere Arten der Manipulation möglich. Erstens konnte man mit einer heißen Nadel das Wachs direkt auf dem Untergrund zum Schmelzen bringen, ohne dass der Siegelabdruck verloren ging. Danach konnte man problemlos den Inhalt der Anfrage erfahren und das Siegel wieder aufdrücken. Zweitens konnte man einen Abdruck des Siegels nehmen, es aufbrechen und die Frage lesen. Alexandros soll allein durch die Orakelgebühr beträchtliche Reichtümer gewonnen haben, die er zu einem guten Teil für die Bezahlung seiner Komplizen aufwenden musste. Leider ist es bei dem Satiriker Lukian kaum möglich, zwischen Fakten und Fiktionen zu unterscheiden. Im Laufe des 4. Jahrhunderts n. Chr. wurde im Zusammenhang mit der zunehmenden Christianisierung des Römischen Reiches der Gegenwind für die Orakelstätten stärker; Theodosius I. ließ durch ein Gesetz die letzten Orakelstätten 392 n. Chr. schließen; gänzlich vergessen waren diese Praktiken jedoch nie.

d) Prodigien in Rom

Eine Besonderheit der römischen Republik, vor allem der Zeit zwischen der Mitte des 3. und dem 1. Jahrhundert v. Chr., war das Prodigienwesen. Als Prodigien galten ungewöhnliche Ereignisse wie etwa Missgeburten bei Mensch und Tier, Blitzschläge in signifikante Bauwerke, sprechende Kleinkinder und Tiere sowie Regen unterschiedlicher Materialien wie Blut, Steine oder Milch. Prodigien wurden durch Rituale entsühnt. Als Beispiel mögen die Prodigien des Jahres 210 v. Chr. dienen:

Prodigium
(Livius 27,4)

Q

In Tusculum sei ein Lamm mit Zitzen voll Milch geboren worden; der Giebel des Iuppitertempels (in Rom) sei von einem Blitz getroffen und fast seines gesamten Daches beraubt worden; in ungefähr denselben Tagen habe in Anagnia die Erde vom Blitz getroffen einen Tag und eine Nacht, ohne dass Nahrung für das Feuer da war, gebrannt, und die Vögel hätten im Hain der Diana an der Straßengabelung von Anagnia ihre Nester in den Bäumen verlassen; im Meer bei Tarracina nicht weit vom Hafen hätten sich Schlangen von erstaunlicher Größe wie übermütige Fische getummelt; in Tarquinii sei ein Schwein mit einem menschlichen Gesicht geboren worden, und auf dem Gebiet von Capena hätten beim Hain der Feronia vier Standbilder einen Tag und eine Nacht viel Blut geschwitzt.

Die Römer deuteten diese Ereignisse als einen Bruch in der *pax deorum*, dem guten Verhältnis zu den Göttern, das es wiederherzustellen galt. Aus den verstreuten Notizen bei antiken Autoren lässt sich ansatzweise erkennen, wie die Römer mit diesen Zeichen umgingen. Zunächst musste das Zeichen einem hohen Magistraten gemeldet werden. Wenn er es für wichtig hielt, trug er es im Senat vor. Nun hatte der Senat die Möglichkeit, das Vorzeichen anzunehmen oder es abzulehnen; im Falle einer Ablehnung hatte sich die Sache erledigt. Hatte der Senat das Zeichen akzeptiert, wurde seine Deutung den religiösen Spezialisten überlassen. Fallweise kümmerten sich die Decemviri, die Pontifices oder die Haruspices um das Zeichen. Zumindest die Decemviri und die Pontifices gehörten dem Senat an, so dass diese Priesterschaften als Subkomitee des Senats verstanden werden können. Nach der Einsicht in ihre Bücher lieferten die Priester dem Senat lediglich eine Ritualanweisung, aber keine Deutung der Zukunft. Auch nun war es dem Senat möglich, das angebotene Ritual zu verändern oder eine andere Priesterschaft zu konsultieren. Am Ende des alten Jahres oder zu Beginn des neuen Amtsjahres wurden die Prodigien, die sich im Laufe des Jahres angesammelt hatten, kollektiv entsühnt. Für einen Steinregen etwa führte man ein neuntägiges Fest durch, über dessen Details keine Nachrichten erhalten sind. Wahrscheinlich betrafen die Feierlichkeiten nicht die gesamte Bürgerschaft Roms. Bei der Annahme von Zeichen lässt sich eine pragmatische Haltung des Senats erkennen. Nachdem 193 v. Chr. schon zahlreiche Erdbeben gemeldet worden waren, verboten die Konsuln auf Anordnung des Senats das Melden weiterer Erdbeben (Livius 34,55,4).

Bei der Frage, ob die Prodigien eine Botschaft transportierten, die über die Störung der *pax deorum* hinausgeht, erweisen sich naturwissenschaftliche Erklärungen als fruchtlos. Die Ängste, die sich durch die Prodigien artikulierten, lassen sich auf mehreren Ebenen fassen. Zunächst stellten einige Zeichen wie Erdbeben oder militärische Niederlagen selbst schon eine Katastrophe dar. Ferner kann man viele Zeichen nach dem Prinzip der Analogie deuten; wenn sich die heiligen Lanzen des Mars selbständig bewegten, so dürfte dies als drohender Krieg verstanden worden sein; Missgeburten symbolisierten Störungen im System der Fortpflanzung und im bäuerlichen Leben. Zahlreiche Prodigien sind als Grenzüberschreitungen zu verstehen: Hermaphroditen transgredieren die Grenzen zwischen den Geschlechtern,

Deutung
von Prodigien

eine Missgeburt wie ein Knabe mit dem Kopf eines Elefanten stellt die Vermischung von Mensch und Tier dar, ein Wolf, der in die Stadt eindringt, hebt die durch die Stadtmauern und die sakrale Stadtgrenze (*pomerium*) definierten Grenzen zwischen innen und außen auf. Hier kann das Konzept der Liminalität hilfreich zum Verständnis der Prodigien sein.

Entsühnung von Prodigien

Waren die Prodigien Ausdruck der Verletzung einer Grenze, so wurde sie durch die Rituale wiederhergestellt. Unter diesem Aspekt ergibt sich die folgende Systematik: 1. Das Entfernen des Zeichens; a) aus Rom: 135 v. Chr. wurde auf einen Uhu, der im Kapitol und in der ganzen Stadt zu hören war, eine Prämie ausgesetzt; als der Vogel gefangen war, wurde er verbrannt und die Asche im Tiber verstreut; b) das Entfernen des Zeichens innerhalb der Stadt: Schlug ein Blitz innerhalb der Stadt Rom ein, so wurde an der Stelle, an der er in den Boden gefahren war, ein Blitzmal errichtet; c) Prodigien, die sich nicht in Rom ereignet hatten, wurden zum Teil ebenfalls beseitigt. Hermaphroditen wurden nicht getötet, sondern von den Haruspices in einem Kasten auf dem Meer ausgesetzt oder im Fluss versenkt. 2. Die rituelle Wiederherstellung von Grenzen; a) eine *lustratio*, bei der die Opfertiere in einer Prozession um die Stadt herumgeführt wurden, kann als Erneuerung der Grenzen der Stadt gelten; b) die Erneuerung und Bestätigung der Grenze zwischen Göttern und Menschen. Bei einer *supplicatio*, einem Ritual, das auch bei anderen Gelegenheiten zum Einsatz kam, zog die Bevölkerung der Stadt bekränzt und mit Lorbeerzweigen in den Händen zu den offen stehenden Tempeln und opferte; beim *lectisternium* des Jahres 217 v. Chr., das nach der Niederlage am Trasimenischen See stattfand, bewirtete man sechs Götterpaare drei Tage lang (Livius 22,10,9). Nur wenige und selten vorkommende Rituale, wie etwa rituelles Fasten, lassen sich nicht in diese Systematik einordnen.

Auch wenn viele Details im Dunkeln bleiben müssen, und auch wenn Änderungen im Verfahren zu erwarten sind, wird deutlich, dass vor allem der Senat über religiöses Wissen verfügte. Wenn Prodigien gemeldet wurden, so war das keineswegs von Panik begleitet, sondern der Senat sorgte dafür, dass das gute Verhältnis zu den Göttern wieder hergestellt wurde.

Prodigien während des 2. Punischen Krieges

In Kriegszeiten stiegen die Zahl der Prodigien und der Umfang der Entsühnungsrituale. Besonders ausführlich sind die Berichte bei Livius zum 2. Punischen Krieg, etwa für das Jahr 217 v. Chr.: In Sizilien glühten bei einigen Soldaten die Speerspitzen, in Sardinien glühte bei einem Ritter, der auf der Mauer die Wachposten abging, der Stab, den er in der Hand hielt. Zwei Schilde schwitzten Blut, Soldaten wurden vom Blitz getroffen, die Sonnenscheibe verkleinerte sich, in Praeneste fielen glühende Steine vom Himmel, bei Tag erschienen zwei Monde am Himmel, das Wasser von Caere war mit Blut vermischt, in Antium fielen den Schnittern blutige Ähren in den Korb, die Orakelstäbchen (wohl in Praeneste) schrumpften von selbst ein und eines fiel heraus mit der Aufschrift „Mars schwingt seinen Speer". In Rom schwitzte die Statue des Mars, eine Henne verwandelte sich in einen Hahn und ein Hahn in eine Henne. Alle Vorzeichen, die vorliegende Aufzählung ist nicht vollständig, wurden folgendermaßen entsühnt: Iuppiter erhielt einen großen goldenen Donnerkeil, Iuno und Minerva, die beiden anderen Gottheiten der Kapitolinischen Trias, bekamen Geschenke aus Silber. Auch die Region außerhalb Roms, aus der Prodigien gemeldet worden waren, wurde mit Riten abgesichert; der Iuno Sospita in Lanuvium in den Albaner Bergen wurden Opfer dargebracht, ebenso opferten stadtrömische Priester in Ardea. Nicht nur die Senatoren agierten, sondern auch andere Teile der Gesellschaft: Die verheirateten Frauen brachten der Iuno Regina auf dem Aventin ein Geschenk, die weiblichen Freigelassenen sammelten für eine Gabe an Feronia, eine Fruchtbarkeitsgöttin mit einem besonderen Bezug zu den ehemaligen Sklaven. Ein Göttermahl fand statt, bei dem die Senatoren selbst die Polster für die Götterbilder auslegten. In Rom wurden die Saturnalien ausgerufen und dem Volk wurde aufgetragen, diesen Tag in alle Zukunft zu begehen (Livius 22,1,15–20). Alle Teile der Bevölkerung Roms waren in Aktion, um die Götter zu besänftigen; dies mag den Zusammenhalt in Rom verstärkt haben. Zugleich ist festzustellen, dass die Entsühnung von Prodigien zu Innovationen im kultischen Bereich führen konnte.

Zehn Jahre später, 207 v. Chr., wurde zunächst ein Steinregen durch neuntägige Opferhandlungen (*novendiale sacrum*) entsühnt, weitere Prodigien erforderten Opfer und eine eintägige *supplicatio*. Danach führte ein neuer Steinregen zu einem weiteren *novendiale sacrum*. Nach diesen Ritualen traf die Nachricht von der Entdeckung eines vierjährigen Hermaphroditen aus Frusino ein, der von den Haruspices auf dem Meer ausgesetzt wurde. In Rom fand eine Prozession mit Gaben an Iuno Regina statt. Insgesamt dauerten die Rituale mindestens 20 Tage. Diese außergewöhnlich lange Dauer dürfte durch zwei Faktoren zu erklären sein: Zum einen die prekäre Kriegslage, da Hannibals Bruder Hasdrubal mit einem frischen Heer über die Alpen kam, zum anderen die innenpolitischen Spannungen zwischen den beiden Konsuln des Jahres, Gaius Claudius Nero und Marcus Livius Salinator. Durch die Entsühnung der Prodigien gewann man Zeit, um die Lösung des militärischen und des innenpolitischen Problems zu überdenken.

Das System der Prodigien ging zugleich mit der römischen Republik unter. Erfolgreiche Feldherren wie Gnaeus Pompeius Magnus oder Gaius Iulius Caesar untergruben die kollektive Macht des Senats und umgaben sich mit persönlichen Sehern. Aus der frühen Kaiserzeit liegen nur noch vereinzelte Nachrichten von Prodigienentsühnungen vor. Durch die Monopolisierung der Macht auf den Kaiser verlor der Senat seine religiösen Kompetenzen weitgehend.

IV. Räume und Zeiten

Im Jahre 172 v. Chr. erhängte sich Quintus Fulvius Flaccus, ein Mann, der sich einer sehr erfolgreichen senatorischen Laufbahn rühmen konnte. Er hatte 180 einen Triumph gefeiert, ein Jahr später den Konsulat bekleidet und 174 die seltene Ehre des Zensoramtes erhalten. Quintus Fulvius Flaccus brachte sich um, weil Iuno Lacinia ihn mit Wahnsinn geschlagen hatte. Ein Jahr vor seinem Tod hatte er für den Bau eines Tempels der Fortuna Equestris in Rom Marmorziegel von einem Tempel der Iuno Lacinia aus Kroton heranschaffen lassen, von einem damals über 400 Jahre alten Gebäude aus einer griechischen Gründung im äußersten Süden Italiens. Doch die Situation war keineswegs klar. Denn einerseits soll es von den Senatskollegen großen Widerstand gegen Flaccus gegeben haben, sodass der Senat die Ziegel wieder nach Kroton zurücktransportieren ließ. Andererseits blieben die Ziegel in Kroton liegen. Niemand kümmerte sich darum, sie wieder auf dem Tempeldach anzubringen (Livius 42,3,1–11). Drei Schlüsse sind aus diesem Vorgang zu ziehen. Erstens brauchten Tempel Geld und Engagement; beides fehlte in Kroton. Zweitens standen Tempel unter dem Schutz der Götter; wer sich gegen ein Heiligtum verging, musste mit göttlicher Strafe rechnen. Drittens fragt man sich, warum die Kollegen des Flaccus erst dann protestierten, als sein Tempel schon fertig war: Die Einhaltung der religiösen Normen wurde von den Menschen oft nur dann forciert, wenn es opportun war.

1. Religiöse Räume in der griechischen Welt

a) Heiligtümer der Polis

Temenos und Altar

Für ein griechisches Heiligtum (*hieron*) waren zwei Bestandteile notwendig. Zum einen das *temenos* (*temnein* = schneiden), ein etwa durch Steine oder eine Mauer eingefriedeter Platz; zum anderen eine Opferstätte, zumeist ein Altar, seltener eine Opfergrube. Wer den Altar berührte – der im Unterschied zu der Situation in einer christlichen Kirche unter freiem Himmel stand – konnte um Asyl flehen. Als weitere Bestandteile von Heiligtümern begegnen Quellen, Brunnen, heilige Haine oder besondere Bäume: In Athen war es ein Ölbaum, im Heraion von Samos eine Weide, im Apollonheiligtum von Delos eine Palme und im Zeusheiligtum von Dodona eine Eiche. Rituale wurden bei der Opferstätte im offenen Raum durchgeführt. Ein Kultbild war nicht nötig, aber sehr oft vorhanden. Tempel waren ebenfalls nicht erforderlich; ein Heiligtum verfügte nur dann über einen Tempel, wenn ein Gemeinwesen oder ein reicher Stifter für die Finanzierung gesorgt hatte.

Tempel konnten in Form, Ausmaßen und Ausstattung stark variieren. Auch wenn es nicht *den* griechischen oder *den* römischen Tempel gab, lassen sich doch Unterschiede aufzeigen. Als Faustregel gilt: Während griechische Tempel von allen vier Seiten zugänglich waren und nur wenige Stufen erhöht standen, konnte man die in der Moderne als „Podiumstempel" bezeichneten römischen Tempel nur von der Vorderseite durch eine hohe Treppe betreten. Ein *temenos* war zumeist frei zugänglich, der zugehörige Tempel nicht. Im Tempel befand sich die Statue der entsprechenden Gottheit. Es ist unklar, ob diese Götterbilder stets sichtbar waren oder ob die Türen zu bestimmten Zeiten verschlossen blieben. Im Laufe der Zeit wurden einige Heiligtümer baulich erweitert. Großbauten wie Bäder und Theater zeugen von der Beliebtheit eines Heiligtums.

Viele Inschriften belegen die Bemühungen um Geld: In der rhodischen Stadt Lindos wurde in klassischer Zeit das Heiligtum des Kriegsgottes Enyalios unter anderem durch Söldner bezuschusst, die ein Sechzigstel ihres Entgelts abgeben mussten (Supplementum Epigraphicum Graecum 4,171). In einem athenischen Vertrag des Jahres 306/05 v. Chr. wurde das Heiligtum des Heros Egretes über zehn Jahre verpachtet. Der Pächter zahlte jährlich 200 Drachmen für die Nutzung der zugehörigen Ländereien; er musste die Gebäude in Schuss halten, durfte aber nach Ablauf des Pachtvertrages Dachziegel, Türen und Pfosten, die er selbst eingebaut hatte, wieder demontieren (Sylloge Inscriptionum Graecarum, 3. Aufl. Nr. 1097). Daher bezeugte die Existenz eines Tempels nicht unbedingt die Frömmigkeit einer Stadt, sondern hing oft mit anderen Zufällen zusammen. So hatte in Athen im 6. Jahrhundert v. Chr. der Tyrann Peisistratos am Fuß der Akropolis mit dem Bau des Olympieion begonnen, eines Zeustempels. Da die Athener die Vertreibung der Söhne des Peisistratos als identitätsstiftendes Ereignis feierten, blieb dieser Tempel über Jahrhunderte eine Bauruine. Man brach ihn nicht ab, baute aber auch nicht weiter. Erst der römische Kaiser Hadrian ließ mehr als 600 Jahre später das Gebäude im Rahmen eines größeren Bauprogramms für Athen vollenden.

Finanzierung von Heiligtümern

Tendenziell befanden sich die Tempel für die Polisgötter, etwa Athena und Zeus, in der Stadt, die Götter des „Draußen" wie Artemis, Poseidon, Dionysos oder Demeter eher auf dem Territorium. Allerdings gab es viele Ausnahmen von dieser Regel: Zeus etwa konnte auch auf einem Berggipfel verehrt werden. Am Beispiel von Mantineia in Arkadien lässt sich vorführen, dass Tempel in der Stadt lagen, aber auch an den Straßen, die zu den benachbarten Städten führten. Extraurbane Heiligtümer konnten das Territorium einer Polis markieren und Gebietsansprüche versinnbildlichen. Natürliche Faktoren konnten begünstigen, dass eine Höhle zum Heiligtum wurde: Eine Quelle, außergewöhnliche Tropfsteinformationen oder eine besondere Beleuchtung durch ein Loch im Felsen. Im Gegensatz zu einem Tempel waren Höhlenheiligtümer nicht von großer Entfernung sichtbar, eine teure Architektur war nicht nötig; ungefähr 160 Höhlenheiligtümer in Griechenland sind bekannt.

Lage der Heiligtümer

Poleis mit einem ausgedehnten Territorium unterhielten bedeutende Heiligtümer auch weit außerhalb des Zentrums. Für Sparta ist der Tempel des Apollon Hyakinthos in Amyklai zu nennen, etwa fünf Kilometer vom städtischen Zentrum entfernt, für Argos der Tempel der Hera mit einer Distanz von acht Kilometern. Die Athener verfügten in dem rund 21 Kilometer abgelegenen Eleusis über ein weit über Athen hinaus berühmtes Heiligtum; Gäste aus dem gesamten Mittelmeerraum ließen sich in die Mysterien einweihen. Doch bei aller Bedeutung, die Eleusis im Laufe der Zeit als panhellenischem Zentrum zukam, wurde das Heiligtum klar von Athen kontrolliert; die heiligen Geräte (*ta hiera*) von Eleusis waren in Athen in einem Eleusinion genannten Heiligtum aufbewahrt; zu den jährlichen Festen in Eleusis wurden die Kultutensilien in einer Prozession dorthin gebracht. Als weiteres Beispiel sei das Apollonheiligtum von Didyma genannt. Dieses berühmte Orakelheiligtum gehörte zu Milet, der bedeutendsten Griechenstadt in Kleinasien. Eine gut ausgebaute und durch Heiligtümer markierte Prozessionsstraße verband das Heiligtum mit Milet. Der mit 118 × 67 m überdimensionierte Tempel war so groß, dass er nicht überdacht werden konnte und eher als Kulthof zu bezeichnen ist. Innerhalb dieses Raumes befand sich eine eherne Statue des Apollon. Kurz nach 500 v. Chr. verschleppten die Perser die Statue als Kriegsbeute nach Ekbanata in den Iran; einer der Nachfolger Alexanders ließ sie wieder zurückbringen.

Die Akropolis von Athen

Athen war in vieler Hinsicht eine Ausnahme. Die literarischen Quellen bieten zahlreiche Informationen über diese Stadt, die Akropolis ragt auch heute noch deutlicher aus dem Stadtbild heraus als in vielen anderen Poleis. Korinth verfügte mit dem hoch auf den Felsen thronenden Akrokorinth über eine ähnliche Situation wie Athen. In zahlreichen Städten fügten sich die Tempel stärker in das Stadtbild ein, beispielsweise in Sparta. Im 6. Jahrhundert v. Chr. entstanden die ersten Großtempel mit einer Länge von rund 100 Metern in Ephesos, Milet und Pergamon. Wohl unter der Herrschaft des Peisistratos begannen auch die Athener etwa in der Mitte des 6. Jh. in Athen mit einem ähnlichen Projekt auf der Akropolis. Nach dem Sturz der Söhne des Peisistratos gegen 510 v. Chr. entschieden sich die Athener für eine kleinere Variante, die 480 v. Chr. von den Persern zerstört wurde. In der Mitte des 5. Jahrhunderts entwickelten die Athener unter der Leitung des Perikles ein beispielloses Bauprogramm. Unter anderem entstand damals die Akropolis in der Gestalt, deren Reste auch heute noch existieren. Im Erechtheion, das nach einem der mythischen Stadtgründer benannt ist, waren gleich mehrere Gottheiten untergebracht, unter anderem Athena Polias, Poseidon und der mythische König Erechtheus. Griechische Tempel stecken voller Überraschungen: Im Boden der Nordhalle des Erechtheion war eine rechteckige Vertiefung an der Stelle im Boden ausgespart, an der nach dem Mythos Poseidons Dreizack eine Salzquelle in den Fels gesprengt hatte. Entsprechend zu dem Loch ließ man in der Kassettendecke eine Lücke, als habe Poseidon seinen Dreizack durch das Dach des Erechtheion in den Boden gerammt.

Auch wenn Heiligtümer wohl immer ihre speziellen Mythen hatten, und auch wenn Tempel in anderen Poleis ebenfalls über ein stark aufgeladenes Bildprogramm verfügten, lässt sich am Beispiel der Akropolis mit ihren Anlagen besonders gut die Verbindung zwischen Heiligtum und Polis studieren. Dies liegt zum einen an der Geschichte Athens, zum anderen an der hervorragenden Quellenlage für diese Stadt. Im Parthenon – es wird bisweilen bezweifelt, ob dieses Gebäude wirklich als Tempel zu bezeichnen ist – wurde die zwölf Meter hohe Kultstatue der Athena aufgebaut; das Gold aus der Bundeskasse des unter athenischer Führung stehenden Seebundes wurde auf dem Dach als Ziegel deponiert. Die Athener argumentierten, dass diese Ziegel jederzeit problemlos wieder abnehmbar seien. Doch zugleich ließ dieses weithin golden strahlende Gebäude das Prestige der Athener ins Unermessliche steigen – auf Kosten ihrer Verbündeten. Der Bildschmuck des Parthenon lässt sich aufgrund der Quellenlage deuten. Während auf den Giebeln die Geburt der Athene und ihr Wettstreit mit Poseidon um Attika abgebildet sind, haben die Metopen eine andere Aussage. Auf den vier Seiten des Tempels sind Kämpfe dargestellt: Athener gegen Amazonen, Götter gegen Giganten, Griechen gegen Troianer (die Athener sollen auf der Seite der Griechen gekämpft haben) und die Lapithen gegen die Kentauren. In allen vier Fällen handelt es sich um Gefechte gegen die „Anderen". Athener, Götter, Griechen und die mit den Athenern verwandten Lapithen stehen für das Zivilisierte, die Amazonen, Giganten, Troianer und Kentauren für die Bedrohung. Subtext dieser Darstellungen sind die Perser, von deren Knute die Athener – so zumindest die athenische Lesart – Griechenland nahezu im Alleingang befreit hatten.

Als die Akropolis in Athen nach der Zerstörung durch die Perser 480 v. Chr. neu aufgebaut wurde, vermauerten die Athener zerbrochene Architekturteile und verstümmelte Statuen im Heiligtum. Für die Archäologie erwies sich die Zerstörung als Glücksfall, da damit ein festes Datierungskriterium für die athenische Kunst gewonnen war: Was verbaut war, musste vor 480 v. Chr. entstanden sein. Auch die Agora von Athen war ein *temenos*; Steine mit Inschriften markierten das Terrain. Auf der Agora standen keine Tempel, aber Altäre für mehrere Götter. Hier fanden Rituale von zentraler Bedeutung für Athen statt. Dieses kultische Zentrum dürfte eine wichtige Rolle bei der Stadtwerdung Athens gespielt haben, da sich andere Gebäude um das Heiligtum herum ansiedelten.

Am Beispiel Athens lassen sich die folgenden religiösen Räume aufzeigen, die allerdings nicht streng getrennt waren:
– Die Kultzentren auf der Akropolis und in der Agora.
– Heiligtümer, die über die Stadt verstreut waren; zu ihnen zählen auch die Hermen, Pfeiler mit bärtigen Hermesköpfen, die der Tyrann Hipparchos um 520 v. Chr. an den Straßen der Stadt aufstellen ließ. Besondere Bereiche innerhalb der Stadt hatten temporäre religiöse Bedeutung; bei den Thesmophorien zu Ehren der Demeter verließen die Gattinnen der Bürger ihr Haus und verbrachten drei Tage auf der Pnyx, einem Hügel in der Nähe der Akropolis. Dort vollzogen sie Rituale, die mit Gelächter und Obszönität verbunden waren.
– Auch in den Häusern wurden Rituale vollzogen. Im Hochsommer kam es zu den „Adonisgärten", Töpfe mit keimendem Getreide oder Gemüse wurden auf die Dächer gestellt, wobei die Keimlinge in der sommerlichen Trockenheit verwelkten. Ein solch skurriles Ritual gab zu unterschiedlichen Deutungen Anlass, vom Anti-Ackerbau bis zur Saatgutprüfung. Adonis, der Geliebte der Aphrodite, war bei einer Jagd von dem eifersüchtigen Ares getötet worden. Sein Tod im Hochsommer führte zum Verdorren der Vegetation; die Adonisgärten bildeten dies ab.
– Bei großen Festen war die gesamte Stadt von Weihrauchduft erfüllt.
– Heiligtümer außerhalb des Stadtgebietes, wie etwa der Poseidontempel von Sunion oder das Mysterienheiligtum von Eleusis. Auch die Nekropolen lagen außerhalb der Stadtmauern.
– Aufgrund der Größe Attikas gab es Siedlungen auch außerhalb von Athen; in diesen einzelnen Demen wurden eigene Rituale vollzogen. Auch auf den verstreuten Gehöften wurde Kult betrieben, etwa zu Beginn der Ernte.

Zerstörung und Neuaufbau der Akropolis

91

Wenn wir diese Orte auf einer Karte miteinander verbinden, so entsteht ein chaotisches Netzwerk, das sich über das gesamte Territorium Athens erstreckt und in der Stadt die höchste Dichte aufweist: Religion war eingebettet.

Nutzung von Heiligtümern

Heiligtümer wurden nicht nur an den Festtagen besucht, sondern standen ständig offen; Menschen opferten, legten ein Gelübde ab, brachten Votivgaben oder hielten sich einfach nur im Heiligtum auf. Im Lauf der Zeit sammelten sich Texte in den Heiligtümern an: Votivinschriften, Archive, Inventarlisten des Tempeleigentums, Inschriften verkündeten die Regelungen des Heiligtums oder die Gesetze der Stadt; auf der Athener Akropolis wurden beispielsweise Orakelsprüche aufbewahrt, die die Athener über Jahrhunderte hinweg erhalten hatten. Festtage konnten sich, wenn die Zahl der Besucher groß genug war, zu Markttagen von regionaler Bedeutung entwickeln. Daher war ein Heiligtum auch ein Ort, an dem Sklaven feierlich freigelassen wurden; bezeugt ist dies beispielsweise für Delphi und für das Heiligtum der Feronia in Tarracina unweit Roms. In den großen Heiligtümern standen spätestens in der römischen Kaiserzeit Fremdenführer zur Verfügung, welche die lokalen Mythen erzählten und oft genug wohl auch weiterstrickten.

E Kultische Reinheit

Im Mythos und in der Tragödie wurde immer wieder Reinheit eingefordert; fraglich ist allerdings, welche Bedeutung dem Konzept der Reinheit im kultischen Alltag zukam, etwa beim Betreten eines Heiligtums. Zur Reinigung genügte oft Weihrauch oder eine Waschung mit Wasser von einer besonderen Quelle. Die Farbe Weiß spielte eine besondere Rolle: Man trug weiße Kleidung, ein gutes Opfertier hatte weiß zu sein. Allerdings gilt auch hier Nietzsches Diktum von der „Farbenblindheit" der Griechen, das sich auf das unscharfe semantische Feld der Begriffe für Farben bezieht: Wahrscheinlich genügte es, wenn ein Opfertier von heller Farbe war und keine größeren Flecken hatte. Für die Reinheit von Luft und Wasser sorgte ein attisches Kultgesetz, das untersagte, am Fluss Ilissos oberhalb eines Heraklesheiligtums Häute einzuweichen oder Felle zu gerben.

Unterschiedliche Verbote in Heiligtümern

Wahrscheinlich gab es für jedes griechische Heiligtum bestimmte Objekte, die nicht in den heiligen Bezirk gelangen durften. Eine Inschrift aus Eresos auf Lesbos aus dem 2. Jh. n. Chr. unterscheidet zwischen zwei verschiedenen Räumen. In das Heiligtum durften keine Waffen und keine Tierhäute gebracht werden, in den Tempel selbst kein Kleidungsstück aus Leder sowie nichts aus Eisen oder Bronze – mit einer einzigen Ausnahme: Geld. Im berühmten Apollonheiligtum von Delos waren in römischer Zeit folgende Materialien und Gegenstände verboten: Schlüssel, Eisenringe, Gürtel, Taschen, Waffen, in Lindos auf Rhodos durfte im 3. Jahrhundert n. Chr. kein Ziegenleder und nichts, was von der Ziege stammt, ins Heiligtum gelangen; auch auf der Athener Akropolis durfte sich keine Ziege aufhalten (Athenaios 13,587a). In Ialysos auf Rhodos dagegen war Schweineleder untersagt. Dieser komplexe Befund, der sich mühelos durch weitere Beispiele noch ausweiten ließe, entzieht sich einer eindeutigen Interpretation. Waffen und andere Gegenstände aus Metall mochten verboten sein, weil sie gefährlich waren und vielleicht schon Blut vergossen hatten; die potentiell bindende Bedeutung eines Ringes mag als gefährlich angesehen worden sein, aber bei den Verboten von Schweine- und Ziegenleder lassen sich keine einfachen

Erklärungen finden. Es ist nicht unwahrscheinlich, dass die Unterschiede durch lokale Mythen legitimiert waren, die heute verloren sind. Weitere Spekulationen verbieten sich. Wer diese Gebote übertrat, musste sich rituell reinigen; wenn Geldstrafen genügten, so mag dies eine Rationalisierung im religiösen Feld anzeigen.

Obgleich das Fällen von Bäumen in den Heiligtümern nicht erlaubt war, ist dieser Frevel oft überliefert. War das Verbot nicht so streng oder lag es daran, dass viele Heiligtümer nach einer Blütezeit verfielen oder zumindest in Vergessenheit gerieten? Wer in einem solchen Tempelbezirk einen Baum fällte, hatte solange nichts zu befürchten, bis das Heiligtum wieder in Betrieb genommen wurde. Einen Einblick in einen anders gelagerten Fall erlaubt die siebte Gerichtsrede des berühmten athenischen Rhetors Lysias, der sich im 5. Jahrhundert v. Chr. verteidigen musste, weil man ihm vorgeworfen hatte, auf seinem Besitz einen Ölbaumstumpf beseitigt zu haben. Details der Anklage sind unbekannt, so dass lediglich die Verteidigungsrede hinzugezogen werden kann. Lysias bot Zeugen auf, die bestätigten, dass zu dem Zeitpunkt, an dem er das Grundstück erworben hatte, sich kein Ölbaum darauf befunden hatte, nicht einmal der Stumpf eines solchen Baumes. Es gab offensichtlich Bäume, die nicht in einem Heiligtum wuchsen, aber dennoch nicht gefällt oder beseitigt werden durften. Nicht nur Bäume in einem Heiligtum waren geschützt, sondern auch die Tiere. In Aigai in Lakonien befand sich im Heiligtum des Poseidon ein fischreicher Teich. Niemand wagte es, die Fische aus diesem Gewässer zu fangen, da man befürchtete, selbst in einen Fisch verwandelt zu werden (Pausanias 3,21).

Gaben an die Götter   E

Antike Heiligtümer füllten sich mit der Zeit immer mehr mit Weihgeschenken. Berühmte Heiligtümer wie Delphi mit seinem Orakel oder Olympia erhielten weitaus prächtigere Geschenke als kleine Heiligtümer. Zugleich erhöhten die Gaben das symbolische Kapital eines Heiligtums und verstärkten damit seine Bedeutung. Votivgaben waren eine Möglichkeit zur Kommunikation mit den Göttern, bei denen man sich für ihre Hilfe bedankte. Zugleich kommunizierte ein Stifter auch mit den Menschen; vor allem durch eine Inschrift des Namens konnte ein Stifter sein gutes Verhältnis zu den Göttern hervorheben und darauf hoffen, über seinen Tod hinaus in Erinnerung zu bleiben. Dies gilt besonders für die teuren Weihgeschenke. Auch die billigen Gaben, etwa die in Massenproduktion hergestellten Terrakottastatuetten, unterstrichen in der immer gleichen Wiederholung eines Bildes die ritualisierte Ehrung.

do ut des   E

Auf dem Mantiklos-Apollon aus dem Museum of Fine Arts in Boston, einer Statuette, die um 700 v. Chr. in Theben aufgestellt wurde und die damit dem Zeithorizont der homerischen Epen zugehört, befindet sich eine der ältesten Weihinschriften der antiken Welt: „Mantiklos hat mich aufgestellt vom Zehnten, für den Fernhintreffer mit dem Silberbogen. Du aber, Phoibos, gib erfreuliche Gegengabe." In einer Inschrift aus der römischen Republik danken die Stifter Hercules für seine Hilfe, lösen ihr Votum ein und hoffen darauf, möglichst häufig noch in der Schuld des Gottes zu stehen (Corpus Inscriptionum Latinarum I^2 2, 1531). Das Verhältnis zwischen Menschen und Göttern, das sich durch eine Gabe niederschlägt, wird oft mit dem lateinischen do ut des (= ich gebe, damit du gibst) ausgedrückt. Im Prinzip trifft dies auch zu, wobei Differenzierungen nötig sind: Erstens handelt es sich bei dieser Formulierung um eine moderne Zuschreibung; in den

Quellen findet sie sich nicht. Zweitens war das Verhältnis zwischen Menschen und Göttern gerade nicht wie ein Vertrag geregelt; der Mensch konnte die Hilfe einer Gottheit erbitten, sie aber nicht verlangen.

Die Stifter der Gaben   Als Geber konnten zum einen Gemeinwesen oder Könige auftreten. Es war üblich, ein Zehntel der Beute an eine Gottheit zu geben. Besonders Delphi wurde zu einem Ort, an dem sich die vielen Kriege der griechischen Welt, vor allem die Konflikte von Griechen gegen Griechen, niederschlugen. In geringerem Maß gilt dies auch für das Apollonheiligtum auf der winzigen Insel Delos. Zum anderen konnten auch Individuen eine Weihgabe darbringen. Krieger bedankten sich mit einer Gabe und einer Inschrift bei Herakles für die Hilfe im Krieg; Frauen mochten vor ihrer Hochzeit der Artemis ihr Spielzeug schenken; wer von Asklepios Hilfe bei einer Krankheit erfahren hatte, weihte ihm das Bild des entsprechenden Organs. Wer von einer Gottheit erhört worden war, konnte ihr das Abbild eines Ohres widmen. Auch wenn Theophrast in den „Charakteres" gerne übertreibt, lässt sich die potentiell enge und dauerhafte Verbindung zwischen Stifter und Gabe erahnen: Bei Theophrast kommt der übereifrige Stifter täglich ins Heiligtum des Asklepios, um den bronzenen Finger, den er Asklepios geweiht hatte, zu polieren, zu bekränzen und einzuölen (21). Dies gilt als übertrieben; wer aber die Gabe in größeren Abständen pflegte, verhielt sich innerhalb des üblichen Rahmens. Weihegaben, die im Freien standen, wurden oft von Vögeln beschmutzt. Um dies zu verhindern, gab es zumindest in den größeren Heiligtümern Tempeldiener, die mit Pfeilen nach den Tieren schossen: In diesem Fall durfte man im Heiligtum von einer Waffe Gebrauch machen.

Tempelinventare   Ferner war in einem Tempel das Eigentum der betreffenden Gottheiten deponiert, wobei die wachsende Zahl der Gaben zum Entstehen von Inventarlisten führte. Das Inventarverzeichnis des Heraion von Samos von 346/45 v. Chr. ist in einer Inschrift erhalten (Inscriptiones Graecae XII 6,1,261): Nach einer erschöpfenden Nennung aller involvierten Amtsträger in Samos und Athen, Samos war damals unter athenischer Kontrolle, beginnt die Aufzählung der Kleidungsstücke der Göttin: Sie sind gefleckt oder mit Gold durchwirkt, ihre Streifen sind weiß, purpurfarben oder hyazinthfarben. Die große Anzahl an Gewändern rührt daher, dass der Göttin immer wieder solche Gaben dargebracht wurden. In den griechischen Tempeln dürfte es für die jeweilige Gottheit stets einen großen Vorrat an Kleidungsstücken gegeben haben, die etwa bei Prozessionen oder bei sonstigen Präsentationen des Götterbildes zum Einsatz kamen. Zugleich beweist die Inschrift aus Samos, dass Menschen sich auch dieses im Überfluss vorhandene Eigentum der Götter ausliehen: Von den sieben Schleiern der Hera hatte eine Frau namens Euangelis einen genommen. Der Vergleich mit einer älteren Inventarliste ergibt einige Fehlbestände. Ein städtisches Gremium hatte eine Sonnenuhr ausgeliehen. Andere Gegenstände, etwa zwei Becken aus Bronze oder ein Salbgefäß aus Elfenbein, waren nicht mehr auffindbar. Wieder andere Besitztümer der Göttin waren defekt, beispielsweise die Sessel, deren Gurte zerfielen. Bei der Statue einer weiblichen Figur fehlte das Ohrgehänge; ob hier Diebstahl vorlag, wird nicht gesagt. Ferner erfährt man, dass die für das Opferritual nötigen Messer in einer eigenen Machairothek (*machairos* = Messer) aufbewahrt wurden. Von den neun Messern war eines bei der Hera deponiert, ein kleines Opfermesser fehlte. Durch Ausgrabungen kamen bei diesem Heiligtum noch weitere exotische Weihgeschenke wie Nilpferdzähne und Straußeneier zutage. All diese Gaben konnten auf Regalen liegen oder an der Balkenkonstruktion des Daches hängen.

Im Jahre 99 v. Chr. beschlossen die Bürger der Stadt Lindos auf Rhodos, die prestigeträchtigsten Stiftungen im Tempel der Athena Lindia auf einer Inschrift zu veröffentlichen. Zu den angeblichen Stiftern gehörten mythologische Gestalten wie Herakles, Kadmos und Menelaos. Über Helena weiß die lindische Tempelchronik: „Helena hat ein Paar Armbänder gestiftet, auf die sie geschrieben hat: ‚Helena für Athena', wie Gorgon im ersten Buch über Rhodos sagt, Gorgosthenes in einem Brief, Hieroboulos in einem Brief". Zur Beglaubigung der Stiftung durch Helena werden drei Zeugen angeführt, eine Strategie, die in der gesamten Chronik begegnet. Über diese Autoren ist sonst nichts überliefert. Hier gewinnen wir eine Ahnung davon, dass nur ein Bruchteil der antiken Textproduktion erhalten ist; es muss eine Fülle von Lokalhistorien gegeben haben. Zusammen mit der Inventarliste wurden in Lindos Inschriften mit den Wundern der Athena publiziert, von denen sich eines halbwegs rekonstruieren lässt: Als Demetrios Poliorketes die Stadt Rhodos belagerte, erschien Athena einem Priester im lindischen Heiligtum und forderte ihn auf, zu einem der städtischen Amtsträger zu gehen, der ein Hilfeschreiben an Ptolemaios I. abschicken sollte. Das Vorgehen war erfolgreich; Demetrios Poliorketes zog sich zurück. Eine solche Inschrift mochte den Stolz der Lindier – oder sollten wir doch von „Identitäten" sprechen? – stärken: Einer von ihnen hatte den Rhodiern den Weg zur Rettung gezeigt; ihre Gottheit und ihr Heiligtum waren der Ausgangspunkt für die Vertreibung des für seine Belagerungskünste gefürchteten Demetrios Poliorketes.

Spätestens in klassischer Zeit wurden außer den dauerhaften Gaben auch Wertgegenstände auf Zeit in den Heiligtümern deponiert. Es entwickelten sich Tempelbanken. Mit ihrer massiven Bauweise und durch den Schutz einer Gottheit boten Tempel ein Höchstmaß an Sicherheit. Tempel verliehen Darlehen besonders an Städte und Herrscher, wobei die eigene Stadt keine oder nur sehr niedrige Zinsen zahlte; der Zins für Bürger einer anderen Stadt belief sich zumeist auf zehn Prozent.

Ein *thesauros* setzte sich zumeist aus zwei ausgehöhlten Steinblöcken zusammen. Im oberen Block, der durch sein Gewicht eine gewisse Sicherheit gewährleistete, befand sich ein Schlitz, durch den die Münzen wie bei einem Sparschwein hineingeworfen wurden. Besondere Einblicke erlaubt eine Inschrift aus Kos, wohl aus dem 2. Jahrhundert v. Chr., in der die Einnahmen des im Heiligtum befindlichen Geldkastens (*thesauros*) aufgelistet werden. Als Opfergebühr waren für ein Rind zwei Drachmen, für kleinere Tiere eine geringere Summe zu entrichten. Sklaven zahlten bei ihrer Freilassung fünf Drachmen, Schiffseigner und Fischer gaben fünf Drachmen pro Jahr und Schiff; nach einem Feldzug leisteten die Soldaten eine bestimmte Summe. Einmal im Jahr wurde das Sparschwein geschlachtet, wobei die eine Hälfte der Einkünfte der Priesterin zustand und die andere Hälfte in einer öffentlichen Bank eingezahlt wurde.

Die lindische Tempelchronik

Tempel als Bank

b) Individuelle Initiativen

Es war möglich, dass ein Mensch, der kein Amt bekleidete, ein Heiligtum aus eigenen Mitteln stiftete. Zugleich brauchte ein Tempel die Unterstützung durch eine Stadt, um über Jahrhunderte den Betrieb aufrechtzuerhalten. Der athenische Politiker Themistokles gründete ein Heiligtum der Artemis Aristoboule (der guten Ratgeberin) in der Nähe seines Hauses auf dem ländlichen Gebiet Athens. Mit dem Beinamen der Artemis spielte er auf seine Klugheit an, die sich in den Perserkriegen segensreich für Athen erwiesen hatte – durch seine Kriegslist war es gelungen, die Perser bei der Seeschlacht bei Salamis in eine Falle zu locken. Bald danach musste Themistokles ins Exil, weil ihm sein Ruhm zu Kopf gestiegen war. Dennoch existierte das Heiligtum noch im 2. Jahrhundert n. Chr., wie Plutarch in seiner Themistoklesbiographie (22,2–3) berichtet.

Xenophon stiftet ein Heiligtum

Xenophon, ein Schüler des Sokrates, verließ seine Heimatstadt Athen, um in der Nähe von Olympia ein Heiligtum der Artemis mit einem Tempel zu stiften; er wählte Artemis, weil er sich bei der berühmten Artemis von Ephesos bedanken wollte. Zugleich registrierte Xenophon Ähnlichkeiten zwischen dem weitbekannten Tempel in Kleinasien und seinem Landsitz in Skillus. Dort floss ein Bach mit gleichem Namen wie in Ephesos, auch fanden sich in beiden Gewässern Fische und Muscheln. Mit dieser zufälligen Übereinstimmung legitimierte Xenophon zusätzlich seine Bautätigkeit; sein Tempel war ähnlich gebildet wie der in Ephesos, allerdings deutlich kleiner. In diesem Fall liegt der Transfer eines Heiligtums vor, allerdings in verkleinerter Form. Auf einer Inschrift hielt Xenophon fest (Xenophon, Anabasis 5,3):

> Heilig ist dieses Land der Artemis. Wer es besitzt und nutzt, soll in jedem Jahr den Zehnten opfern. Von dem Überschuss soll er für den Tempel sorgen. Wenn er das nicht tut, so wird sich die Göttin darum kümmern.

Das alljährliche Fest für Artemis wurde aus den Erträgen des Landgutes bestritten. Für die Teilnehmer gab es Gerstenmehl, Brote, Wein und ein Stück Fleisch von den Opfertieren. Mit all diesen Gaben an die Göttin und an die Menschen zeigte Xenophon seine Frömmigkeit, seinen Erfolg und sein gutes Verhältnis zur Göttin. Ferner wollte Xenophon auch die Rolle seiner Söhne und seiner Nachkommen als Verwalter von Heiligtum und Fest installieren und damit eine lange Tradition begründen. Dies allerdings gelang ihm nicht; er musste Skillus bereits zu seinen Lebzeiten verlassen.

Ungefähr in derselben Zeit wie Xenophon gründete ein Mann namens Archedemos in Attika ein Heiligtum für Pan und die Nymphen. Er investierte nicht so viel Geld wie Xenophon, sondern gestaltete eine Höhle um. Archedemos, der von der Insel Thera stammte, bezeichnete sich selbst als „von den Nymphen ergriffen" (*nympholeptos*); im Unterschied zu Themistokles und Xenophon gehörte Archedemos nicht zur athenischen Elite, sondern mag allenfalls im ländlichen Gebiet Athens eine gewisse Rolle gespielt haben.

Griechische Lyrik: Sappho

Ein individueller Zugang völlig anderer Art lässt sich aus einem Gedicht Sapphos erschließen, das um 600 v. Chr. entstand. Wie so oft bei Sappho ist der Text nur fragmentarisch erhalten; da am Ende Aphrodite angerufen wird, dürfte das Heiligtum, wohl in Kreta, auch ihr geweiht sein. Sappho besingt den Hain und die Altäre, die von Weihrauch duften. Das Gedicht geht weiter:

> Kühles Wasser rauscht an den Apfelzweigen
> leis vorbei, im Schatten der Rosensträucher
> liegt der Hang, von wiegenden Blättern senkt sich
> Schlummer hernieder.

Solche Verse von außergewöhnlicher Schönheit bieten keine Details zum Ritual oder zur Einrichtung eines Heiligtums, sondern eröffnen eine sonst unbekannte Dimension von Religion: Das leise murmelnde Wasser, der kühlende Schatten und die im lauen Wind raschelnden Blätter laden zur Ruhe und zum Schlaf ein. Auch wenn es sich um Lyrik handelt, dürfte Sappho nicht die einzige gewesen sein, die solche Empfindungen im Heiligtum erlebte.

c) Panhellenische Heiligtümer

In einer berühmten Passage zählt Herodot die Dinge auf, welche den Griechen gemeinsam waren und sie von den Barbaren abgrenzten: Abstammung, Sprache, Sitten sowie die gemeinsamen Heiligtümer und Opfer (8,144). Wenn in dieser Liste die Götter fehlten, so war dies kein Versehen, denn die Götter gab es überall, allenfalls unter anderem Namen. Heiligtümer und Kulte spielten eine wichtige Rolle bei der Herausbildung einer griechischen Identität, verhinderten aber keinen der zahllosen Kriege zwischen den griechischen Gemeinwesen.

Wenn mehrere Poleis sich zu einem Bündnis zusammengefunden hatten, konnten sie sich durch ein Bundesheiligtum noch stärker zusammenschweißen. Für den von den Athenern beherrschten Seebund war dies zunächst Delos, später gewannen Heiligtümer in Athen zunehmend an Bedeutung. Seit dem 4. Jahrhundert v. Chr. trafen sich die als Koinon (= Stammstaat) organisierten Aitoler in Thermon, einem Heiligtum für Apollon. Delphi gewann schon früh als Bundesheiligtum der Amphiktyonen (= Umwohner) an Bedeutung. Durch die geographische Lage am Kreuzungspunkt von zwei uralten Trassen der Wanderweidewirtschaft dürfte Delphi schon seit langer Zeit ein Treffpunkt gewesen sein. Bereits bei Homer befand sich in Delphi ein berühmtes Heiligtum. Ab dem 5. Jahrhundert v. Chr. wird das Bild schärfer: Von mehreren Städten zogen regelmäßige Prozessionen, Gesandtschaften und einzelne Anfragende nach Delphi. Wer sich beim Orakel bedanken wollte, stiftete ein möglichst wertvolles Weihgeschenk. Pausanias bietet eine eindrucksvolle Liste der wichtigsten Weihgeschenke (Pausanias 10,9–31): Apollon war gleich in mehreren Statuen präsent, unter anderem in einem gigantischen Exemplar von rund 15 Metern Höhe. Dreifüße und Mischkessel, Statuen von anderen Göttern, etwa Zeus, Athena, Leto, Artemis und Herakles beeindruckten die Besucher. Erfolgreiche Feldherren und Sieger bei den Pythischen Spielen ließen ihr Bild aufstellen. Die meisten dieser Gaben waren aus wertvollem Material, aus Gold, Silber oder Marmor, wobei die Stifter nicht nur aus allen Teilen des griechischen Siedlungsgebietes kamen, sondern auch aus Etrurien, Rom und Lydien.

Bundesheiligtümer

Denkmäler wurden umgewidmet, abgebrochen oder neu verwendet; Gaben aus archaischer Zeit gingen in den Wirren des 4. Jahrhunderts v. Chr. verloren oder wurden im Heiligtum bestattet. Anlässlich des Sieges über die Perser bei Plataiai (479 v. Chr.) stifteten die verbündeten 31 Poleis einen großen Dreifuß auf einer Schlangensäule, in den die Namen der Sieger eingraviert waren. Der spartanische König Pausanias, siegreicher Feldherr bei Plataiai, missbrauchte das Denkmal gleich nach seiner Errichtung, indem er das folgende Epigramm eingravieren ließ (Thukydides 1,132):

Der Heerführer der Hellenen, der das Heer der Meder vernichtete,
Pausanias hat dem Phoibos das Denkmal errichtet.

Damit beanspruchte Pausanias den Sieg über die Meder (= Perser) für sich allein, ein klarer Affront gegen die anderen Kämpfer. Bald danach wurde Pausanias von den Spartanern gestürzt, sie ließen die Inschrift tilgen und stattdessen die Namen der mitkämpfenden Städte eintragen. Nebenbei hat dieses Weihgeschenk wieder eine eigene Geschichte. Der goldene Dreifuß wurde wohl im dritten Heiligen Krieg (356–346 v. Chr.) von den Phokern eingeschmolzen und für die Bezahlung von Söldnern verwendet. Kaiser Konstantin ließ die Säule in seine 324 n. Chr. neu gegründete Hauptstadt Konstantinopolis, das heutige Istanbul, bringen. Doch nicht nur Städtebünde oder Könige traten in Delphi in Aktion, auch einzelne Gemeinwesen oder Individuen konnten eine Weihegabe stiften.

E | **Heiliger Krieg**

Aus der griechischen Geschichte sind insgesamt drei so genannte „Heilige Kriege" bekannt, wobei der Begriff irreführend ist: Es handelte sich nicht um Kreuzzüge, deren Teilnehmer ein gottgefälliges Werk taten, sondern die Konflikte wurden schon in der Antike so bezeichnet, weil es um die Kontrolle Delphis ging. Der erste Konflikt, dessen Historizität nicht gesichert ist, wird ins 6. Jahrhundert v. Chr. datiert. Der 2. Heilige Krieg fällt in das Jahr 448 v. Chr.; Athener und Spartaner konkurrierten vorübergehend um Delphi; bald ging es wieder in die Hände der Phoker, die in der Region um Delphi wohnten. Militärische und historische Bedeutung hatte allenfalls der Dritte Heilige Krieg, in dem die Phoker das Heiligtum besetzten und viele Weihegaben zu Münzen prägten, mit denen sie Söldner anwerben konnten und von 356–346 v. Chr. über ein schlagkräftiges Heer verfügten. Als der Makedonenkönig Philipp II. eingriff, wurden die Phoker vertrieben und verloren an Bedeutung.

Delphi als Zentralort

Spätestens für das 5. Jahrhundert v. Chr. lässt sich aufzeigen, wie ein feines Netzwerk von Delphi aus weite Teile der griechischen Welt überzog. In zahlreichen Poleis waren Kulte durch Orakelsprüche aus Delphi installiert. Städte behaupteten, aufgrund eines Orakels aus Delphi gegründet worden zu sein, andere Orakelstätten leiteten sich von Delphi ab. Einzelne Poleis gingen seit dem 6. Jahrhundert dazu über, die aus ihrer Stadt stammenden Gaben im eigenen Schatzhaus unterzubringen; auch solche Gebäude wurden *thesauros* genannt. Allerdings waren diese zahlreichen Verbindungen von Delphi in die griechische Welt nicht das Ergebnis einer hinter den Kulissen agierenden delphischen Priesterkaste: Das Orakel reagierte immer nur auf die Anfragen und kam daher gar nicht in die Versuchung, eine eigene Machtpolitik zu betreiben. Zugleich garantierte diese Neutralität, dass die Orakelstätte über eine lange Zeit konsultiert wurde. Delphi wurde zu einer

Arena, in der ein Wettbewerb um Prestige vor der gesamten griechischen Öffentlichkeit ausgetragen wurde. Dabei konnten die Denkmäler in einem kommunikativen Prozess immer wieder neu mit Bedeutung aufgeladen werden, so dass das Heiligtum wie ein Seismograph Erschütterungen in der griechischen Welt registrierte. Diese Eigenschaft Delphis zeigte sich während des Peloponnesischen Krieges (431–404 v. Chr.), als die Athener 415 über eine Expedition gegen Syrakus debattierten. Ein halbes Jahrhundert zuvor hatten die Athener nach dem Sieg über die Perser ein goldenes Standbild der Athena auf einer bronzenen Palme nach Delphi gestiftet. An diesem Siegesdenkmal gingen, so wird berichtet, während der Diskussionen in Athen seltsame Dinge vor: Raben hackten tagelang auf das Bildnis ein, bissen von der Palme die goldenen Früchte ab und warfen sie zu Boden (Plutarch, Nikias 13). Die Botschaft dieses Zeichens war vernichtend: Wenn Raben, die Vögel des Apollon, das Denkmal eines athenischen Sieges beschädigten, so prophezeite der Gott den Athenern eine Niederlage. Sobald die Befürworter des Krieges gegen Syrakus in Athen von diesem Vorzeichen hörten, taten sie es als eine Erfindung der Delpher ab, die von den Syrakusanern dazu angestachelt worden seien. In Athen entschied man sich für die Expedition gegen Syrakus; sie endete in einer Katastrophe.

Delphi soll zweimal von Barbaren angegriffen worden sein, von den Persern (480 v. Chr. oder kurz zuvor) und den Galliern 279/78 v. Chr.). Um beide Fälle ranken sich Mythen vom Eingreifen Apollons. Aus der Phase der kriegerischen Konflikte zwischen Griechen und Römern datiert eine eindrucksvolle Umwidmung eines Denkmals. Nach dem Sieg über den makedonischen König Perseus in der Schlacht bei Pydna (168 v. Chr.) kam der erfolgreiche römische Feldherr Lucius Aemilius Paullus nach Delphi. Dort fand er eine Säule mit einem Denkmal des Perseus, wobei die Arbeiten noch nicht abgeschlossen waren. Der Römer ließ die Statue des Besiegten entfernen und sein eigenes Abbild auf die Säule setzen; dies wurde auch auf der Inschrift des Denkmals festgehalten. Damit nahm Lucius Aemilius Paullus in Delphi die Stelle des Makedonenkönigs ein und demonstrierte die Macht Roms.

Das zweite Heiligtum von panhellenischer Bedeutung befand sich in Olympia, wo alle vier Jahre die berühmten Spiele stattfanden. Oinomaos, der König von Pisa, forderte jeden Freier seiner Tochter Hippodameia zu einem Wagenrennen heraus. Da Oinomaos von seinem Vater Ares ein Paar göttlicher Pferde hatte, gewann er jedes Rennen; die Verlierer mussten mit ihrem Leben bezahlen. Pelops siegte durch eine Manipulation am Wagen des Königs, der durch den Unfall starb; Pelops nahm Hippodameia zur Gattin und wurde zum neuen König von Pisa. Dieser Mythos wurde auch am Tempel in Olympia dargestellt. In einem anderen Mythos gründete Herakles die Spiele. Nach der üblichen Datierung fanden die ersten Spiele 776 v. Chr. statt. Auch wenn ein so frühes Datum keine Historizität beanspruchen kann, handelt es sich um einen sehr alten Wettbewerb. In klassischer Zeit erstreckte sich das Fest über sechs Tage. Am ersten Tag wurde für Zeus und für zwölf weitere Götter geopfert. Im Lauf der Zeit kamen mehrere Disziplinen zusammen, Wettlauf, Ringen und Boxen, um nur einige zu nennen. Den Abschluss der Spiele markierten eine Prozession der Sieger und weitere Opfer.

Olympia

Wesentlich weniger bekannt, aber auch von überregionaler Bedeutung, waren Heiligtümer an riskanten Passagen. So befand sich am Kap Tainaron, im äußersten Süden der Peloponnes, ein Poseidonheiligtum, an dem man opferte, wenn man die gefährliche Umrundung überstanden hatte.

2. Religiöse Räume in der römischen Welt

a) Stadtrömische Heiligtümer der *res publica*

Ähnlich wie *temenos* meint *templum* zunächst nur einen abgegrenzten Platz. Seine religiöse Qualität hat er durch die Prüfung durch einen Augur, der ein zustimmendes Götterzeichen eingeholt hatte (*inauguratio*). Die Bedeutung „Tempel" ist erst sekundär von dem geweihten Platz abgeleitet; den „Tempel" nannten die Römer *fanum* oder *delubrum*. Soweit die Lage es zuließ, waren römische Tempel geostet. Der Architekt Vitruv empfahl im 1. Jahrhundert v. Chr. für die Altäre verschiedene Größen: Iuppiter und die anderen himmlischen Gottheiten sollten hohe Altäre haben, damit die Betenden und Opfernden noch oben schauten; Altäre für Erdgottheiten sollten eher niedrig sein (4,9).

In Rom war das Kapitol der religiös bedeutsamste Ort, auf dem vor allem Iuppiter, Iuno und Minerva ihre Sitze hatten. Als ältester großer Tempel Roms gilt der um 500 v. Chr. errichtete Iuppitertempel auf dem Kapitol, ein Bauwerk von ähnlichen Ausmaßen wie die großen griechischen Tempel. Im Laufe der Republik stieg die Zahl der Tempel an. Manche Tempel in Rom lassen sich genau datieren; eine Auswahl mag genügen: Der Aesculapiustempel wurde 291 v. Chr. gebaut, 260 v. Chr. folgte ein Ianustempel, der Tempel der Venus Erycina auf dem Kapitol wurde 215 v. Chr. errichtet, ein weiterer Tempel für Venus Erycina bei einem Stadttor 181 v. Chr. Bei einigen Tempeln ist der Stifter überliefert; Feldherren konnten aus der Beute einen Tempel finanzieren und damit ihr Prestige für sich und die Nachkommen auf unabsehbare Zeit im Stadtbild Roms verankern, wie Quintus Fulvius Flaccus das 173 v. Chr. mit dem Tempel der Fortuna Equestris versucht hatte. Bei aller Konkurrenz stiftete man nicht mehr als einen Tempel.

Bautätigkeit des Augustus   Mit Augustus änderte sich diese Situation. Dieser erste Kaiser, der zugleich länger regierte als alle seine Nachfolger, verfügte über genügend Zeit für umfangreiche Baumaßnahmen: Er betrat neunzehnjährig als Gaius Octavius (wir nennen ihn Octavian) die politische Bühne nach der Ermordung Caesars 44 v. Chr., war nach fast anderthalb Jahrzehnten Bürgerkrieg 31 v. Chr. der alleinige Sieger, erhielt 27 v. Chr. den Titel „Augustus" (= der Erhabene) und starb erst 14 n. Chr. an Altersschwäche – anders als viele seiner Nachfolger, die ein gewaltsames Ende fanden. Für Augustus war das religiöse Feld ein geeignetes Medium zur Vermittlung seiner Herrschaft. Einige wenige Beispiele mögen genügen: Er ließ 22 v. Chr. den Tempel des Iuppiter Tonans auf dem Kapitol erbauen, nachdem er auf einem Feldzug knapp einem Blitzschlag entgangen war. Das Bauwerk auf dem Burgberg Roms, das der Herrscher für seine Rettung errichten ließ, zeigte allen die Position des Augustus. Zum Augustusforum gehörte ein Tempel, in dem mit Divus Iulius, Mars Ultor und Venus ebenso wie auf dem Kapitol drei Gottheiten verehrt wurden. Divus Iulius war sein Adoptivvater Caesar, der zur Gottheit erklärt worden war; schon Caesar hatte behauptet, von Venus abzustammen; Mars Ultor, der rächende Mars, war der Gott, der dem späteren Augustus bei der militärischen Bestrafung der Caesarmörder geholfen hatte: Augustus hatte diesen Tempel für seinen Vater, seine Ahnherrin und seinen Helfer errichtet. Ein weiterer wichtiger Gott für Augustus war Apollo, der auch in der Schlacht bei Actium als Unterstützer aufgetreten sein soll. Das Haus des Kaisers stand neben dem Apollotempel auf dem Palatin und verfügte über einen direkten Durchgang zum Heiligtum: Zugespitzt gesagt wohnte der Kaiser zusammen mit dem Gott. Überdies behauptete Augustus, er habe mehr als 80 verfallene Tempel restauriert. Mit dieser Aussage erwies sich der Princeps nicht nur als spendabel und fromm, sondern stellte auch die Kommunikation mit den Göttern wieder her: Nur wenn ein Tempel funktionstüchtig war, konnte geopfert werden. In der Zeit des Augustus wurde auch der Rundbau des Pantheon errichtet, über dessen Funktion nur spekuliert werden kann. Die berühmte Ara Pacis (Friedensaltar), 13 v. Chr. bei der Rückkehr des Kaisers aus Gallien eingeweiht, ist durch ihre Größe und die prachtvollen Reliefs mit Darstellungen der kaiserlichen Familie im Opferzug ein architektonischer Sonderfall. Auch wenn spätere Kaiser ebenfalls Tempel erbauen oder restaurieren ließen, ragte Augustus als Bauherr heraus. Insgesamt engagierte sich Augustus in vielen Bereichen der Religion und erwies sich als Bewahrer von – möglicherweise erst von ihm erfundenen – Traditionen.

Tacitus (Historien 4,53) berichtet über die Rituale um den Wiederaufbau des kapitolinischen Tempels im Jahre 70 n. Chr., der ein Jahr zuvor im Bürgerkrieg ein Raub der Flammen geworden war. Anders als in Athen nach 480 v. Chr., als die Reste der zerstörten Tempel auf der Akropolis vergraben und verbaut wurde, schütteten die Römer die Reste des alten Tempels in einen Sumpf. Dies geschah auf die Empfehlung der Haruspices, einer Priesterschaft, die immer wieder das Versenken von religiös potentiell gefährlichen Objekten anordneten; so etwa wurden in der Republik menschliche Zwitter durch das Eingreifen der Haruspices in einen Kasten gesteckt und ins Meer geworfen. Damit waren riskante Objekte aus der Welt geschafft. Ebenfalls anders als in Athen ein halbes Jahrtausend zuvor hielten sich die Römer an die alten Grundrisse, da die Haruspices verkündet hatten, dass die Götter gegen eine Veränderung der Form seien; der Bau wuchs lediglich in die Höhe. Sobald die Fundamente ausgehoben waren, wurde der erste Stein feierlich eingesetzt. Dazu hatte man den gesamten Platz mit Wollbinden und Kränzen umgeben. Soldaten, die einen Glück verheißenden Namen trugen, betraten das Gelände und sollten dem Bau gutes Gelingen bringen; auch bei den Opferritualen der *res publica* führten Männer mit solchen Namen die Opfertiere zum Heiligtum (Plinius, Naturalis Historia 28,22). Tacitus nennt die Namen nicht. Gleichwohl ist es sehr wahrscheinlich, dass sich auch ein „Felix" und ein „Faustus" einfanden. Danach brachte ein Prätor – der Inhaber des zweithöchsten Amtes – ein Opfer dar und betete zu Iuppiter, Iuno und Minerva, den drei Gottheiten, die seit alters im Tempel auf dem Kapitol wohnten, um Mithilfe beim Bau. Erst dann wurde der Grundstein von Ange-

Rituale beim Tempelbau

hörigen aller Schichten der römischen Gesellschaft, vom Senator bis zum Soldaten, mit einem Seil gezogen, das ebenfalls mit Wollbinden umwickelt war. Angesichts der Tatsache, dass der Tempel in einem Bürgerkrieg zerstört worden war, demonstrierte das gemeinsame Ziehen den neuen Zusammenhalt in Rom.

Das *pomerium* Für die Stadt Rom gab es neben der Stadtmauer noch eine religiöse Grenze, das *pomerium*; es verlief bald innerhalb, bald außerhalb der Stadtmauer und war durch beschriftete Steine markiert. Innerhalb des *pomerium* durften keine Gräber angelegt werden; mit dem Wachstum des Römischen Reiches wurde ab und an auch das *pomerium* Roms erweitert. Ein Heer durfte das *pomerium* zur Stadt hin nicht überschreiten. Mit dieser Bestimmung, die nur für Triumphzüge nicht galt und die in Bürgerkriegen oft genug verletzt wurde, sollte die Stadt Rom ein ziviler Raum bleiben. Der Bereich innerhalb des *pomerium* wurde *domi* genannt, alles außerhalb war *militiae*. Daher begann die Kommandogewalt von Feldherren erst, wenn sie das *pomerium* von Rom heraus überschritten hatten; im Bereich *domi* hatten sie zumindest im Normalfall keine Befehlsgewalt. Auch in anderen Städten gab es ein *pomerium*, zum Beispiel in Pompeji. Unter Kaiser Vespasian (69–79) wurden Gräber entfernt, weil sie innerhalb des *pomerium* lagen. Aus Rom reiste eigens ein Beamter an, der den Abstand der Gräber vom *pomerium* messen und sie, wenn nötig, abräumen ließ. Dieser Vorgang, in einer Inschrift festgehalten, zeigt zweierlei, das typisch für den Umgang der Römer mit Angelegenheiten der Religion war: Zum einen waren Bestimmungen, die sicherlich bekannt waren, umgangen oder ignoriert worden. Zum anderen wurden Bestimmungen gelegentlich forciert; über Jahrzehnte scherte sich niemand um die richtige Distanz vom *pomerium*, wenn aber ein Kaiser zeigen wollte, dass er sich an der römischen Tradition orientierte, so war Religion das Medium, dies zu demonstrieren. Vespasian begründete eine neue Dynastie, zugleich legitimierte er seine Macht, die er in einem blutigen Bürgerkrieg errungen hatte, durch den Rückbezug auf Augustus, den ersten Kaiser. Wenn Vespasian die Stadtgrenzen wieder zurechtrückte, so rückte er damit auch symbolisch das gesamte Römische Reich wieder zurecht. Einmal mehr zeigen sich die Spielräume im Umgang mit religiösen Satzungen.

Auch bei den Göttern war es entscheidend, ob ihre Tempel innerhalb oder außerhalb des *pomerium* standen. Als Faustregel gilt, dass neu eingeführte Götter ihre Tempel außerhalb des *pomerium* hatten, so etwa Apollo, Hercules, Diana, Iuno Regina und Aesculapius. Doch zugleich entstand der Tempel der Mater Magna, die erst 205/4 v. Chr. eingeführt worden war, mitten auf dem Palatin. Der 217 v. Chr. eingerichtete Tempel der Venus Erycina befand sich sogar auf dem Kapitol, also deutlich innerhalb des *pomerium*.

b) Italische Heiligtümer

Zentrum und Peripherie Innerhalb Italiens lassen sich, mit der Ausnahme Roms, mehrere Räume von unterschiedlicher religiöser und politischer Bedeutung erkennen. Erstens das Gebiet zwischen Rom und Capua; es ist dies die Region, die durch die *via Appia* und die *via Latina* erschlossen wurde; hier existierten wichtige Bürgerkolonien, hier hatten die Römer ihren Machtbereich zuerst ausgedehnt. Mit diesen Orten kommunizierte das Zentrum vor allem in der Zeit der Republik durch die Annahme von Prodigienmeldungen (siehe Kapitel 5). Städte, die ein minderes Bürgerrecht hatten, wurden in der Republik eher ignoriert. Die Kommunikation des Zentrums in Rom mit den Heiligtümern in Italien symbolisierte zum einen den Zusammenhalt des jeweiligen Nachbarn mit Rom, zum anderen war dies eine Kontrolle durch Rom. Eine solche Ausübung von Macht begegnet bereits bei der Regulierung des Bacchanalienkultes 186 v. Chr. Fast 500 Jahre später belegt eine Inschrift aus Cumae in der Nähe von Neapel immer noch die Kontrolle durch Rom. Es handelt sich um die Niederschrift eines Schriftwechsels zwischen den *Quindecimviri sacris faciundis* in Rom und den Amtsträgern in Cumae aus dem Jahr 289:

Regulierung des Bacchanalienkultes
(Corpus Inscriptionum Latinarum X 3698)

Die 15 Männer zur Durchführung von Opfern (sacris faciundis) grüßen die Praetoren und die Amtsträger von Cumae. Weil wir aus eurem Brief erfahren haben, dass ihr Licinius Secundus anstelle des verstorbenen Claudius Restitutus zum Priester der Göttermutter gewählt habt, erlauben wir ihm, eurem Willen entsprechend, Armreif und Krone zu verwenden, allerdings nur innerhalb der Grenzen eurer Kolonie.

Zumindest formal waren die *Quindecimviri sacris faciundis* immer noch für die Aufsicht über die so genannten „orientalischen" Kulte zuständig und mussten benachrichtigt werden, wenn ein neuer Priester gewählt worden war. Armreif und Krone waren die Insignien des Priesters. Wenn die stadtrömischen Priester darauf Wert legten, dass Licinius Secundus diese Attribute nur auf dem Gebiet der Stadt trug, so wurde damit der Kult auf Cumae reduziert. Im Heiligtum der Feronia am Berg Soracte in Latium gingen die vom Gott ergriffenen Menschen einmal im Jahr über glühende Kohlen. Um dieses Spektakel zu verfolgen, fanden sich stets zahlreiche Besucher ein (Strabo 5,226).

Besondere Bedeutung konnte den Heiligtümern in der Nähe Roms zuwachsen, die in einer Tagesreise erreichbar waren. Zwei Beispiele mögen genügen: Der Tempel des Iuppiter Latiaris auf dem Albaner Berg korrespondierte mit dem Tempel des Iuppiter Capitolinus in Rom. Zwischen dem Kapitol und dem Albaner Berg bestand Sichtverbindung. Das Götterbild des Iuppiter auf dem Kapitol, das Spurius Carvilius Maximus 293 v. Chr. aus den Rüstungen der von ihm besiegten Samniten auf dem Kapitol aufstellte, war noch vom Tempel des Iuppiter Latiaris zu sehen, eine deutliche Erinnerung an die Dominanz der Römer über die erst wenige Jahre zuvor unterworfenen Latiner. Rom und der römische Iuppiter waren bei allen künftigen Versammlungen der Latiner zumindest optisch präsent. Zweitens wurden die *feriae Latinae*, eines der wichtigsten Feste im römischen Kalender, auf dem Albaner Berg zum Frühjahrsanfang abgehalten. Seit dem 4. Jahrhundert v. Chr. setzten die Konsuln den Zeitpunkt der Feier fest; reihum vollzogen Magistrate aus den Mitgliedsgemeinden die Opfer. Selbst in Notzeiten durften die

Der Albaner Berg

Konsuln erst in die Provinzen abreisen, nachdem sie Iuppiter auf dem Kapitol und auf dem Albaner Berg geopfert hatten; römische Magistrate und Amtsträger der latinischen Städte hatten dabei auf dem Albaner Berg anwesend zu sein.

Bei den *feriae Latinae* wurde das Opfer eines Stieres höchst symbolträchtig inszeniert. Während die Römer das Opfertier stellten, mussten die Vertreter der latinischen Gemeinden um ihren Anteil bitten: Im Ritual bildete sich die Hegemonialstellung Roms ab. Das Ende der Feierlichkeiten wurde durch ein großes Feuer auf dem Gipfel des Berges bei Anbruch der Dunkelheit markiert, das auch in Rom zu sehen war. Prodigien wurden an diesem Ort häufig gesehen: Besonders zahlreich sind die Steinregen, die sich seit der Königszeit immer wieder am Albaner Berg ereignet haben sollen. Bei der Suche nach einem bedeutungsträchtigen Ort in der Nähe Roms war der Albaner Berg aufgrund des Heiligtums und der Versammlungsstätte der Latiner die erste Adresse; andere berühmte Heiligtümer – etwa Praeneste, Lanuvium oder Tarracina – waren entweder weiter von Rom entfernt oder verfügten nicht über das nötige Prestige.

Das Dianaheiligtum von Aricia

Unweit vom Tempel des Iuppiter Latiaris befand sich in einem Vulkankrater, den zum Teil ein See bedeckt, das Heiligtum der Diana in Aricia. Der dortige Priester, der Rex Nemorensis (= Waldkönig), war ein entlaufener Sklave, dem es gelungen war, seinen Vorgänger im Zweikampf zu töten. Geflohenen Sklaven drohte die Kreuzigung; nur wer sich dieses Priesteramt erkämpfte, musste nicht mehr mit Bestrafung rechnen. Möglicherweise war das Amt so in seinem Ansehen gesunken, und möglicherweise war auch die Waffe des Herausforderers so schwach – er durfte sich nur mit einem Ast von einem bestimmten Baum ausrüsten – dass dieses Priestertum nur noch entlaufenen Sklaven attraktiv schien. Über die Häufigkeit der Zweikämpfe ist nichts überliefert. Caligula (37–41) ließ den Priester, der schon lange sein Amt innehatte, mit einem kräftigeren Gegner kämpfen; über den Ausgang wird nichts berichtet. In der antiken Tradition wurde Virbius, eine mythologische Figur aus Aricia, als Sohn des Griechen Hippolytos präsentiert; Hippolytos war durch die Pferde des Poseidon ums Leben gekommen. Doch nicht in allen Versionen ist sein Tod endgültig:

Der merkwürdige Priester der Diana in Aricia
(Pausanias 2,27,4)

(Es) erzählen auch die Bewohner von Aricia, dass Asklepios den durch die Flüche des Theseus getöteten Hippolytos wieder zum Leben erweckte. Wie er wieder lebendig war, wollte er seinem Vater nicht verzeihen, sondern ging trotz seiner Bitten nach Italien zu den Bewohnern von Aricia, wurde dort König und weihte der Artemis ein Heiligtum, wo es noch zu meiner Zeit als Siegespreis im Zweikampf galt, dass der Sieger Priester der Göttin wurde. Dieser Wettkampf stand aber keinem Freien offen, sondern nur ihren Herren entlaufenen Sklaven.

Dieser Mythos schafft eine Verbindung zwischen Griechenland und Rom. Dazu passt auch, dass das Kultbild der Diana aus Tauropolos stammte, einem mythischen Ort am Schwarzen Meer. In der Mitte des 5. Jahrhunderts v. Chr. wurden die Knochen des Orestes von Tegea in Arkadien nach Sparta gebracht; nach einer römischen Tradition kamen seine Überreste nach Aricia; Augustus, dessen Mutter aus Aricia stammte, ließ die Gebeine des Orestes nach Rom in den Saturntempel bringen. Um 200 n. Chr. zerstörte ein Erdrutsch das Heiligtum, in der Folgezeit scheint der Rex Nemorensis nach Sparta verlegt worden zu sein. Damit steht am Anfang und am Ende der mythologischen Tradition jeweils ein Kulttransfer, der am Schwarzen Meer begann, über Aricia ging und in Sparta endete. Das Fest für Diana war am 13. August; das Fest des St. Hippolytus, der ebenso wie der griechische Hippolytos von Pferden zerrissen wurde, ist ebenfalls am 13. August: Nur selten lässt sich eine solche Kontinuität belegen. Im Heiligtum der Diana hat auch der Transfer einer griechischen Ritualpraxis Spuren hinterlassen: Inschriftlich fixierte Listen mit dem Besitz der Gottheit waren bei den Griechen schon lange üblich, das Exemplar aus Nemi hingegen dürfte in die frühe Kaiserzeit gehören. Die Inschrift listet das Eigentum von mindestens zwei Tempeln auf, unter anderem sind 17 Götterbilder (*signa*) der Kopf eines Sol und zwei Altäre aus Bronze genannt (Corpus Inscriptionum Latinarum XIV 2215).

Der Rest Italiens war von weniger großer Bedeutung. Wenn Quintus Fulvius Flaccus den Tempel in Kroton einfach abdecken konnte, so mag dies auch ein Beweis für den Status dieser Orte sein. In einem Heiligtum, das näher an Rom lag, hätte der Zensor sich dies kaum erlauben können. Über die Mechanismen der Kulttransfers lässt sich nur spekulieren. Auch wenn Gottheiten und Kulte von anderen Städten nach Rom gebracht wurden, kam es nicht zu einer religiösen Entleerung Italiens; Götter konnten an mehreren Orten verehrt werden. Als Drehscheibe für neue Kulte sind die großen Hafenstädte zu sehen: Ostia, Cumae, Brundisium. Vielleicht lässt sich die Stadt Rom als Verstärker beschreiben: Wenn Gottheiten in Rom Anhänger gefunden hatten, stieg die Wahrscheinlichkeit, dass diese Götter auch in anderen Orten verehrt wurden.

Heiligtümer mussten nicht unbedingt ausgebaut sein, sondern konnten auch in der Natur sein, wie etwa das Quellheiligtum des Clitumnus im mittelitalischen Spoletum, dem der jüngere Plinius einen ganzen Brief (8,8) widmete. In einem mit Zypressen bestandenen Hain befanden sich mehrere Quellen, die sogleich einen kleinen Fluss entstehen ließen, auf dem Boote fahren konnten. Das Wasser war von solcher Klarheit, dass man mühelos die hineingeworfenen Münzen zählen konnte – nebenbei ein Beleg dafür, dass man bereits in der Antike gerne Geldstücke in Quellen warf. Im Heiligtum befand sich ein Tempel für Clitumnus, aber auch noch weitere Altäre für andere nicht namentlich genannte Götter. Säulen und Wände waren mit Inschriften übersät, in denen die Quelle und Clitumnus gepriesen wurden: Auch römische Heiligtümer generierten Texte.

c) Römische Reichsreligion

Der Begriff der Reichsreligion darf nicht in die Irre führen: Es gab keinen verbindlichen Kult für das römische Reich. Wenn hier als Räume zunächst Rom, dann Italien und schließlich das Reich genannt werden, so liegt dem eine historische Dynamik zugrunde. In der frühen Republik ging es nur um Rom und das engste Umland. Ab etwa 300 v. Chr. kontrollierten die Römer ganz Italien, dementsprechend gewannen Heiligtümer in Italien an Bedeutung. Mit der Ausdehnung des Reiches auf das gesamte Mittelmeergebiet verloren die italischen Städte und damit auch ihre Heiligtümer an Bedeutung.

Religiöse Vielfalt im Römischen Reich

Überall lebten in mehr oder weniger starker römischer Brechung lokale und regionale religiöse Traditionen fort. Je größer eine Stadt, je wichtiger sie als Durchgangsstation für Händler und Militärs war, desto bunter dürfte die religiöse Vielfalt gewesen sein. Die Armee setzte sich aus Kontingenten aus vielen Teilen des Reiches zusammen; je nach Bedarf wurden Einheiten verlegt. Dadurch war allein schon das Heer ein Multiplikator nicht nur der traditionellen römischen Kultpraxis, sondern auch ein Medium, durch das sich neue Kulte rasch verbreiten konnten, wie etwa der Mithraskult. Eine besondere Rolle spielten die Legionen in den Gebieten an Rhein und Donau, wo ein großer Teil des römischen Heeres über Jahrhunderte stationiert war. Ein anderer Raum von besonderer Eigenheit in der kultischen Tradition war die Stadt Korinth: 146 v. Chr. durch die Römer zerstört und entvölkert, wurde die einst berühmte Griechenstadt rund 100 Jahre später als eine Kolonie römischer Bürger neu gegründet. Aus Korinthos wurde *Colonia Laus Iulia Corinthus*, in der sich auch der Apostel Paulus aufhielt. In den Kulten der Stadt lassen sich römische und griechische Komponenten erkennen.

Tempelbau

Die Tempel im lateinischen Westen des Römischen Reiches orientierten sich weitgehend am stadtrömischen Vorbild des Podiumtempels; bestes Beispiel ist die so genannte Maison Carrée in Nîmes. Im griechischen Osten herrschte eine größere Vielfalt; oftmals wurden die klassischen griechischen Formen aufgenommen. Zugleich gab es auch Ausnahmen vom üblichen Tempelschema. Heiligtümer des Mithras, der sich ab etwa dem 2. Jahrhundert n. Chr. großer Beliebtheit erfreute, folgten nicht dem üblichen Tempelschema, sondern waren mehr oder weniger große Räume mit einem Altar; teilweise dürften sie auch von außen einsehbar gewesen sein. Auch die christlichen Hauskirchen hoben sich von den Tempeln ab.

Tendenziell dürfte die Zahl der Tempel bis ins 3. Jahrhundert n. Chr. zugenommen haben. Allerdings waren nicht alle in Betrieb. Bisweilen liest man in den Quellen von Tempeln, die nicht mehr im Gebrauch waren; zumeist wohl aufgrund fehlender Finanzierung. Besonders für den Kaiserkult wurden immer wieder Tempel gebaut. Ein Beispiel mag genügen: Zu Zeiten des Augustus errichteten die Bürger von Mantineia in Arkadien einen Tempel für Aphrodite Symmachias (des Bündnisses) und feierten hiermit ihr Bündnis mit dem ersten Kaiser im Bürgerkrieg. Aphrodite passte gut zu Augustus, da er Venus als seine Urahnin präsentierte. Es ist gut möglich, dass der Kaiser den Bau finanziell unterstützte.

Sollte ein Tempel gebaut werden, so wurde der Kaiser gefragt; dies gilt auch für Tempel außerhalb Roms. Zugleich gehörte es sich für einen guten Kaiser, die Wünsche der Untertanen nicht zu behindern. Aus einer Inschrift aus dem Jahre 137 n. Chr. aus Salona in Dalmatien lässt sich ermessen, welche Bedeutung die stadtrömischen Tempel für Heiligtümer im Reich hatten. Bei der Weihung eines Tempels für Iuppiter Optimus Maximus heißt es: „die übrigen Gesetze für diesen Altar sollen dieselben sein wie beim Altar der Diana auf dem Aventinshügel (in Rom)". Es endet mit einem Gebet des höchsten Magistrats an Iuppiter: „Iuppiter Optimus Maximus! So, wie ich es gesagt habe, gebe, spreche und weihe (die Alliteration *do dico dedicoque* ist unübersetzbar) ich dir diesen Altar, damit du gnädig sein mögest mir, meinen Amtskollegen, den Mitgliedern des Stadtrates, den Bürgern, und den weiteren Bewohnern der Colonia Martia Iulia Salona, auch unseren Frauen und Kindern" (Corpus Inscriptionum Latinarum III 1933).

Vitruv weist den Tempeln ihre Plätze zu. Die Tempel für Iuppiter, Iuno und Minerva sollten an der höchsten Stelle stehen – hier orientiert er sich wohl an Rom, wo das Kapitol auch den höchsten Platz einnahm. Bei Isis, Serapis und Venus plädiert Vitruv für einen Platz beim Hafen, Mercurius sollte ebenfalls am Hafen oder am Markt sein Heiligtum haben. Auch weitere Gottheiten lokalisiert Vitruv an einem Ort, der mit ihren Tätigkeitsbereichen in Verbindung steht: Apollo und Liber Pater am Theater, Hercules entweder am Gymnasium, beim Amphitheater oder beim Circus. Ein Tempel für Mars sollte außerhalb der Stadt liegen, um einen Bürgerkrieg zu vermeiden; ein Tempel für Volcanus sollte sich außerhalb der Stadtmauern befinden, damit kein Feuer in der Stadt ausbricht. Venus war in den Bereich des Draußen verbannt, damit die Menschen nicht verdorben werden (1,7). Nun wurde in der Antike wohl keine einzige Stadt nach den Plänen Vitruvs gebaut. Doch spannend wird diese Klassifikation, wenn man betrachtet, welche Gottheiten überhaupt genannt werden. Wenn Vitruv seine Liste nicht völlig aus der Luft gegriffen hat, so zählt er die 13 wichtigsten Gottheiten seiner Zeit auf und listet die Argumente für die Verteilung der Tempel auf: Man konnte zumindest so denken.

Systematik bei Vitruv

Gerade in der Situation eines Flächenstaates, also mit abnehmender Bedeutung der einzelnen Städte, gewannen Kultvereine als Organisationsform an Bedeutung. Diese Tendenz lässt sich bereits im hellenistischen Griechenland erkennen und setzte sich im römischen Reich fort. Die griechischen Begriffe für einen Kultverein sind *thiasos* oder *eranos*. Vereine gaben sich ihre eigenen Satzungen. Aus einer Stadt in Mittelgriechenland halten in der Kaiserzeit die Mitglieder eines *thiasos* die Strafzahlung für diejenigen fest, die nicht zu den Ritualen erscheinen: fünf Drachmen (Inscriptiones Graecae 9,1^2,670). Aus dem lateinischen Westen mögen einige wenige Beispiele genügen, die *cultores* (= Verehrer) des Hercules in Reate, die *cultores* der Diana und des Antinoos in Lanuvium oder die *cultores* des Genius der Stadt Aguntum im heutigen Österreich; es gab das *collegium* der Zimmerleute, der Feuerwehrleute, der Steinmetze, der Schlauchverfertiger, der Flötenspieler für die Mater Magna, der Mithrasverehrer sowie Kollegien von spezialisierten Händlern. Solche Kollegien verfügten oft über ein eigenes Gebäude.

Kultvereine

d) Individuelle Initiativen

Es unmöglich, allgemein gültige Aussagen über die Rituale im persönlichen Bereich zu machen. Handbücher geben oft eine optimistische Sicht der Dinge und erwecken den Eindruck, als wüssten wir etwa über die Hochzeitsrituale Bescheid. Oft genug basieren die Angaben auf einer einzigen Quelle oder auf verstreuten Notizen. Daher ist stets mit Variationen zu rechnen. In der Antike konnten beim Essen kleine Opfer dargebracht werden. Es reichte, wenn ein Schluck Wein – bei den Griechen oft für den *agathos daimon* – oder auch ein Happen vom Essen den Göttern gegeben wurde. Damit konnte auf der privaten Ebene das Opfer eine tägliche Angelegenheit sein. Wer auf der sicheren Seite sein wollte, besprengte sich am Morgen mit Wasser aus einer Quelle in einem Heiligtum, nahm ein Lorbeerblatt in den Mund und war damit religiös gereinigt (Theophrast, Charakteres 16). Wer an einem Götterbild vorbeiging, konnte ihm einen Kuss mit den Fingerspitzen zuwerfen. Der Aufwand für häusliche Opfer war nicht festgelegt; das Erscheinen einer Schlange im Haus konnte dazu führen, dass man einen zusätzlichen Hausaltar einrichtete. In der römischen Welt war es nicht unüblich, an den Hauswänden Beschwörungen gegen Brände niederzuschreiben (Plinius, Naturalis Historia 28,20). Zugleich war es möglich, einen Teil dieser täglichen Religiosität zu delegieren; Cicero überließ seiner Gattin die Rituale im Haus (ad familiares 14,1,1 und 14,8,1). Zu den religiösen Optionen von Individuen in der Stadt gehörte auch die besondere Pflege der Götterbilder. Augustinus amüsiert sich in seinem „Gottesstaat" über Menschen, die in Rom auf dem Kapitol Iuppiter die Stunde ansagten, andere sollen Iuno und Minerva – damit war die Kapitolinische Trias komplett – die Haare gerichtet haben, indem sie von der Ferne so taten, als würden sie die Göttinnen frisieren; zu den Statuen hatten sie keinen Zutritt. Ein ehemaliger Schauspieler führte täglich vor dem Tempel ein Stück auf (6,10). Über den Bereich außerhalb der Stadt wissen wir nur wenig. Wer über genügend Platz verfügte, konnte auf seinem Gutshof ein eigenes Heiligtum errichten. War, wie etwa im römischen Germanien, die nächste Stadt und die nächste größere Straße weit entfernt, so entstanden in den Gutshöfen auch die Grabmäler.

Kulte im Haus   Ein römisches Haus hatte keine separaten Bereiche für die Götter. Zu den Hausgöttern zählten zum einen die Penaten; man hatte in einem Haus mehrere Götter als *penates*, auch bekannte Götter konnten zu ihnen gehören. Die Penates konnten anthropomorph oder anikonisch dargestellt werden. Zum anderen die *lares*, die das Land schützten, auf dem die Familie lebte; sie erhielten mehrmals im Monat Gaben. Auch wenn die Laren zumeist im eigenen Lararium standen, einer Art Hauskapelle, waren sie nicht an diesen Ort gebunden. So mochte man am Beginn eines Gastmahles die Laren und die Penaten herbeiholen, um ihnen Opfer darzubringen. Wie streng die Grenzen zwischen Laren und Penaten sowie dem Genius gezogen waren, lässt sich nicht mehr klären; in den Quellen gibt es Hinweise darauf, dass die Verehrung der Lares der gesamten *familia* oblag, der Kult der Penates nur den Hausherren. Noch deutlicher wird die Ubiquität von Religion bei der Betrachtung der reich dekorierten Häuser in Pompeji: Mythologische Motive finden sich in der Wandmalerei und auf dem teuren Geschirr, in den Gärten standen Kopien griechischer Götterbilder. Unklar ist, ob dies lediglich als Kopie der hellenistischen Wohnarchitektur zu verstehen ist – wenn ja, was sagt das über die Griechen? – oder ob sich hier auch Frömmigkeit manifestierte. Wahrscheinlich trifft keine der beiden Deutungen zu: Die bildliche Präsenz von Göttern war ein Aspekt von Religion in der Antike. Wir wissen nicht, ob sich in jeder Wohneinheit der unteren Schichten auch ein Larenaltar befand, ob in jeder Wohnung Kulte vollzogen wurden.

Opferrituale in der Landwirtschaft   In der Schrift des alten Cato (234–149 v. Chr.) über die Landwirtschaft finden sich zwei Beschreibungen von Opfern auf dem eigenen Hof. Zum einen erwähnt Cato das Opfermahl vor der Aussaat von Hirse, Knoblauch und Linsen. Über Rituale vor der Aussaat anderer Pflanzen erfahren wir nichts; das Opfer ist darzubringen, wenn der Birnbaum blüht.

Q

Opfer vor der Aussaat
(Cato, Über den Ackerbau 132)

Dem Opfermahl-Iuppiter (Iuppiter Dapalis) bringe einen Becher Wein so groß, wie du willst, als Opfer dar; an diesem Tag ist Feiertag für Ochsen, Ochsenknechte und alle, die das Opfermahl ausrichten. Wenn du das Opfer darzubringen hast, solltest du so beginnen: „Opfermahl-Iuppiter, da dir in meinem Haus und Haushalt ein Becher Wein als Opfergabe dargebracht werden muss, aus diesem Grund sei mit der Darbringung dieser besagten Opfergabe geehrt!" Währenddessen wasche dir die Hände. Danach nimm den Wein (mit den Worten): „Opfermahl-Iuppiter, geehrt seiest du mit der Darbringung der besagten Opfergabe, geehrt seiest du mit dem dargebrachten Wein!" Der Vesta opfere, wenn du willst. Das Opfermahl für Iuppiter: 1 Pfund Schaffleisch, eine Urna Wein. Dem Iuppiter opfere die Gaben mit reinen Händen bei ihrer Berührung.

Diese Ritualvorschrift, zwischen Empfehlungen über den Umgang mit Brennholz und einem Kapitel über die Vermehrung der Obstbäume durch Absenker eingefügt, zeichnet sich durch die Abwesenheit von klaren Vorschriften aus. Im Gegenteil, in einigen Punkten hat der Opfernde Spielräume. Er bestimmt selbst die Menge an Wein für den Gott; die Urna Wein ist keine fest definierte Einheit. Das Opfer ist nur für eine bestimmte Gruppe, die Ochsenknechte und die Helfer, ein Feiertag. Auch die beiden Gebete sind als Empfehlungen zu verstehen. Besondere Hervorhebung verdient, dass das Opfer an Vesta optional ist: Man kann ihr opfern, man kann es aber auch bleiben lassen, ohne dass Schaden droht! Spätestens jetzt wird deutlich, dass es sich nicht um eine strikt zu befolgende Anweisung handelt, sondern um Ratschläge. Hier hat der Besitzer eines Landgutes aus seinem Fundus geschöpft. Er wird ungefähr in dem Rahmen dessen geblieben sein, was er von anderen gehört hatte. Diese Religion ist vor allem mündlich. Das Datum ist nur vage angegeben „wenn der Birnbaum blüht". Da sich die Blüte über ein bis zwei Wochen erstreckt, besteht ein gewisser Spielraum. Wenig hilfreich wäre die Orientierung an einem Kalenderdatum: Zum einen war der Kalender vor Caesars Reform aufgrund unzulänglicher Schaltung oft stark verschoben, zum anderen hing die Aussaat von der Entwicklung des jeweiligen Jahres ab.

Insgesamt bietet Cato Empfehlungen. Dabei ist es vielleicht sogar gleich, ob es sich um Opfer handelt oder um die Art und Weise, wie man Ableger von Obstbäumen herstellt. Zwei Kapitel später beschreibt Cato das Opfer einer Sau an Ceres vor der Ernte von Emmer, Hartweizen, Gerste, Bohnen und Rübensamen:

Q

Opfer vor der Ernte
(Cato, Über den Ackerbau 134)

Mit Weihrauch und Wein bete vorher zu Ianus, Iuppiter, Iuno, ehe du das weibliche Schwein opferst. Ianus reiche Opfergebäck (strues) dar mit den Worten: „Vater Ianus, dich bitte ich mit der Darreichung dieses Opfergebäcks um die Gunst, dass du mir und meinen Kindern, meinem Haus und meinem Haushalt wohlwollend und gnädig sein mögest!" Einen Opferfladen (fertum) reiche Iuppiter dar und ehre ihn mit den Worten: „Iuppiter, dich bitte ich mit der Darreichung dieses Opferfladens um die Gunst, dass du mir und meinen Kindern, meinem Haus und meinem

Haushalt wohlwollend und gnädig gesinnt sein mögest, da du doch mit diesem Opferfladen geehrt wurdest!" Danach spende Ianus den Wein mit den Worten: „Vater Ianus, wie ich dich mit der Darreichung von Opfergebäck und der Bitte um deinen Segen um deine Gunst gebeten habe, so sei aus demselben Anlass mit dem dargebrachten Wein geehrt!" Danach für Iuppiter mit den folgenden Worten: „Iuppiter, geehrt seiest du mit diesem Opferfladen, geehrt seiest du mit dem dargebrachten Wein!" Danach opfere die Sau als Vorernteschlachtopfer. Sobald die Eingeweide herausgeschnitten sind, reiche Ianus Opfergebäck dar und ehre ihn in derselben Form, in der du es vorher dargereicht hast. Iuppiter reiche einen Opferfladen dar und ehre ihn ebenso, wie du es vorher getan hast. Ebenso spende Ianus Wein und spende Iuppiter Wein, ebenso, wie er vorher gespendet wurde aus Anlass der Darreichung des Opfergebäcks und der Darbringung des Opferfladens. Danach spende Ceres Eingeweide und Wein.

Diese Passage gewinnt durch eine Übersicht an Deutlichkeit:
- Erster Schritt: Weihrauch und Wein an Ianus, Iuppiter und Iuno
- Zweiter Schritt: Opfergebäck an Ianus und Opferfladen an Iuppiter; Wein an Ianus und Wein an Iuppiter
- Dritter Schritt: Sauopfer an Ceres
- Vierter Schritt: Opfergebäck an Ianus und Opferfladen an Iuppiter; Wein an Ianus und Wein an Iuppiter
- Fünfter Schritt: Opfer von Eingeweide und Wein an Ceres

Was ergibt sich aus dieser Ritualsequenz? Ceres ist in diesem Opfer die wichtigste Gottheit. Nur sie erhält einen Teil vom Fleisch des Opfertieres. Ianus bekommt Opfergebäck (*strues*), Iuppiter hingegen Opferfladen (*fertum*); worin der spezifische Unterschied zwischen diesen beiden „vegetarischen" Gaben besteht, ist nicht zu klären. Iuno, die zunächst im Gebet erwähnt wird, kommt danach nicht mehr vor. Ianus ist hier nicht die Gottheit des Überganges und der Schwelle, sondern offensichtlich auch für Fruchtbarkeit zuständig. Es fällt auf, dass Iuppiter, eigentlich der wichtigste Gott, erst nach Ianus kommt. Ein Gebet an Ceres fehlt, ist aber wohl vorauszusetzen. Das je vierfach vorgetragene Gebet an Ianus und Iuppiter betrifft den Opfernden, seine Kinder, sein Haus (*domus*) und sein Gesinde (*familia*).

Spielräume im Ritual   Wir erfahren nichts über den Ort, an dem die Rituale durchzuführen sind, über die Menge an Wein oder zur Größe der Opferfladen. Hier bestehen für den Opfernden Spielräume. Weiterhin erwähnenswert ist das Fehlen von Verboten. Cato schreibt nichts von ritueller Unreinheit, von Tieren, die nicht geopfert werden dürfen, von einer Störung des Rituals: Der Opfernde wird schon selbst wissen, wie er mit dem Ritual umzugehen hat. Dass Marcus Porcius Cato auch als Priester fungierte – unklar bleibt, welches Priesteramt er bekleidete – schlägt sich in den Texten nicht nieder; zugleich unterstreicht dies, dass der Hausherr über die Rituale entschied, nicht ein Priester.

Bei einem Ritual, mit dem Land entsühnt wird – den Grund für die Entsühnung nennt Cato nicht – sollen ein Ferkel, ein Lamm und sein Kalb geopfert werden. Wenn alle drei Opfer kein gutes Vorzeichen ergeben, wenn also bei allen dreien die Form der Eingeweide ungünstig ist, so wird das Opfer wiederholt. Dies kann sogar ein drittes Mal geschehen (141). Durch diesen großen Spielraum wird es wohl immer zu einem günstigen Opfer kommen.

Auch für die römische Welt gilt, dass ein Tempel einen Sponsor brauchte. Zahlreiche Bauinschriften von Tempeln aus der gesamten römischen Welt künden von solchen Initiativen. Wer außerhalb Roms als *patronus* einer Stadt fungierte, also ihre Interessen in Rom vertrat und dafür in der entsprechenden Stadt hohe Ehrungen erhielt, mochte geneigt sein, dort einen Tempel zu stiften. So bezahlte der jüngere Plinius in der Zeit um 100 n. Chr. einen Tempel in der mittelitalischen Stadt Tifernum Tiberinum; in einem Brief schrieb er (Briefe 4,1):

Finanzierung von Tempeln

> In dieser Stadt habe ich [...] einen Tempel auf meine Kosten errichtet; es wäre ohne Rücksicht gegen die Götter *(inreligiosum)*, dessen Weihung, da er jetzt vollendet ist, weiter aufzuschieben. Also werden wir am Tag der Einweihung dort sein, den ich mit einem Festmahl zu feiern beschlossen habe.

Plinius sorgte auch für einen würdigen Rahmen bei der Einweihung des Tempels. Bei diesem Festschmaus nahm mit einiger Sicherheit die gesamte Bürgerschaft des Städtchens teil. Seltsamerweise teilte Plinius nicht mit, welcher Gottheit der Tempel galt. Man kann sich des Eindrucks nicht erwehren, dass es für Plinius lediglich darum ging, den Bewohnern von Tifernum Tiberinum als Gegengabe für die vielen Ehrungen einen Gefallen zu erweisen.

Aus einer Erbschaft hatte Plinius die Bronzestatue eines nackten alten Mannes erworben, dessen Altersmerkmale deutlich herausgearbeitet waren. Dies empfand Plinius nicht als hässlich, sondern als spannend für das Auge des Künstlers und als erfreulich für den Laien. Nun wollte Plinius die Statue in seiner Heimatstadt Comum an einem belebten Ort aufstellen, im Heiligtum des Iuppiter. Plinius beauftragte einen Verwalter damit, einen würdigen Sockel für die Statue herstellen zu lassen. Das Material sollte Marmor sein, wobei Plinius die Sorte dem Verwalter überließ. Wichtiger war, dass die Statuenbasis den Namen des Plinius und seine Ehrenämter trug (Plinius, Briefe 3,6): Engagement für die Götter bot oft genug die Möglichkeit, der Erinnerung *(memoria)* an den eigenen Namen Dauer zu geben.

Plinius verfügte über ausgedehnten Grundbesitz. Auf einem seiner Güter befand sich ein uraltes Heiligtum der Ceres, das nach der Auskunft der Haruspices eine gründliche Renovierung nötig hatte. In einem solchen Fall hatte der Eigentümer des Grundstückes die Kosten der Renovierung zu tragen. Plinius wollte das Heiligtum verschönern und vergrößern. Jedes Jahr fand im September am Heiligtum ein Fest statt, zu dem eine große Menschenmenge zusammenströmte. Das Fest hatte zum einen eine religiöse Komponente, Opfer wurden dargebracht, Gelübde getan und eingelöst, zum anderen war es ein großer Markttag für die Region. Da die zahlreichen Besucher keinen Schutz gegen Regen oder Sonne hatten, wollte Plinius eine überdachte Wandelhalle *(porticus)* hinzufügen. Gedanken über die religiöse Tragweite des Umbaus, etwa die Überlegung, dass die gnädig gestimmte Ceres für bessere Ernten sorgen könnte, fehlen. Deutlich wird nur das Bestreben nach mehr Bequemlichkeit der Besucher (Plinius, Briefe 9,39).

Oft ist die Unterscheidung in die beiden Bereiche „öffentlich" und „privat" ein hilfreiches Instrument, etwa um die Rolle von Kulten in einer Stadt zu analysieren. Doch zugleich sind die Bereiche des Öffentlichen und des Privaten nicht stets scharf voneinander zu trennen. Nicht alles, was im Haus geschah, war privater Natur; weite Bereiche eines Hauses waren der Öffent-

„öffentlich" und „privat"

111

lichkeit zugänglich. Dies gilt für die gesamte Antike. Umgekehrt gab es öffentliche Bereiche, die nicht zugänglich waren; im religiösen Feld sind die Tempel zu nennen, die oft genug verschlossen waren. Die lateinischen Begriffe *publicus* und *privatus* beziehen sich vor allem auf den Status von Grundbesitz.

Theodor Mommsen unterschied in seinem Werk zum römischen Staatsrecht zwischen den beiden Bereichen „öffentlich/politisch" und „privat/unpolitisch". Georg Wissowa, ein Schüler Mommsens, unterschied zwischen den *sacra publica*, die im Namen der *res publica* vollzogen wurden, und den *sacra privata*, den Kulten der Individuen, Familien, Geschlechter und Kultvereine. Schon Wissowa räumte Überschneidungen zwischen den beiden Bereichen ein. Zum einen konnte, wer *sacra privata* vollzog, einen Priester um Rat fragen; bei der Verlegung von Gräbern waren Priester sogar nötig. Zum anderen waren auch die *sacra publica* für individuelle Initiativen offen. So etwa, wenn ein siegreicher Feldherr einen Teil der Beute benutzte, um einen Tempel zu stiften; in den Heiligtümern stapelten sich die Gaben; aus Stiftungen verfügten der Tempel des Iuppiter Optimus Maximus, die Heiligtümer in Praeneste und in Lucus Dianae, um nur einige zu nennen, über Geld, wertvolle Materialien und ausgedehnte Ländereien. Viele Rituale hatten eine öffentliche und eine private Seite: Zu Beginn der Saturnalien im Dezember (s. unten) wurde vor dem Saturntempel in aller Öffentlichkeit geopfert, danach spielten sich die Rituale in den einzelnen Häusern ab. 296 v. Chr. weihte Verginia im eigenen Haus einen Altar der Pudicitia Plebeia (der plebeischen Schamhaftigkeit). Verginia stammte aus einer patrizischen Familie und gehörte damit dem alten Adel an. Weil sie aufgrund ihrer Ehe mit einem Plebeier, einem sozialen Aufsteiger, nicht mehr am traditionellen Kult der Pudicitia Patricia (der patrizischen Schamhaftigkeit) teilnehmen durfte, richtete sie den neuen Kult ein (Livius 10,23,4–10). Obwohl Verginia weder ein politisches Organ noch eine Priesterschaft gefragt hatte, scheint sie keine Probleme erhalten zu haben.

Dass eine Argumentation in den Kategorien von *publicus* und *privatus* auch Mittel des innenpolitischen Disputes sein konnte, lässt sich am Streit um das Grundstück erkennen, auf dem das Haus Ciceros gestanden war: Ciceros Gegner hatten während seiner Verbannung das Haus niederreißen lassen und den Ort zu einem Heiligtum gemacht. Damit war der Verbannte enteignet; der sakrale Charakter des Ortes sollte jegliche Bautätigkeit verhindern. Doch Cicero selbst erstritt sich das Recht, das Heiligtum zu entfernen und sein Haus wieder aufzubauen.

3. Zeiten

a) Chronologie und Festkalender

Unterschiede in der griechischen Welt

Ein schlagendes Beispiel für die Diversität der griechischen Welt ist der Beginn des neuen Jahres. In Theben begann das Jahr zur Wintersonnenwende, in Athen zur Sommersonnenwende nach den Panathenäen, aus anderen Poleis ist ein Jahresbeginn im Frühjahr und im Herbst bekannt. Der Wechsel wurde nicht nur an einem Tag begangen, sondern über mehrere Wochen hinweg symbolisch markiert. In Theben feierten die scheidenden Feldherren (Polemarchen) zusammen mit Hetären ein Fest der Aphrodite. Auch wenn die Quellen nichts über die Vorgänge bei dieser Feier sagen, lässt sich dies als eine symbolische Vereinigung von Ares und Aphrodite verstehen. Aus dieser Liaison war nach der griechischen Mythologie eine Tochter entsprossen, Harmonia. Sie wiederum, und das passt zumindest gut zum Ort, galt als die Gattin von Kadmos, des mythischen Stadtgründers von Theben.

In der Antike gab es keinen dem christlichen Sonntag vergleichbaren Tag. Dennoch wurde an einigen Tagen regelmäßig einer Gottheit gedacht. An jedem vierten Tag eines Monats war dies Aphrodite und Hermes, am sechsten Artemis, am siebten Tag Apollon; daher erklärt sich, dass das Orakel in Delphi nur am siebten Tag eines Monats Antworten erteilte.

Einen völlig anderen Einblick in die Vorstellungen zur Chronologie liefert das Marmor Parium, eine 264/63 v. Chr. auf der Kykladeninsel Paros aufgestellte Inschrift. Die Datierungen erfolgen, indem gesagt wird, wie viele Jahre ein bestimmtes Ereignis her ist. Insgesamt bietet das Marmor Parium Daten zur griechischen Kulturgeschichte mit einem deutlichen Schwerpunkt auf Athen; typisch für eine chronologische Liste finden sich für die nähere Vergangenheit deutlich mehr Einträge. Wir erfahren das genaue Datum für das Ende des Troianischen Krieges, im Monat Thargelion des Jahres 1209/08 v. Chr. Solche Datierungen waren in der Antike nicht unüblich, moderne Forscher hingegen hüten sich davor; festen Boden gewinnen wir erst gegen Ende des 6. Jahrhunderts v. Chr. Dennoch ist es spannend, wie Griechen ihre Geschichte einordnen konnten. Zahlreiche Einträge kreisen um die athenische Tragödie, um Dichter und Musiker, Könige und Kriege. Doch auch für Ereignisse, die in den Bereich der Mythologie gehören, gibt es genaue Datierungen: Ein Rechtsstreit zwischen Ares und Poseidon wird in das Jahr 1531/30 v. Chr. gesetzt. Zwei Jahre später überspülte die Deukalische Flut, die antike Variante der Sintflut, die Welt. 1510/09 wurde der Kult der Athena Lindia in Lindos gegründet, fünf Jahre später fanden die ersten Panathenäischen Spiele in Athen statt. 1409/08 kam Demeter in Athen an und brachte Feldfrüchte, vor allem Getreide, hervor, nur ein Jahrzehnt danach soll Orpheus sein Gedicht über die Suche Demeters nach ihrer Tochter Persephone fertiggestellt haben. Von der Entstehung der Welt oder den Göttergenerationen ist nicht die Rede. Es gibt noch eine Reihe weiterer Einträge zu Göttern und Kulten, die allerdings circa 1000 v. Chr. enden. Danach war die Entwicklung im religiösen Feld abgeschlossen; weitere Änderungen wie Restaurierungen von Tempeln oder Änderungen von Ritualen waren keinen Eintrag wert.

In einer römischen Kolonie bestimmten die Magistrate beim Amtsantritt, welche Tage als Feiertage zu gelten hatten, welche Opfer im Namen der Stadt darzubringen waren und wer diese Rituale leiten sollte. Es liegt nahe, dass man sich dabei am stadtrömischen Beispiel orientierte. Selbstverständlich konnte Rom nur eine grobe Orientierung bieten, da es zum einen in Rom Rituale für das Reich gab, die nur in dieser Stadt möglich waren; zum anderen standen in Rom deutlich mehr Tempel mit ihren Festen. Insgesamt zeigt sich, dass es keinen für alle Städte des römischen Reiches einheitlichen Kalender gab.

Das Marmor Parium

Die Einführung des Kalenders in Rom schrieb man dem König Numa Pompilius zu, verwaltet wurde der Kalender von den Pontifices; Änderungen, etwa neue Feiertage, konnte nur der Senat vornehmen; die enge Verzahnung von weltlicher und religiöser Macht zeigt sich darin, dass die Pontifices Senatoren waren. In den inschriftlich erhaltenen Kalendern, den so genannten *fasti*, war nur ein Teil der Festtage eingetragen. Möglicherweise erlaubte diese Unvollständigkeit dem Senat, bei Bedarf weitere Rituale und Feste zu beschließen.

Vor der Kalenderreform unter Iulius Caesar hatte das römische Jahr 355 Tage; die fehlenden Tage wurden durch einen interkalaren Monat ausgeglichen, der auf den letzten Tag im Februar folgte. Lange begann das Jahr mit dem 1. März; daher auch die unlogischen Zahlennamen unserer Monatsnamen – der September etwa ist, wenn man den März mitzählt, der siebte (*septimus*) Monat. In einer Mischung aus Nachlässigkeit und absichtlichen Verschiebungen hatte sich der gesamte Kalender so verschoben, dass 44 v. Chr. der Jahresbeginn, also der eigentliche 1. Januar, in den Herbst gefallen wäre. Caesars Reform führte ein Jahr mit 365 Tagen ein, wobei in jedem vierten Jahr ein Schalttag hinzukam.

Bereits in der Republik hatten die Tage unterschiedliche Qualität. 235 Tage galten als *fasti*, an ihnen durften die Menschen ihren Geschäften nachgehen, Politik und Handel betreiben. 109 Tage waren *nefasti* und damit den Göttern geweiht, die Geschäfte hatten zu ruhen; knapp die Hälfte dieser Tage waren als öffentliche Feiern ausgewiesen. Die restlichen Tage des Jahres nannte man *intercisi*, „durchgeschnittene", an denen einige Stunden für die Menschen und einige Stunden für die Götter reserviert blieben. Da im Lauf der römischen Geschichte die Zahl der Spiele zunahm und da sich die Dauer einzelner Feste um Tage verlängerte, verschob sich spätestens in der Kaiserzeit das Verhältnis zugunsten der *dies nefasti*. Unklar bleibt, in welchem Maße eine Festtagsruhe tatsächlich durchgesetzt wurde. Vor allem Angehörige der Unterschichten, die am Existenzminimum lebten, konnten sich nur begrenzte Pausen erlauben.

Am Beginn eines Monats standen die Kalenden, in der Mitte die Iden – je nach Länge des Monats am 13. oder 15.; dazwischen die Nonen, am 5. oder am 7. Tag des Monats. Diese Tage waren mit Ritualen umgeben. An den Kalenden gab es Opfer auf dem Kapitol für Iuno und Ianus, an den Nonen verkündete der *rex sacrorum* die Feiertage für den laufenden Monat: Der Kalender war wenig definiert.

Einige wenige Beispiele aus dem römischen Festkalender mögen genügen. Mindestens dreimal im Jahr fanden Feste in Verbindung mit dem Weinbau statt. Am 23. April wurden bei den Vinalia die Gefäße mit dem Wein des letzten Jahres geöffnet. Am 19. August wurden wiederum Vinalia begangen, diesmal markierten sie den Beginn der Traubenlese. Bei den Meditrinalia am 11. Oktober wurde der neue Wein gekostet.

Am 15. Oktober war das Fest des Oktoberpferds, bei dem für Mars ein Pferd geopfert wurde. Ein Teil des Blutes wurde bei den Vestalinnen deponiert und stand zur rituellen Reinigung zur Verfügung. Um den abgeschlagenen Kopf des Tieres kam es zu einem Wettkampf zwischen den Bewohnern zweier Stadtteile, der Subura und der Sacra Via. Die siegreiche Partei durfte den Kopf an einem zentralen Gebäude gut sichtbar anbringen.

Früh im Dezember fand das Fest der Bona Dea (= Gute Göttin) statt, bei dem nur Frauen zugelassen waren. Im Gegensatz zu den üblichen Gepflogenheiten wurde es in einem Privathaus und bei Nacht abgehalten; allerdings nicht in einem beliebigen Haus, sondern bei einem hohen Amtsträger: Dadurch war die *res publica* doch wieder mit im Spiel. Außer der Hausherrin waren auch die Vestalinnen anwesend. Die Vorgänge lassen sich, wie Hendrik Versnel vorgeschlagen hat, als Inversionsritual (Umkehrritual) verstehen: Frauen agierten wie Männer; sie töteten ein Opfertier für die Gottheit, Bona Dea erhielt eine Sau. Ferner tranken sie Wein, der in Rom angeblich den Männern vorbehalten war; im Ritual kam der Wein allerdings unter einer anderen Bezeichnung vor: man sagte „Milch" statt „Wein". Es ist vielleicht kein Zufall, dass bei einem solchen im Geheimen durchgeführten Fest auch Anrüchiges passiert sein soll: 62 v. Chr. schlich sich Publius Clodius Pulcher bei der Feier ein, die damals im Haus Caesars stattfand, wurde entdeckt und erregte einen handfesten Skandal; Caesar ließ sich von seiner Frau, der Schwester des Pompeius, scheiden und kündigte damit zugleich ein politisches Bündnis (Plutarch, Caesar 9).

Auch das Fest der Saturnalien, in den inschriftlichen Kalendern für den 17. Dezember eingetragen, lässt sich als Inversionsritual deuten; zugleich lassen sich Spielräume bei der Dauer eines römischen Festes aufzeigen. In den literarischen Belegen finden sich Hinweise darauf, dass die Saturnalien mehrere Tage dauerten. In der Mitte des 1. Jahrhunderts v. Chr. waren es drei, in der Kaiserzeit bis zu sieben Tage. Auf der staatlichen Ebene wurden Opfer für Saturnus vollzogen; die wollenen Fesseln, mit denen die Füße der Statue des Gottes das Jahr über zusammengebunden waren, wurden für die Dauer des Festes gelöst. Dieser Ungebundenheit entsprach auf der Ebene der einzelnen Häuser in der Stadt eine große Ausgelassenheit, die sich in zügellosem Essen und Trinken sowie Spielen äußerte. Ferner war das Verhältnis zwischen Herren und Sklaven für diese Tage gelockert. Hier finden sich wieder Variationen. Sklaven durften an den Gastmählern ihrer Herren teilnehmen und wurden zum Teil sogar von den Herren bedient. Ob sich auch Senatoren dazu herabließen, ihren Sklaven aufzuwarten, ist nicht sicher; der jüngere Plinius zog sich in den innersten Raum seiner Villa zurück und versuchte einfach, seine Ruhe zu haben. Bemerkenswert angesichts des Datums ist, dass Geschenke ausgetauscht wurden; dies soll allerdings nicht dazu verführen, eine direkte Verbindung zwischen den Saturnalien und Weihnachten zu postulieren.

Neben den öffentlichen Feiertagen, über die oft nicht mehr als der Name bekannt ist, gab es noch Feiertage auf der nichtstaatlichen Ebene: Sippen und Familien hatten ebenso wie Berufsverbände, Ortsteile von Rom, selbständige Städte des Reiches und die Armee ihre eigenen Festkalender.

Das Feriale Duranum, ein auf Papyrus erhaltener Kalender aus Dura Europos am mittleren Euphrat, der in das frühe 3. Jahrhundert n. Chr. zu datieren ist, erlaubt einen Einblick in die religiöse Strukturierung von Zeit im römischen Heer. Am 3. Januar fanden im Rahmen der Neujahrsfeiern ausführliche Opfer für das Wohlergehen des Kaisers und die Ewigkeit des Reiches des römischen Volkes statt: Für Iuppiter Optimus Maximus, Iuppiter Victor und Mars Pater wurde jeweils ein Ochse geopfert, für Iuno Regina, Iuno Sospes und Victoria je eine Kuh. Ein Ausschnitt aus dem Monat April zeigt, in welcher Dichte Opfer gebracht wurden:

Die Saturnalien

Ein Festkalender des römischen Heeres

115

> **Feriale Duranum**
> (Ü: Peter Herz, in: Hans-Joachim Gehrke u. Helmuth Schneider, Geschichte der Antike. Quellenband, Stuttgart 2007, 293–294)
>
> 4. April: Wegen des Geburtstages des vergöttlichten Antoninus Magnus, dem vergöttlichten Antoninus Magnus einen Ochsen
> 9. April: Wegen des Regierungsantritts des vergöttlichten Pius Severus, dem vergöttlichten Pius Severus einen Ochsen
> 11. April: Wegen des Geburtstages des vergöttlichten Pius Severus, dem vergöttlichten Pius Severus einen Ochsen
> 21. April: Wegen des Geburtstages der ewigen Stadt Rom, [der ewigen Stadt Rom eine Kuh]

Anlässlich des Geburtstages und des Regierungsantritts verstorbener Kaiser wurde geopfert; Antoninus Magnus ist in der Literatur als Caracalla bekannt (211–217), Pius Severus als Septimius Severus (193–211), insgesamt sind nur wenige der ehemaligen Herrscher aufgenommen. Der 21. April wurde schon seit Langem als der Geburtstag Roms gefeiert. Auch andere Ereignisse in Rom, etwa die Zirkusrennen zu Ehren des Mars am 12. Mai, wurden im Feldlager mit einem Opfer begangen. Solche Kalender dürften in allen wichtigeren Lagern im Römischen Reich existiert haben. Damit wurden stadtrömische Kulte nach außen transferiert; besonders wichtig waren die vielen Feiern zum Geburtstag des lebenden und ausgewählter verstorbener Kaiser, die den Eindruck von Kontinuität und Loyalität verstärken mochten; freilich war ein Geldgeschenk immer der wichtigere Anreiz zur Treue. In diesem Kalender sind nur die dienstlichen Rituale aufgelistet; Opfer, welche die Soldaten individuell vollzogen, waren ihre Sache.

Ovids Kalendergedicht   Ein anderer Zugang zum Kalender findet sich in den Fasti Ovids, einem Lehrgedicht über die Feste im Laufe des Jahres aus augusteischer Zeit, wobei Ovid auch oft eine mythologische Erklärung (*aition*) für das Ritual gibt. Über den Tag, an dem der Geburtstag Roms gefeiert wird, lesen wir nichts von der Kuh. Ovid überliefert das Gebet von Hirten an die Göttin Pales; die Hirten bitten, nach Osten gewandt, um die Fruchtbarkeit der Herde. Pales erhält Opferkuchen (Ovid, Fasti 4,779–782):

> Dann magst du wie einen Mischkrug dir eine Schale bereitstellen und weiße Milch und roten Most trinken, dann springe mit angespannten Gliedern schnellen Fußes durch brennende Haufen knisternden Strohs.

Ovid ist sich nicht sicher, wie er dieses Ritual herleiten soll. Unter anderem setzt er es mit der Gründung Roms in Verbindung: Man springt durch das Feuer, weil die Bewohner der neuen Stadt ihre alten Wohnsitze verbrannten, bevor sie nach Rom zogen.

Tod und Auferstehung   Bei der Tag- und Nachtgleiche im Frühjahr fanden Rituale für Attis statt, der an seiner Selbstkastration gestorben war und dessen Blut sich in Veilchen verwandelt haben soll. Attis, der auch nicht völlig gestorben war, stand also für den Beginn der Vegetation im Frühling. Schon in der Antike erkannten christliche Autoren hier eine Parallele zu Christi Auferstehung und interpretierten das Ritual als eine vom Teufel erfundene Imitation.

Zeit konnte auch in einem größeren Maßstab gesehen werden. Was die Entwicklung von Frömmigkeit angeht, so galt die Frühzeit bis in die Klassische Epoche als eine Phase, in der die Menschen fromm waren und den Göttern geziemend opferten. In der Zeit danach war die Frömmigkeit nur noch oberflächlich. Athenaios, ein Autor aus dem 3. Jahrhundert n. Chr., erlaubt einen Einblick in die Aufteilung von Zeit. Auf der einen Seite stehen die „Alten", für die Homer als Kronzeuge gilt. Nach der Ansicht der „Alten" waren die Götter beim Opfer anwesend, so dass die Menschen das Ritual mit maßvollem Anstand feierten. Auf der anderen Seite stehen die „heutigen Menschen", für die das Opfer nur Fassade ist; sie glauben nicht, dass die Götter anwesend seien. Man isst im Liegen, trinkt zu viel Wein, flucht und stößt Drohungen aus; die Gaben für die Götter fallen bescheiden aus. Beleg für die Haltung der „heutigen Menschen" ist der um 290 v. Chr. verstorbene Dichter Menander (Athenaios 8,65–67 = 363–364): Wer in der römischen Kaiserzeit lebte, sah auch die Menschen aus der hellenistischen Epoche als Zeitgenossen. Auch Pausanias bescheinigte den Menschen des 5. Jahrhunderts v. Chr. größere Frömmigkeit, weil sie die zu den eroberten Städten gehörigen Heiligtümer verschonten (Pausanias 10,28,6). Beide Autoren gehören zur „zweiten Sophistik", für deren Vertreter die griechische Geschichte nach dem Ablauf der klassischen Zeit nicht mehr interessant war. Athenaios und Pausanias stehen für den literarischen Elitediskurs. Ob die Menschen unterhalb der Elite eine ähnliche Einstellung hatten, ist aufgrund der nach wie vor zahlreichen Weihungen für die Götter zumindest zu bezweifeln. Es bietet sich daher an, die Rituale näher zu untersuchen.

b) Lebenszyklusrituale

Die antiken Vorstellungen über das, was die Menschen nach dem Tod erwartete, waren keineswegs einheitlich. Bei Homer ist die Unterwelt ein dunkler Raum am Rande der Welt. Dort hausen kraftlose Schatten, die bis auf wenige Ausnahmen das gleiche Los teilen. Der kretische König Minos, für seine Gerechtigkeit berühmt, ist auch in der Unterwelt ein Richter. Die großen Frevler erleiden besondere Qualen: Tantalos, der nach einem Mythos von den Göttern Nektar und Ambrosia gestohlen hatte, wird von bohrendem Hunger und Durst gequält und kann weder Speise noch Trank erreichen; Sisyphos, der als Mensch den Tod überlistet hatte, muss ewig den Stein wälzen. Doch es gab noch Hoffnung: Menelaos, der Bruder des Agamemnon, erhält in der Odyssee die Prophezeiung, dass die Götter ihn nach seinem Tod ins Elysion führen werden. An diesem Ort ohne Regen, Schnee und Wintersturm erfreut sich das Herz der wenigen Auserwählten. Menelaos hat dieses Glück, weil er Helena geheiratet hat, die Tochter des Zeus (Homer, Odyssee 4,566–569). In der Folgezeit wurde das Elysion zum paradiesischen Ort für alle Eingeweihten der Mysterienkulte.

Platon übernahm die Seelenwanderungslehre des Pythagoras. Im Mythos des Er, der in einer Schlacht gefallen war und am 12. Tag danach, kurz vor seiner Verbrennung, wieder ins Leben zurückkehrte, skizzierte Platon ein Jenseits mit Strafen und Belohnungen. Himmel und Erde haben jeweils einen Eingang und Ausgang; wer belohnt wird, geht nach oben, wer bestraft wird, nach unten. Für einen Durchgang brauchen die Seelen 1.000 Jahre.

Jenseitsvorstellungen

Nach einer Runde suchen sich die Seelen ein neues Schicksal; die Seele des Odysseus soll sich ein einfaches und unspektakuläres Leben gewählt haben (Staat 10,614b–621d). In der griechischen Philosophie begegnen auch andere Ansichten. Für Epikur ist der Tod das absolute Ende. Da Körper und Seele aus Atomen bestehen, stirbt die Seele zusammen mit dem Leib. Danach kann der Mensch nichts mehr empfinden und muss daher auch keine Angst vor dem Tod haben.

Bestattungsrituale

Stets war es von größter Bedeutung, dass ein Leichnam auch bestattet wurde. Es sei hier nur an die Risiken erinnert, die Antigone bei Sophokles eingeht, um die Leiche ihres Bruders zumindest mit ein wenig Erde zu bedecken. Weniger konsequent durchgehalten wurde die Praktik, den Verstorbenen eine Münze ins Grab zu legen, um damit dem Fährmann die Überfahrt über den Unterweltsfluss zu bezahlen. Nach dem Ausweis der Handbücher geschah dies regelmäßig. Dem widerspricht der archäologische Befund: Nur in einem Bruchteil der Gräber wurden Münzen entdeckt. Ein vermeintlich so zentraler Brauch der Antike erweist sich als rituelle Option, nicht mehr.

Beim römischen Leichenzug (*pompa funebris*) wurden die Verstorbenen vom Haus zum Scheiterhaufen gebracht; die Verbrennungsplätze befanden sich außerhalb der Stadt. Sobald das Feuer entzündet war, ertönte die Totenklage zum letzten Mal. Nachdem das Feuer verlöscht war, sammelte man die übrig gebliebenen Knochen, um sie später im Grabmal zu deponieren. Dieser Zug war je nach sozialem Status unterschiedlich ausgestattet. Bei der senatorischen Elite der Republik gehörten zu dem Zug außer den Verwandten auch Schauspieler, die die Masken der Ahnen trugen, Musikanten und Klageweiber. Auf dem Forum hielt ein Mitglied der Familie die Leichenrede, danach setzte sich der Zug wieder in Bewegung. Durch das Mitführen der berühmten Vorfahren stieg auch das soziale Kapital des Verstorbenen und der Familie; man konnte aller Welt den Erfolg der Familie über Generationen hinweg vor Augen führen. Am Tag der Verbrennung fand ein Trauermahl statt, die engere Trauerzeit endete mit einem weiteren Gemeinschaftsmahl acht Tage danach.

Bedeutung des Namens

Für die Römer der Kaiserzeit war es wichtig, den eigenen Namen in Erinnerung zu halten. Durch die Blüte der Inschriftenkultur zwischen etwa 30 v. Chr. und 250 n. Chr., die sich in vielen Zehntausend Grabinschriften niederschlägt, verfügen wir über Aussagen aus fast allen Schichten der römischen Gesellschaft. Schnell wird klar, dass Grabdenkmäler, oft schon zu Lebzeiten errichtet und mit einer entsprechenden Inschrift versehen, Aussagen über die Vorstellungen von Tod, Jenseits und Weiterleben zulassen. Die Inschriften nennen den Namen und die Leistungen des Verstorbenen. Oft wurde der Name größer geschrieben als der Rest, so dass jeder, der an dem Grabdenkmal vorbeikam, zumindest den Namen lesen konnte. Bei Petronius bestimmte der soziale Aufsteiger Trimalchio, dass in der Mitte seines eigenen Grabmales eine Sonnenuhr sein soll, so dass jeder, der wissen will, wie spät es ist, seinen Namen lesen muss (71). Auch wenn Petronius übertreibt, spitzt er die Bedeutung des Namens zu: wer die Zeit wissen will, wird auch den Namen lesen. Angehörige der Unterschicht konnten sich im besten Fall in ein Columbarium einkaufen, eine „Taubenschlag" genannte Sammelbegräbnisstätte mit separaten Fächern für jede Urne, und damit wohl auch Rituale sichern.

Antike Gräber lagen nicht in der Stadt. Griechische Nekropolen befanden sich oft als Gräberfelder in der Nähe einer städtischen Siedlung, bei den Römern bestattete man die Toten in mehr oder weniger üppig ausgestatteten Grabdenkmälern entlang der Straßen, aber noch in der Nähe der Stadt. Dies garantierte eine gewisse Öffentlichkeit; ein Grab auf dem eigenen, weit abgelegenen Landgut war wenig attraktiv. Zugleich waren die Gräber an den Straßen allen vorstellbaren Unbilden ausgesetzt. Nicht umsonst gibt es eine Reihe von Vermerken auf den Grabbauten, die das Defäkieren verbieten. „Der Gott hat ein großes Auge!" warnt die Grabinschrift der Aurelia Aeliane in Rom alle, die bei ihrem Grabmal ein Loch ausheben wollen (Corpus Inscriptionum Latinarum VI 34635a).

Die Lage der Nekropolen

In den Atticusbriefen Ciceros schlägt sich immer wieder das Bemühen des Redners nieder, ein angemessenes Grundstück für ein Grabmal für seine Anfang 45 v. Chr. verstorbene Tochter Tullia zu finden. Er tritt mit mehreren Personen in Kontakt, erwägt Grundstückspreise und vor allem auch die Lage der Parzellen. Villen am Meer mögen von großer Schönheit sein, aber zugleich besteht bei einer Villa immer die Gefahr, dass spätere Besitzer das Grabmal ignorieren. Daher sucht Cicero einen belebten Ort, am besten bei einer Straße. Auch über die Form diskutiert er mit Atticus. Cicero will kein einfaches Grabmal, sondern ein *fanum*, also einen Tempel oder ein Heiligtum; damit bewegt sich Cicero in Richtung einer Privatdeifikation für seine Tochter.

In der römischen Kaiserzeit gibt es Belege für kollektive Trauer. Als Gaius Caesar, ein Adoptivsohn des Augustus, in jugendlichem Alter verstorben war, beschlossen die Bürger von Pisa eine allgemeine Trauer, weil Gaius Caesar Patron ihrer Stadt gewesen war:

Q

Kollektive Trauer
(Ü: Peter Herz, in: Hans-Joachim Gehrke u. Helmuth Schneider, Geschichte der Antike. Quellenband, Stuttgart 2007, 288)

Angesichts der Größe eines so schweren und unvorhergesehenen Unglücks sollen alle vom Tag, an dem sein Ableben gemeldet wurde, bis zu dem Tag, an dem seine Gebeine heimgeführt, bestattet und die Begräbniszeremonien für seine Totengeister vollzogen sind, Trauerkleider anziehen, die Tempel der unsterblichen Götter, die öffentlichen Bäder und alle Geschäfte sollen geschlossen bleiben, alle sollen auf Gastmähler verzichten, und die Ehefrauen in unserer Kolonie sollen trauern.

Solange Gaius Caesar nicht bestattet war und sein Leichnam nicht die erforderlichen Rituale von Verbrennung und Beisetzung der Asche durchlaufen hatte, sollte das öffentliche Leben in der Stadt pausieren. Auch wenn die Inschrift kaum vor der Bestattung des Thronfolgers fertig gewesen sein kann, war es wichtig, diese Bestimmung aufzunehmen. Man zeigte damit Trauer und Loyalität gegenüber dem verstorbenen Patron und dessen Vater, Augustus.

Nach römischem Verständnis wurden die Toten zu Göttern. So meinte zumindest bei Cicero (De legibus 2,22): „die verstorbenen Guten sollen als Götter verehrt werden". Hier zitiert Ciceros Bruder alte Sakralgesetze aus dem Kopf, gibt also nicht unbedingt ihren exakten Wortlaut. Dennoch ist un-

Tote und Totengötter

bestritten, dass die guten Toten – gemeint sind wohl alle, die sich für Rom einsetzten – als Götter betrachtet wurden. Aus anderen Quellen wissen wir, dass die *di parentes* (göttliche Eltern oder Vorfahren) sowie die *lemures* zu den Hausgöttern gehörten und in irgendeiner Form von den Vorfahren abgeleitet waren. Auf Zehntausenden von römischen Grabinschriften befindet sich seit etwa 100 n. Chr. die Abkürzung DM für die Formel *Dis Manibus*. Dies wird zumeist mit „den Totengöttern" übersetzt. Wer sind diese *Di Manes*, die immer im Plural genannt werden? Eine Deutung besagt, dass die Toten den *Di Manes* übergeben werden; es mag aber auch sein, dass das Grabmal den *Di Manes* geweiht ist, ohne dass deshalb der jeweilige Verstorbene zu diesen *Di Manes* gehörte. Nicht nur wir rätseln über die Bedeutung dieser Formulierung. Auf griechischen Inschriften der Kaiserzeit, in denen römisches Formular imitiert wird, finden sich drei verschiedene Übersetzungen, „den unterirdischen Göttern", „den göttlichen Daimonen", „den göttlichen Heroen".

Rituale für die Verstorbenen

Zu den regelmäßig durchgeführten Ritualen für die Toten gehörten die Feralia am 21. Februar; die *di manes* erhielten Gaben an den Gräbern, Weizen, Salz, Weizenfladen und Veilchen (Ovid, Fasti 2,533–570). Weitere Opfer wurden bei den Lemuria (Mitte Mai) bei den Gräbern und in den Häusern dargebracht, unter anderem auch schwarze Bohnen. Je nach dem Zeitpunkt der Rosenblüte wurden in den *rosalia* die Gräber mit Rosen geschmückt. Ob diese Rituale über Jahrhunderte und im ganzen Reich stabil waren, ist zu bezweifeln. Entsprechend der Ausdehnung des Römischen Reiches gab es lokale und regionale Traditionen. Als Beispiel mag genügen, dass im römischen Ägypten in vielen Fällen die Praxis der Mumifizierung gepflegt wurde; noch lange in der Kaiserzeit wurden zumindest die Grabkammern häufig im ägyptischen Stil ausgestattet.

E
Übergangsrituale

Der Begriff des Übergangsrituals (*rite de passage*) wurde von dem französischen Soziologen Arnold van Gennep eingeführt. Bei einem Übergangsritual erkannte er drei Phasen, die je nach Ritual unterschiedliche Länge und Bedeutung haben können: Erstens die Abtrennung von der Gesellschaft (Separation), zweitens die Schwellenphase oder liminale Phase (lat. *limen* = Schwelle), eine Phase der Ungeklärtheit, die mit Risiko behaftet ist, in der aber auch überraschende Dinge geschehen können, drittens die Phase der Wiedereingliederung in die Gesellschaft (Aggregation). Das beste Beispiel für ein Übergangsritual ist die Bestattung. Als Separation ist der Akt des Sterbens zu verstehen, als Aggregation das Bestattungsritual. Die liminale Phase macht den Zeitraum aus, in dem der Körper tot, aber noch nicht bestattet ist. Dies kann, wie ein Blick in die antike Literatur lehrt, eine höchst riskante Phase sein. Am unbestatteten Leichnam der Lucretia, die vom Sohn des tyrannischen Königs Tarquinius Superbus vergewaltigt worden war, soll Brutus die Republik ausgerufen haben. Ein halbes Jahrtausend später schwor Marcus Antonius bei der Leichenrede für den ermordeten Diktator Caesar – auch hier war nicht ganz zufällig ein Brutus mit im Spiel – die Bevölkerung Roms zur Rache an den Caesarmördern ein.

Hochzeitsrituale

Zu den Übergangsritualen kann auch die Hochzeit zählen. In der griechischen Welt wissen wir am ehesten über Athen Bescheid. Die Rituale, die sich in den Handbüchern finden, sind aus verschiedenen Quellen zusammengefügt und können keinerlei Anspruch auf Allgemeingültigkeit haben.

Stets ist zu differenzieren nach Zeit, Ort und sozialem Status. Am Tag vor der Hochzeit wurde im Haus der Braut geopfert, Braut und Bräutigam reinigten sich durch ein Bad. Am Tag der Hochzeit gab es ein weiteres Opfer im Haus der Braut. Ein Knabe, dessen Eltern noch lebten – diese Bestimmung ist oft im rituellen Zusammenhang bei Kindern zu finden und garantiert eine gewisse Unversehrtheit des Knaben – sprach dazu: „Ich bin dem Übel entflohen und habe das Beste gefunden." Gegen Ende des Tages zog die Hochzeitsgesellschaft zum Haus des Bräutigams, am nächsten Tag wurden weitere Opfer dargebracht. In Sparta dagegen haben unsere Quellen ein völlig anderes Interesse. Passend zu den Klischee der kriegerischen Spartaner wird von einem Rollenspiel mit Geschlechterwechsel berichtet: Der Braut wurde das Haar abgeschnitten, sie trug Männerkleidung und wartete im Dunkeln auf den Bräutigam. Über die Römer liest man unter anderem: Am Abend vor der Hochzeit weihte die Braut ihre Spielsachen den Göttern. Ob das Haar der Braut mit einer Lanze, mit der zuvor ein Feind getötet worden war, in Strähnen geteilt wurde, wie Plutarch in seinen Quaestiones Romanae (87,285c) berichtet, ist mehr als fraglich. Am Tag der Hochzeit wurden die Eingeweide des Opfers befragt. Selbstverständlich konnten die Rituale je nach dem Ort und der sozialen Stellung der Hauptfiguren differieren, konnte der Grad an Prunk und ostentativem Konsum variieren.

Ein der Taufe entsprechendes Ritual ist von den paganen Kulten nicht bekannt, dafür aber in einigen Mysterienkulten besondere Initiationsrituale für Erwachsene. Louise Bruit Zaidman und Pauline Schmitt Pantel haben darauf hingewiesen, dass in der griechischen Kulturkreis der Eintritt in die Welt der Erwachsenen bei den jungen Männern stärker durch Rituale begleitet war als bei den jungen Frauen: Aus dem jungen Mann wurde ein Bürger, die Frau hingegen hatte keine politische Teilhabe. In seltenen Fällen hatten Mädchen eine Rolle im Kult hatten. Arrephoren waren zwei Mädchen im Alter zwischen sieben und elf Jahren, die für ein Jahr auf der Akropolis den Ölbaum der Athena pflegten und mit der Hilfe der erwachsenen Frauen den Peplos herstellten, der bei den Panathenäen der Göttin dargebracht wurde. Die athenischen Arktoi (= Bärinnen) waren eine ausgewählte Schar junger Mädchen, die im Heiligtum der Artemis Brauronia in Brauron, einem Dorf außerhalb Athens am Meer, ein Jahr verbrachten. Solche Bärinnen wurden nur alle vier Jahre ausgewählt. Über die Gründe für die seltsame Bezeichnung gab es unterschiedliche Mythen: Zum einen galt es, Artemis zu besänftigen, weil Menschen einen Bären getötet hatten, zum anderen hießen die Mädchen so, weil Agamemnon in Brauron nicht seine Tochter Iphigeneia, sondern einen Bären geopfert hatte. In Brauron wurde auch das Grab der Iphigeneia gezeigt. Eigentlich war Aulis der Ort, an dem Iphigeneia geopfert werden sollte: Mythen ließen sich immer wieder neu anpassen.

Initiationsrituale

Schluss

Wer sich die Religion in der Antike als ein gewaltiges und komplexes Mosaik vorstellt, mit zahlreichen verschiedenen und zugleich sich überlappenden Feldern, in dem einige Bildmotive nahezu den gesamten Raum einnehmen, das aber auch Unmengen von detaillierten Miniaturen enthält, lernt Demut. Und wer dann noch, um die chronologische Dimension zu berücksichtigen, von einer ständigen Überarbeitung des Mosaiks ausgeht, mag fast verzweifeln. Denn wir haben nur Bruchteile dieses Bildes, bisweilen eine ganze Szene mit wenigen Lücken, manchmal erahnen wir zumindest die Umrisse eines größeren Abschnittes, oft genug aber liegen nur einzelne Mosaiksteinchen vor. Wie das Gesamtbild aussehen könnte, ist unsicher. Einige Thesen sollen die Ansätze dieses Buches verdeutlichen.

Spielräume *Erste These: Religion war nicht statisch, sondern bot Spielräume.* Mythen konnten neu erzählt, Rituale mit Abweichungen praktiziert, neue Gottheiten konnten eingeführt werden; die Zahl der Götter war prinzipiell endlos, wer wollte, mochte immer noch eine Gottheit mehr als die Nachbarn verehren, wobei bisweilen auch Menschen in den Genuss göttlicher Ehren kamen. War ein Zeichen ungünstig ausgefallen, so war es immer möglich, die Konsultation zu wiederholen. Es gab keine Theologie und keinen Religionsunterricht. Religiöse Hierarchien waren flach. Nie hatte ein Priester eine Stellung, in der er die Politik beeinflussen konnte. Im Gegenteil, religiöse Autorität wurde fast immer aus einer bereits existierenden politischen Macht abgeleitet: In den mehr oder weniger demokratisch regierten Poleis bestimmte die Volksversammlung; in der römischen Republik machte der Senat die Politik, in der Kaiserzeit entschied der Herrscher, wie er mit Angelegenheiten der Religion umgehen wollte; die Bandbreite reicht von Tiberius (14–37), der sich auf die Insel Capri zurückzog und die stadtrömischen Kulte vernachlässigte, bis Elagabal (218–222), der den gleichnamigen Gott aus dem Osten des Reiches in Rom zu seiner höchsten Gottheit erklärte. Mit der Offenheit der polytheistischen Systeme korrespondiert die geringe Zahl der Fälle von Religionsfreveln. Eine Regulierung von Religion fand nicht ständig statt, sondern eher nach äußerem Bedarf; dies gilt für den Prozess des Sokrates ebenso wie für Vespasian, der rund 500 Jahre später in den italischen Städten das *pomerium* neu justieren ließ: Religion konnte ein Medium für politische Aussagen sein, nicht umgekehrt.

Geschichte der antiken Religion *Zweite These: Bei aller Dynamik und Varianz im religiösen Feld ist es kaum möglich, eine eigenständige Religionsgeschichte zu schreiben.* In den Publikationen der jüngeren Zeit wurde immer wieder der Konnex zwischen politischer Geschichte und Religionsgeschichte stark gemacht. Robert Parker lässt sein Buch „Athenian History" mit der Zeit um 260 v. Chr. enden, weil sich danach die Quellenlage signifikant verschlechtert; für die frühere Zeit verknüpft er Phasen der politischen Geschichte Athens mit Veränderungen im religiösen Feld, für das 5. Jahrhundert etwa sind die Einflüsse der Demokratie zu nennen; die Bedeutung der Philosophie und der damit verbundenen „Aufklärung" hält Parker, wohl zu Recht, für marginal. Bisweilen erlaubt die Quellenlage unterschiedliche Einschätzungen, etwa bei der Frage nach den Änderungen im Bereich der Religion in der hellenistischen Zeit. Zum einen kann man mit David Potter argumentieren, dass Religion weitgehend stabil sei; ein Athener, der sich 336 v. Chr. zum Schlafen gelegt hätte und erst 100 v. Chr. aufgewacht wäre, hätte kaum Änderungen in den Kulten bemerkt. Zum anderen kann man mit Angelos Chaniotis die Veränderungen unterstreichen und auf die gestiegene Intensität und Emotionalität hinweisen. Für die römische Republik hat Jörg Rüpke in „Die Religion der Römer" eine Epoche der Politisierung von Religion seit circa 300 v. Chr. vorgeschlagen, die ab etwa 200 v. Chr. von einer Phase der Hellenisierung abgelöst wird. Für die Kaiserzeit hat Rüpke zwei Modelle vorgelegt: Zum einen lässt sich eine Ausdifferenzierung und Verselbständigung des Phänomens „Religion" diagnostizieren, zum anderen kann man Veränderungen im religiösen Feld als Folge von Entwicklungen innerhalb der politischen Eliten deuten.

Dritte These: Die antiken Kulte sind keine Ouvertüre für das Christentum. Die Crux mit dem Christentum besteht darin, dass es in der Antike aufkommt und am Ende der Epoche die anderen Kulte weitgehend verdrängt. Daher wurde immer wieder postuliert, dass die paganen Kulte spätestens in der Kaiserzeit keine Attraktivität mehr besaßen und ihr Niedergang schon weitaus früher begonnen hatte. Füllte also das Christentum die spirituelle Leerstelle aus, die in den polytheistischen Kulten existierte? Wenn wir annehmen, dass die Mysterienkulte auch solche Angebote machten – Eleusis ist sehr alt, die orphischen Totenpässe sind seit dem 5. Jahrhundert v. Chr. belegt –, dann kann dies keine Erklärung sein. Eine abschließende Antwort auf die Frage nach dem Erfolg des Christentums lässt sich nicht geben. Vielleicht kommen wir dem Verständnis für diese Vorgänge nahe, wenn wir uns vorstellen, dass eine gut organisierte monotheistische Gruppe mit einem missionarischen Auftrag auf ein offenes polytheistisches System trifft, in dem es selbstverständlich ist, dass man verschiedene Kulte und Gottheiten ausprobiert. Und wer das Christentum einmal getestet hatte, so scheint es, kam nicht so leicht wieder davon los. Dies mag nicht nur durch metaphysische Faktoren bedingt gewesen sein, sondern auch durch soziale Abhängigkeiten; sobald die Elite konvertierte, folgten ihre Klienten.

Die paganen Kulte und das Christentum

Vierte These: Wer erfolgreich war, hatte die Götter verehrt. Die militärisch dauerhaft erfolgreichen Gemeinwesen übertrafen, so zumindest der antike Diskurs, alle anderen auch in der Verehrung der Götter. Über die Athener sagt Pausanias, dass sie die Angelegenheiten der Götter (*ta theia*) eifriger als die anderen behandelten (1,24,3). Wenn die Spartaner bei der Schlacht von Marathon (490 v. Chr.) den Athenern einen Tag zu spät zu Hilfe kamen, weil in Sparta noch ein Ritual zu vollziehen war, so passt dies ins Bild; Spartaner drückten sich nicht. Vor dem Auszug zum Krieg brachte einer der beiden Könige in Sparta Opfer an Zeus Agetor (Anführer) dar; nur wenn das Opfer günstig verlief, brachte man das Feuer vom Altar an die Grenze Spartas; dort opferte der König wieder; erst wenn dieses Opfer göttliche Zustimmung signalisierte, durfte die Grenze überschritten werden. Das Feuer von diesem Opfer wurde dem Heer voran getragen. Nur die Römer galten als noch frömmer. Aus der emischen Perspektive, also aus der Binnensicht, unterstreicht etwa Cicero die römische *pietas*. In seiner Rede „Über die Antwort der Haruspices" (cap. 19) erläutert er, dass die Römer den Hispaniern an Anzahl,

Erfolg und die Verehrung der Götter

den Galliern an Körperkraft, den Puniern an Verschlagenheit, den Griechen in den Künsten unterlegen seien; doch durch *pietas, religio* und das Wissen, dass alles durch die Götter gelenkt werde, konnten die Römer diese Völker ihrem Reich einverleiben. Auch aus der etischen Perspektive, der Sicht von außen, findet sich diese Einschätzung. Für den Griechen Polybios, der im 2. Jahrhundert v. Chr. eine Geschichte Roms in griechischer Sprache verfasste, zeichneten sich die Römer besonders durch ihre Furcht vor den Göttern (*deisidaimonia*) vor allen anderen Völkern aus (Polybios 6,56,6–11). *Deisidaimonia* wird zwar oft mit „Aberglaube" übersetzt, kann aber auch als „Gewissenhaftigkeit in religiösen Belangen" zu verstehen sein; in jedem Fall betont Polybios die Frömmigkeit der Römer.

Gemeinwesen vs. Individuen *Fünfte These: Trotz der Bedeutung der Gemeinwesen in Angelegenheiten der Religion sollte stets die individuelle Perspektive mitgedacht werden.* Dass die Sphären des „Privaten" und des „Öffentlichen" sich in vielen Bereichen überlappen, ist längst bekannt; Gleiches gilt auch für die Einteilung in „Individuum" und „Gemeinwesen" (um ein letztes Mal den sperrigen Begriff „Staat" zu vermeiden). Wenn eine Frau in einer griechischen Polis nach der Geburt eines Kindes eine Gabe im entsprechenden lokalen Heiligtum etwa der Artemis machte, in dem auch die anderen Mütter sich bedankten, so agierte sie als eine Frau aus der betreffenden Polis, als Mitglied der Familie (möglicherweise hatte der Ehemann das Geschenk finanziert), aber auch als Individuum. Dies sollten wir bei der Interpretation der zahlreichen Inschriften und der zahllosen archäologischen Kleinfunde aus Heiligtümern nicht aus dem Auge verlieren.

Offene Fragen *Sechste These: So banal es auch klingen mag – die Zahl der offenen Fragen ist hoch.* Zentrale Aspekte für jede Untersuchung von Religion im 21. Jahrhundert können aufgrund der Quellenlage nicht oder allenfalls ansatzweise behandelt werden, etwa die Fragen nach Gottesnähe, Spiritualität, religiöser Erfahrung oder nach der psychischen Orientierung durch Religion. Und um noch eine weitere offene Frage zu nennen: Warum im Laufe des 2. Jahrhunderts n. Chr. in weiten Teilen des Römischen Reiches die Verbrennung des Leichnams von der Körperbestattung abgelöst wurde, ist nicht überzeugend zu klären; das Christentum kann zu diesem Zeitpunkt nicht der Grund sein.

Um den griechischen Maler Pauson, der wahrscheinlich ins 5. Jahrhundert v. Chr. zu datieren ist, rankt sich eine hintergründige Anekdote: Er sollte ein Pferd malen, das sich auf dem Boden wälzt, gab aber ein Gemälde mit einem galoppierenden Pferd ab. Als der Auftraggeber darüber erboste, drehte Pauson das Bild um und lachte – das Tier lag auf dem Boden und streckte die Beine von sich (Plutarch, Moralia 396 E–F). Wer weiß, wie oft wir noch unsere Vorstellungen über die Religion in der Antike auf den Kopf stellen müssen?

Zeittafel

Die in Kapitälchen gesetzten Ereignisse sind der Mythologie zuzurechnen; die frühen griechischen Daten sind dem Marmor Parium entnommen.

Griechische Geschichte

ca. 1400–1200 Mykenische Zeit, „Palastkultur"
ca. 1220–1190 Untergang der Palastkultur
ca. 1050–800 „Dunkle Jahrhunderte"
ca. 800–500 Archaische Zeit
ca. 750–550 sog. „Große Kolonisation"
594/3 Reformen Solons in Athen
ca. 545–510 Tyrannis der Peisistratiden in Athen

ca. 500–330 Klassische Zeit
500–494 Ionischer Aufstand
490–479 Perserkriege

431–404 Peloponnesischer Krieg

371 Schlacht bei Leuktra; Thebaner gewinnen
   Hegemonie
359–336 Philipp II. König von Makedonien
334–323 Alexander der Große
323–31 Zeitalter des Hellenismus
323–283/2 Ptolemaios I. herrscht in Ägypten

146 Macedonia wird römische Provinz

Griechische Religion

1531/30 Rechtsstreit in Athen zwischen Ares
   und Poseidon
1528/27 Deukalische Flut
1505/04 erste Panathenäen
1409/08 Demeter kommt in Athen an

776 Einführung der Olympischen Spiele

um 700 die Werke von Homer und Hesiod
   entstehen; prägend für griech. Religion
ca. 530 Peisistratos reformiert die Panathenäischen
   Spiele; Baubeginn des Olympieion in Athen
ca. 520 Hipparchos lässt in Athen an den Straßen
   130 Hermen aufstellen
490 (kurz danach) Kult des Pan in Athen
   eingeführt
432 Vollendung des Parthenon
ca. 420 die thrakische Göttin Bendis wird in
   Athen populär
kurz nach 404 Lysandros (damit der erste
   lebende Mensch der griechischen Welt) erhält
   gottgleiche Ehren auf Samos
399 Prozess des Sokrates

366–356 3. Heiliger Krieg

ca. 300 Ptolemaios I. fördert den Serapiskult
   als Mischung aus griech. und ägyptischen
   Elementen
291 Demetrios Poliorketes wird in Athen als
   Gott begrüßt
279/78 die Gallier wollen Delphi plündern
167 Lucius Aemilius Paullus lässt sich die Orakel
   von Lebadeia aushändigen

Römische Geschichte

753 ROMULUS GRÜNDET ROM
8. Jh.–ca. 500 Königszeit

ca. 500 Einführung der Republik
ca. 500–264 Frühe Republik
ca. 450 Zwölftafelgesetz
ca. 390/307 Niederlage gegen die Gallier an
 der Allia
367/66 *leges Liciniae Sextiae*: einer der
 beiden Konsuln muss Plebeier sein
287 *lex Hortensia*: Volksbeschlüsse erhalten
 Gesetzeskraft
264–133 Mittlere Republik
264–241 Erster Punischer Krieg
218–201 Zweiter Punischer Krieg

149–146 Dritter Punischer Krieg
133–44 Späte Republik
91–89 Bundesgenossenkrieg; Bündner erhalten
 das römische Bürgerrecht
88–31 mehrere Bürgerkriege mit kurzen
 Friedensperioden
73–71 Spartacusaufstand
44 Ermordung Caesars
31 Schlacht bei Actium; Octavian (d. spätere
 Augustus) setzt sich im Bürgerkrieg durch
27 v.– 14 n. Chr. Augustus
27 v. – 96 n. Frühe Kaiserzeit

67–70 Jüdischer Krieg
69–79 Vespasian

79 Vesuvausbruch, Herculaneum und Pompeji
 zerstört

117–138 Hadrian
132–135 Bar-Kochba-Aufstand

161–180 Mark Aurel
96–235 Hohe Kaiserzeit

Römische Religion

AENEAS, SOHN DER VENUS, FLIEHT AUS TROIA UND
 KOMMT NACH LATIUM
ROMULUS WIRD ZU DEN GÖTTERN ENTRÜCKT
 CA. 700 NUMA POMPILIUS, DER ZWEITE KÖNIG,
 GIBT RELIGIÖSE SATZUNGEN
TULLUS HOSTILIUS, DER 3. KÖNIG, WIRD VOM BLITZ
 IUPPITERS GETÖTET, WEIL ER EIN RITUAL FALSCH
 VOLLZOGEN HAT
ca. 500 Iuppitertempel auf dem Kapitol
449 ludi saeculares
348 ludi saeculares

300 *lex Ogulnia*: Plebeier dürfen hohe Priesterämter
 bekleiden
293 Aesculapiuskult eingeführt
249 *ludi saeculares*
228 Menschenopfer: je ein Paar Griechen und
 Gallier
205/4 Mater Magna eingeführt
186 Regulierung der Bacchanalien
181 Bücher Numas entdeckt
149/46 *ludi saeculares*

83 Sibyllinische Bücher verbrennen beim Brand
 des Kapitols

42 Caesar wird nach seinem Tod vergöttlicht
 (*Divus Iulius*)
28 Dedikation des Apollotempels auf dem Palatin;
 mit dem Haus des Augustus verbunden
17 *ludi saeculares*
12 Augustus durchforstet die Sibyllinischen Bücher
8 v. der Monat Sextilis wird in Augustus umbenannt
33 Kreuzigung des Jesus von Nazareth
47 *ludi saeculares*
67 Josephus prophezeit Vespasian die Herrschaft
70 Kapitol wird nach einem Brand wieder
 aufgebaut; der Tempel in Jerusalem wird zerstört
88 *ludi saeculares*
ca. 100 Ausbreitung des Mithraskultes
117–138 Hadrian lässt das Olympieion in Athen
 fertigstellen
nach 135 Jerusalem wird als Aelia Capitolina
 neu gegründet
147 *ludi saeculares*

204 *ludi saeculares*

235–284 sog. „Krise des 3. Jahrhunderts"

284–305 Diokletian
306–337 Konstantin der Große

410 Rom von den Goten erobert
476 Absetzung des letzten Kaisers im Westen,
    Romulus Augustulus

240 *ludi saeculares*
250 Opfergebot des Decius; Christenverfolgung
257 Christenverfolgung des Valerian
301 Christenverfolgung des Diokletian
311 Toleranzedikt des Galerius
313 Edikt von Mailand, freie Religionsausübung für
    Christen
361–363 Iulian (Apostata) stärkt noch einmal die
    paganen Kulte
391 Opferverbot; Tempel geschlossen; so auch das
    Orakel in Delphi; Olympische Spiele abgeschafft
400 (kurz nach) Stilicho lässt die Sibyllinischen
    Bücher verbrennen

Auswahlbibliographie

Im Text zitierte Übersetzungen

Aelius Aristides, Heilige Berichte. Einleitung, deutsche Übersetzung und Kommentar von Heinrich Otto Schröder, Heidelberg 1986.

Artemidor, Traumkunst. Übersetzung von Friedrich S. Krauss, Leipzig 1991.

Marcus Porcius Cato, Über den Ackerbau. Herausgegeben, übersetzt und erläutert von Dieter Flach, Stuttgart 2005.

Hesiod, Theogonie. Werke und Tage. Griechisch und deutsch, herausgegeben und übersetzt von Albert von Schirnding, München und Zürich 1991.

Homer, Ilias, Odyssee. In der Übertragung von Johann Heinrich Voß, München 1963.

Homerische Hymnen. Griechisch und deutsch herausgegeben von Anton Weiher, 6. Aufl. München u. Zürich 1989.

Livius, Der Punische Krieg. Übersetzt und herausgeben von Hans Armin Gärtner, Stuttgart 1968.

P. Ovidius Naso, Die Fasten. Herausgegeben, übersetzt und kommentiert von Franz Bömer, Heidelberg 1958.

Die Wahrheit über die griechischen Mythen. Palaiphatos' „Unglaubliche Geschichten", griechisch/deutsch. Übersetzt und herausgegeben von Kai Brodersen, Stuttgart 2002.

Pausanias, Beschreibung Griechenlands. Übersetzt und mit einer Einleitung versehen von Ernst Meyer, München u. Zürich 1954.

Sappho. Griechisch und deutsch herausgegeben von Max Treu, 7. Aufl. Darmstadt 1984.

Xenophon, Anabasis. Übersetzung, Einleitung und Anmerkungen von Helmuth Vretska, Stuttgart 1958.

Übergreifende Darstellungen der antiken Religion

Walter Burkert, Kulte des Altertums. Biologische Grundlagen der Religion, München 1998 (leitet religiöse Phänomene aus soziobiologischen Gegebenheiten ab; beschränkt sich nicht nur auf die griechisch-römische Welt).

Sarah Iles Johnston (Hg.), Religions of the Ancient World, A Guide, Cambridge, MA/London 2004 (Sammelband; behandelt nicht nur die Griechen und Römer).

Karl Kerényi, Die Religion der Griechen und Römer, München/Zürich 1963, 53–74 (betont die Festlichkeit von Religion, insbesondere von Ritualen).

Robert Muth, Einführung in die griechische und römische Religion, Darmstadt 1988 (Zusammenfassung des Forschungsstandes bis in die 1980er Jahre).

Paul Veyne, Die griechisch-römische Religion. Kult, Frömmigkeit und Moral, Stuttgart 2008 (geistreiche Skizze).

Griechische Religion

Jan Bremmer, Götter, Mythen und Heiligtümer im antiken Griechenland, Darmstadt 1996 (Amalgam der britischen, französischen und deutschen Schulen; behandelt viele Initiationsrituale).

Louise Bruit Zaidman u. Pauline Schmitt Pantel, Die Religion der Griechen. Kult und Mythos, München 1994 (Vertreterinnen der strukturalistischen Schule von Jean-Pierre Vernant).

Walter Burkert, Griechische Religion der archaischen und klassischen Epoche, 2. Aufl. Stuttgart 2011 (eine der solidesten Darstellungen der griechischen Religion).

Richard L. Gordon (Hg.), Myth, Religion & Society (Beiträge von wichtigen Autoren der französischen strukturalistischen Schule, u. a. Jean-Pierre Vernant).

Fritz Graf, Griechische Religion, in: Heinz-Günther Nesselrath (Hg.), Einleitung in die griechische Philologie, Stuttgart/Leipzig 1997, 457–504 (knappe Einführung).

Emily Kearns, Ancient Greek Religion: A Sourcebook, Oxford 2009 (Quellensammlung mit Einleitung).

Martin Nilsson, Geschichte der griechischen Religion, 2 Bd. (Handbuch der Altertumswissenschaft 5,1 und 5,2), München 1940/41 (solides Handbuch, Fundgrube für viele Aspekte der Religion).

Daniel Ogden (Hg.), The Oxford Companion to Greek Religion, Oxford 2007 (Sammelwerk).

Robert Parker, On Greek Religion, Ithaca/London 2011 (Überlegungen zur Methodologie).

Simon Price, Religions of the Ancient Greeks, Cambridge 1999 (berücksichtigt das Spannungsfeld zwischen lokalen und panhellenischen Kulten).

Valerie M. Warrior, Greek Religion: A Sourcebook, Newburyport et al. 2009 (Quellensammlung).

Ulrich von Wilamowitz-Moellendorf, Der Glaube der Hellenen, 2 Bd., Berlin 1931/32 (verzichtet auf

Vergleiche mit anderen Kulturen; detailreich und anregend, auch wenn die Suche nach dem „Glauben" nicht überzeugen mag).

Römische Religion

Clifford Ando, The Matter of the Gods. Religion and the Roman Empire, Berkeley et al. 2008 (Beiträge zu einzelnen Problemen).

Mary Beard, Römische Religion. Kaiserzeit, in: Heinz-Günther Nesselrath (Hg.), Einleitung in die lateinische Philologie, Stuttgart/Leipzig 1997, 492–519 (knappe Einführung).

Mary Beard, John North u. Simon Price, Religions of Rome, 2 Bd., Cambridge 1998 (historischer Abriss und ausführlich interpretierte Quellensammlung).

Kurt Latte, Römische Religionsgeschichte (Handbuch der Altertumswissenschaft 5,4), München 1960 (Ergänzung zu Wissowa; arbeitet eher chronologisch).

Marcel LeGlay, La religion romaine, 2. Aufl. Paris 1997 (Quellensammlung).

John H. W. G. Liebeschütz, Continuity and Change in Roman Religion, Oxford 1979 (betont die Kontinuitäten in der römischen Religion).

John D. Mikalson, Ancient Greek Religion, 2. Aufl. Oxford 2010 (gut illustrierte Einführung).

John North u. Simon Price (Hg.), The Religious History of the Roman Empire, Oxford 2011 (Sammelband zur Kaiserzeit).

James B. Rives, Religion in the Roman Empire, Malden, Mass. 2007 (Einführung zur Religion in der Kaiserzeit).

Jörg Rüpke, Die Religion der Römer. Eine Einführung, München 2001 (hochkomplex und tiefgründig).

Jörg Rüpke (Hg.), The Oxford Companion to Roman Religion, Oxford 2007 (Sammelwerk).

Jörg Rüpke, Von Jupiter zu Christus, Religionsgeschichte in römischer Zeit, Darmstadt 2011.

John Scheid, Römische Religion. Republikanische Zeit, in: Fritz Graf (Hg.), Einleitung in die lateinische Philologie, Stuttgart u. Leipzig 1997, 469–491 (knappe Einführung).

John Scheid, La religion des Romains, Paris 1998 (arbeitet mit dem Modell der Civitasreligion).

John Scheid, Quand faire, c'est croire. Les rites sacrificiels des Romains, Paris 2005 (Das Vollziehen der Rituale ist wichtiger als ein wie auch immer gearteter Glaube).

Valerie M. Warrior, Roman Religion: A Sourcebook, Cambridge 2006 (Quellensammlung).

Georg Wissowa, Religion und Kultus der Römer (Handbuch der Altertumswissenschaft 5,4), 2. Aufl. München 1912 (Klassiker; in vielen Aspekten nicht zu übertreffen).

Literatur zu den einzelnen Kapiteln

I. Zugänge zur antiken Religion

Andreas Bendlin, Looking Beyond the Civic Compromise. Religious Pluralism in Late Republican Rome, in: Edward Bispham u. Christopher Smith (Hg.), Religion in Archaic and Republican Rome and Italy, Edinburgh 2000, S. 115–135.

Marcel Detienne, Die Adonis-Gärten: Gewürze und Düfte in der griechischen Mythologie, Darmstadt 2000.

Georges Dumézil, Mythos und Epos. Die Ideologie der 3 Funktionen in den Epen der indoeuropäischen Völker, Frankfurt am Main 1989.

Egon Flaig, Ödipus. Tragischer Vatermord im klassischen Athen, München 1998 (eine politische Interpretation des Mythos).

Mogens Herman Hansen u. Thomas Heine Nielsen (Hg.), An Inventory of Archaic and Classical Poleis, Oxford 2004 (zählen insgesamt 1.035 Poleis).

Stefan Krauter, Bürgerrecht und Kultteilnahme: Politische und kultische Rechte und Pflichten in griechischen Poleis, Rom und antikem Judentum, Berlin u.a. 2004 (argumentiert gegen das Konzept der Polisreligion).

Sophie Mills, Theseus, Tragedy and the Athenian Empire. Oxford 1997, S. 263–265 (zur Bedeutung des Theseus für die Athener).

Brent Nongbri, Dislodging „Embedded" Religion: A Brief Note on an Scholarly Trope, in: Numen 55, 2008, 440–460 (Kritik am Konzept der „eingebetteten Religion").

Robert Parker, Athenian Religion. A History, Oxford 1996 (skizziert die Abläufe vom 8. bis zum 3. Jahrhundert v. Chr.).

Christiane Sourvinou-Inwood, What is Polis Religion?, in: Oswyn Murray u. Simon Price (Hg.), The Greek City. From Homer to Alexander, Oxford 1990, S. 295–322.

Jean-Pierre Vernant, Mythos und Religion im alten Griechenland, Frankfurt 1995.

II. Götter und Menschen

Géza Alföldy, Römische Sozialgeschichte, 4. Aufl. Stuttgart 2011 (zum Herrscherkult in der römischen Gesellschaft).

Mary Beard u. John North (Hg.), Pagan Priests. Religion and Power in the Ancient World, London 1990 (Sammelband).

Walter Burkert, Antike Mysterien. Funktion und Gehalt, München 1990 (die wohl beste Darstellung der Mysterienkulte).

Manfred Clauss, Kaiser und Gott. Herrscherkult im römischen Reich, Stuttgart 1999 (der Kaiser wurde als Gott angesehen).

Marcel Detienne, Dionysos. Göttliche Wildheit, Frankfurt am Main 1992 (Versuch einer Gesamtschau).

Radcliffe G. Edmonds (Hg.), The Orphic Gold Tablets and Greek Religion Further Along the Path, Cambridge 2011.

Duncan Fishwick, The Imperial Cult in the Latin West, 4 Bd., Leiden 1987–1990 (umfangreiche Materialsammlung).

Fritz Graf u. Sarah Iles Johnston, Ritual Texts for the Afterlife: Orpheus and the Bacchic Gold Tablets, London 2007.

Carin M.C. Green, Roman Religion and the Cult of Diana at Aricia, Cambridge 2007 (zum Dianaheiligtum von Aricia/Nemi).

Michael Lipka, Roman Gods. A Conceptual Approach, Leiden 2009 (Götter werden vor allem über Orte konstituiert).

Joannis Mylonopoulos (Hg.), Divine Images and Human Imaginations in Ancient Greece and Rome, Leiden 2010 (Tagungsband).

Walter F. Otto, Die Götter Griechenlands. Das Bild des Göttlichen im Spiegel des griechischen Geistes, Frankfurt am Main 1934.

Robert Parker, Polytheism and Society at Athens, Oxford 2005.

Jörg Rüpke, Fasti sacerdotum, 3 Bd., Stuttgart 2005 (Auflistung aller römischen Priester).

Robert Turcan, Les cultes orientaux dans le monde romain, Paris 1989.

III. Kommunikation

Mary Beard, The Roman Triumph, Cambridge, Mass. u. London 2007 (hinterfragt alles, was wir über den Triumphzug zu wissen glauben).

Hugh Bowden, Mystery Cults in the Ancient World, London 2010.

Kai Brodersen, Astrampsychos. Das Pythagoras-Orakel, Darmstadt 2006 (zweisprachige Ausgabe).

Kai Brodersen (Hg.), Gebet und Fluch, Zeichen und Traum. Aspekte religiöser Kommunikation in der Antike, Münster 2001.

Marcel Detienne u. Jean-Pierre Vernant (Hg.), La cuisine du sacrifice en pays grec, Paris 1979 (Sammelband zum griechischen Opfer).

Esther Eidinow, Oracles, Curses, and Risk among the Ancient Greeks, Oxford 2007.

Esther Eidinow, Networks and Narratives: A Model for Ancient Greek Religion, in: Kernos 24 (2011) 9–38.

Gunnel Ekroth, The Sacrificial Rituals of Greek Hero-Cults in the Archaic to the Early Hellenistic Periods, Lüttich 2002.

Marie-Theres Fögen, Die Enteignung der Wahrsager. Studien zum kaiserlichen Wissensmonopol in der Spätantike, Frankfurt am Main 1993.

Dominik Fugger, Symbol, Handlung, Erfahrung. Perspektiven auf das Ritual als Gegenstand soziologischer Theoriebildung, in: Archives européennes de sociologie / Europäisches Archiv für Soziologie 52, 2011, 393–421 (Übersicht über die Theorien zum Ritual).

Fritz Graf, Gottesnähe und Schadenszauber. Die Magie in der griechisch-römischen Antike, München 1996 (Übersicht zum Thema).

Michael H. Jameson, David R. Jordan, Roy D. Kotansky, A lex sacra from Selinous, Durham 1993 (Kultgesetz; verbietet, Opferfleisch aus dem Heiligtum zu bringen).

Sarah Iles Johnston, Ancient Greek Divination, Malden, Mass. 2008.

Amina Kropp, Magische Sprachverwendung in vulgärlateinischen Fluchtafeln, Tübingen 2008.

Jerzy Linderski, The Augural Law, in: Aufstieg und Niedergang der Römischen Welt, Bd. II, 16, Berlin u. New York 1986, 2146–2312 (die ausführlichste Arbeit zum Thema).

Marleen Martens, The Mithraeum in Tienen (Belgium): small finds and what they can tell us, in: Marleen Martens u. Guy De Boe (Hg.), Roman Mithraism. The Evidence of the Small Finds, Brüssel 2004, S. 25–56 (240 Hähne im Mithraeum von Tienen geschlachtet).

Beat Näf, Traum und Traumdeutung im Altertum, Darmstadt 2004 (Überblick).

Robert Parker, Miasma. Pollution and Purification in Early Greek Religion, Oxford 1983 (zu den Konzepten von Reinheit).

Susanne W. Rasmussen, Public Portents in Republican Rome, Rom 2003.

Veit Rosenberger, Gezähmte Götter. Das Prodigienwesen der Römischen Republik, Stuttgart 1998.

Veit Rosenberger, Griechische Orakel, Darmstadt 2001.

Jörg Rüpke, Religion in Republican Rome. Rationalization and Ritual Change, Philadelphia 2012.

Stefan Schorn, Eine Prozession zu Ehren Arsinoes II., in Klaus Geus u. Klaus Zimmermann (Hg.), Punica – Libyca – Ptolemaica, Leuven et al. 2001, S. 451–485 (Rekonstruktionsversuch der Prozession).

Thesaurus Cultus et Rituum Antiquorum, 6 Bd., Los Angeles 2004–2006 (= ThesCRA; mehrbändiges Nachschlagewerk zu zahlreichen Aspekten von Kult und Ritual).

Hendrik Versnel, Transition and Reversal in Myth and Ritual, Leiden 1993 (betont die Bedeutung der Inversionsrituale, in denen gesellschaftliche Normen auf den Kopf gestellt werden).

Gregor Weber, Kaiser, Träume und Visionen in Prinzipat und Spätantike, Stuttgart 2000 (systematische Untersuchung der Herrscherträume).

IV. Räume und Zeiten

Olivier de Cazanove u. John Scheid (Hg.), Les bois sacrées, Neapel 1993 (zu einzelnen römischen Heiligtümern).

Ulrike Egelhaaf-Gaiser, Kulträume im römischen Alltag. Das Isisbuch des Apuleius und der Ort von Religion im kaiserzeitlichen Rom, Stuttgart 2000.

Susan Guettel Cole, Landscapes, Gender, and Ritual Space, Berkeley et al. 2004 (religiöse Räume in der griechischen Welt).

Marietta Horster, Landbesitz griechischer Heiligtümer in archaischer und klassischer Zeit, Berlin 2004.

Herbert W. Parke, Athenische Feste, Mainz 1987.

François de Polignac, La naissance de la cité grecque. Culte, espace et société, Paris 1984 (zu den Wechselwirkungen von Kult und Religion in archaischer Zeit).

Nicolas Purcell u. Peregrine Horden, The Corrupting Sea, Oxford 2000 (zu den geographischen Konstanten im Mittelmeerraum).

Jörg Rüpke, Kalender und Öffentlichkeit: Die Geschichte der Repräsentation und religiösen Qualifikation von Zeit in Rom, Berlin 1995.

Wolfgang Spickermann, Religionsgeschichte des römischen Germanien, 2 Bd., Tübingen 2003–2008 (Detailstudie; verwendet die archäologischen und epigraphischen Quellen).

Schluss

Angelos Chaniotis, Religion und Mythos, in: Gregor Weber (Hg.), Kulturgeschichte des Hellenismus, Stuttgart 2007, S. 139–157.

David Potter, Hellenistic Religion, in Andrew Erskine (Hg.), A Companion to the Hellenistic World, 2. Aufl. Oxford 2004, S. 407–430.

Register

132